縄紋土器の系統学

型式編年研究の方法論的検討と実践

安達香織

慶應義塾大学出版会

目次

序 1

第1章　土器型式編年研究に関する方法論的考察 3
　1　問題の所在　3
　2　研究の到達点と本書の視座　5
　　(1)　研究の到達点　5
　　(2)　本書の視座　10
　3　縄紋土器の系統分類　11
　　(1)　系統分類　11
　　(2)　文様帯系統論　18
　4　型式研究の意義　24
　5　本書の方法論　26
　　(1)　系統的分析　26
　　(2)　製作工程を含めた技法の分析　29

第2章　東北地方北部縄紋時代中期後半の土器型式編年研究史 37
　1　型式網における東北地方北部中期後半　37
　　(1)　山内清男の東北地方北部中期後半型式研究　37
　　(2)　角田文衛による榎林式の設定と江坂輝弥による「最花式」の設定　38
　2　最花貝塚遺跡の調査と「最花式」土器　39
　　(1)　最花貝塚遺跡の発掘調査と「最花式」　39
　　(2)　1964年調査の最花貝塚遺跡A地点出土土器の意義　46
　3　東北地方北部中期後半の土器型式編年研究の諸問題　46
　　(1)　編年表における榎林式と「最花式」との変動　46
　　(2)　榎林式と「最花式」との基準資料の確認と大まかな関係の把握　50
　　(3)　「中の平III式」の設定と「最花式」　51
　　(4)　現在の「最花式」　54
　4　結語　55

i

第3章　青森県最花貝塚遺跡出土土器標本の整備と報告 …………………… 59

1　最花貝塚遺跡出土土器標本提示の意義　59
　(1) 最花貝塚遺跡の地理・歴史的環境　59
　(2) 1964 年の発掘調査の概要　60
2　標本の保管状況と整理作業の方法　63
3　A 地点出土土器　64
4　結語　69

第4章　縄紋土器の技法と型式──分類指標としての製作工程── …………………… 87

1　最花貝塚遺跡 A 地点出土土器の製作工程を含めた技法・形態・装飾の分析　87
　(1) 最花貝塚遺跡 A 地点出土土器　87
　(2) 小結　94
2　中の平遺跡出土第Ⅲ群土器の製作工程を含めた技法・形態・装飾の分析　97
3　最花貝塚遺跡 A 地点出土土器と中の平遺跡出土第Ⅲ群土器との比較　99
4　仮称最花 A 式と仮称中の平Ⅲ式　100
5　結語　105

第5章　縄紋土器の文様の構造と系統 …………………… 107

1　最花貝塚遺跡 A 地点出土土器の文様の構造的分析　107
2　榎林式と他型式との文様構造の比較　110
3　最花 A 式と他型式との文様構造の比較　113
　(1) 仮称最花 A 式と榎林式、大木 9b 式との関係　113
　(2) 榎林式と仮称最花 A 式とのあいだ　116
4　縄紋時代中期後半の東北地方北部と中南部との型式間の関係　117
　(1) 最花 A 式　117
　(2) 最花 A 式と仮称中の平Ⅲ式　118
5　結語　121

第6章　東北地方北部中期後半の土器型式編年とその広範な比較・総合への見通し …………………… 123

1　東北地方北部・中南部・関東地方の中期中葉〜後葉型式間の関係　123
2　広範な比較・総合への見通し　133
3　広域における土器型式編年研究の重要性　135

結 ··· 139

引用・参考文献　143

あとがき　155

索引　157

付図・付表目次

第1図　縄紋土器の型式網　4
第2図　関東地方の前期〜後期初頭土器型式における口頸部のふくらみ・内弯の継承・変遷と文様帯　15
第3図　東北地方北部・中南部・関東地方の前期〜中期土器型式における文様帯の継承・変遷　16
第4図　Ⅰ．、Ⅱ．文様帯の年代的・地域的連続関係概略　23
第5図　縄紋土器の年代的・地域的体系におけるある型式と他型式との関係模式図　28
第6図　文様帯に着目した関東地方と東北地方北部との前期〜中期型式序列の比較　38
第7図　榎林遺跡出土榎林式土器　39
第8図　「最花」式の初出編年表　40
第9図　石神遺跡出土「最花式（円筒上層f式）」第3類土器　49
第10図　石神遺跡出土「最花式（円筒上層f式）」第1類土器　50
第11図　石神遺跡出土「後期初頭の土器」　50
第12図　最花貝塚遺跡の位置-1　60
第13図　最花貝塚遺跡の位置-2　61
第14図　最花貝塚遺跡　62
第15図　A〜C貝塚（地点）の位置　63
第16図　A地点トレンチ配置・セクション　64
第17図　最花貝塚遺跡A地点出土土器-1　70
第18図　最花貝塚遺跡A地点出土土器-2　71
第19図　最花貝塚遺跡A地点出土土器-3　72
第20図　最花貝塚遺跡A地点出土土器-4　73
第21図　最花貝塚遺跡A地点出土土器-5　74
第22図　最花貝塚遺跡A地点出土土器-6　75
第23図　最花貝塚遺跡A地点出土土器-7　76
第24図　最花貝塚遺跡A地点出土土器-8　77
第25図　最花貝塚遺跡A地点出土土器-9　78
第26図　最花貝塚遺跡A地点出土（ⅠA類：1〜12、ⅠB類：13、ⅠC類：14、Ⅱ類：15〜18）土器　88
第27図　最花貝塚遺跡A地点出土土器の器形分類模式図　89
第28図　最花貝塚遺跡A地点出土Ⅰ類土器の装飾分類模式図　89
第29図　最花貝塚遺跡A地点出土土器の技法を示す部分写真　93
第30図　最花貝塚遺跡A地点出土Ⅰ類土器の製作工程模式図　94
第31図　最花貝塚遺跡A地点出土Ⅰ類土器の口径のばらつきと縄紋（N＝33）　95
第32図　中の平遺跡出土第Ⅲ群土器　97
第33図　中の平遺跡出土第Ⅲ群土器の技法を示す部分写真　98
第34図　中の平遺跡出土第Ⅲ群土器の製作工程模式図　99
第35図　最花貝塚遺跡A地点出土ⅠA類土器と中の平遺跡出土第Ⅲ群A類土器の製作工程の比較模式図　100
第36図　最花貝塚遺跡A地点出土ⅠA類土器と同様の特徴をもつ土器例　101

第37図　最花貝塚遺跡A地点出土ⅠA類土器と同様の特徴をもつ土器の技法を示す部分写真　102
第38図　仮称最花A式への胴部文様をもつ榎林式（1）と仮称中の平Ⅲ式への胴部文様をもつ榎林式（2）　103
第39図　仮称最花A式土器出土遺跡代表例　103
第40図　仮称中の平Ⅲ式土器出土遺跡代表例　103
第41図　最花貝塚遺跡A地点出土ⅠA類土器　108
第42図　最花貝塚遺跡A地点出土ⅠA類土器の文様帯の配置　109
第43図　最花貝塚遺跡A地点出土ⅠA類土器の胴部沈線文様全体の構造　109
第44図　最花貝塚遺跡A地点出土ⅠA類土器の単位文様　109
第45図　榎林式と他型式との関係　111
第46図　最花A式と関係諸型式との文様帯の配置の比較　113
第47図　最花A式と関係諸型式とのⅡ文様帯の構造の比較　114
第48図　最花A式と榎林式（新）・大木9b式との関係　114
第49図　最花A式と榎林式後続の未命名型式・大木9b式との関係　117
第50図　最花A式土器類例　118
第51図　中の平遺跡出土第Ⅲ群A類土器　119
第52図　中の平Ⅲ式と関係諸型式との文様帯の配置の比較　119
第53図　中の平Ⅲ式と関係諸型式とのⅡ文様帯の構造の比較　119
第54図　中の平Ⅲ式と他型式との関係　120
第55図　東北地方北部・中南部・関東地方の中期中葉〜後葉型式間の関係　124
第56図　東北地方北部・中南部・関東地方の中期中葉〜後葉型式の加飾順比較模式図（仮）　127

第1表　「最花式」に関する調査・研究動向　42
第2表　最花貝塚遺跡A地点出土土器観察表-1　79
第3表　最花貝塚遺跡A地点出土土器観察表-2　80
第4表　最花貝塚遺跡A地点出土土器観察表-3　81
第5表　最花貝塚遺跡A地点出土土器観察表-4　82
第6表　最花貝塚遺跡A地点出土土器観察表-5　83
第7表　最花貝塚遺跡A地点出土土器観察表-6　84
第8表　最花貝塚遺跡A地点出土土器観察表-7　85
第9表　最花貝塚遺跡A地点出土土器観察表-8　86
第10表　最花貝塚遺跡A地点出土Ⅰ類土器の装飾のうちわけ　91
第11表　最花貝塚遺跡A地点出土Ⅰ類土器の口径基礎統計量　95
第12表　最花貝塚遺跡A地点出土Ⅰ類土器の縄紋原体のうちわけ（N＝33）　95
第13表　最花貝塚遺跡A地点出土ⅠA類土器の単位文様の配置パターン　110

凡例

・年号は西暦を基本とし、適宜（　）で和暦を補った。
・引用文中の〔　〕は、説明のために筆者が挿入したものである。
・本文中の漢字は、引用文もあわせて、原則として現在通行の字体を用いた。

序

　編年体系の確立は、先史時代研究の基盤となる重要な課題である。日本の考古学研究における最も重要な成果のひとつに縄紋土器型式編年があげられるが、資料や方法上の問題から未だに研究の進んでいない地域・時期もある。本書は、そうした地域・時期のひとつである東北地方北部における中期後半の編年の整備を目的として、型式研究の方法論の検討及び当該地域・時期の基準資料の整理・分析に取り組んだものである。

　第1章では、生物学の一分科である系統分類学の観点から、型式編年研究の方法論の検討をおこなう。とくに縄紋土器型式編年研究の基礎を築いた山内清男の方法は、人工物である土器の諸「形質」にもとづく独自の「系統」分類をおこなう弁証法的なものであったといえることを明らかにする。諸形質のなかでも文様帯の「相同性」にもとづく系統的分析の重要性を確認したい。そのうえで、「相同性」のより客観的な決定のために有用と考えられる製作工程の観点を紹介し、本研究の方法論を提示する。

　1960年、慶應義塾大学の江坂輝弥による編年表の東北地方北部中期末に、「最花式」の名称が初めて使用された。しかし、基準資料は現在まで未提示のままである。第2章では、「最花式」設定の経緯とその後の当該地域の中期後半の土器型式に関するこれまでの研究とを振り返り、青森県むつ市最花貝塚遺跡A地点の1964年調査出土土器をもとに「最花式」を再設定するべきであると考えた理由を明らかにする。

　第3章から第5章において、第1章で述べた方法論の有効性を検証する。具体的には、最花貝塚遺跡A地点出土土器標本の報告（第3章）と分析（第4・5章）とをおこなう。第3章は、A地点出土土器として実測・拓本図版及び観察表を報告した現在のところ唯一のものである。つづいておこなう分析のために、製作工程の観点からも個体ごとに観察・報告し、分類の標準として適したまとまりをもつ資料群であることを示す。

　第4章では、最花貝塚遺跡A地点出土土器の形態・装飾のみならず製作工程を含めた技法の分析を実施し、それらに明確な特徴があることを示す。一方従来「最花式」と同一の型式とされることの多かった、青森県外ヶ浜町中の平遺跡出土第Ⅲ群土器についても同様に分析する。その結果、二者はそれぞれ区別できる特徴をもっており、異なる製作システムでつくられたことを明らかにする。地域の異なる二つの遺跡において、それぞれまとまって出土したことから、ここでは最花貝塚遺跡出土標本を基準とする型式を最花A式、中の平遺跡出土標本を基準とする型式を中の平Ⅲ式と仮に呼ぶ。製作工程は型式の重要な分類指標となりうるのであり、型

式学的研究には工程という観点を含めた技法の分析を組み込むことが有効である。
　第5章では、A地点出土土器の文様を、文様帯、単位文様、文様要素のレベルに分けて構造的に把握する。そのうえで東北地方北部、中南部の中期後半の諸型式について、各文様レベルで比較分析をおこない関係を検討する。最花A式と中の平Ⅲ式とは、系統が異なり、二つの型式としてとらえられることを示す。文様の構造及び系統に着目した比較分析によって、型式間の関係の解明が進むことを具体的に実証する。
　第6章では、以上の分析・検討結果をふまえ、東北地方北部と東北地方中南部、比較的編年の整備されてきた関東地方との中期中葉～後葉の型式間の関係を考察し、東日本の型式編年の基盤整備をおこなう。製作工程を含めた技法の分析は文様帯にもとづく系統的な縄紋土器型式編年研究の方法を鍛えあげることができるのであり、本書で提示した方法を基とした広範な型式編年体系の確立が研究のさらなる進展に有効であることを確認する。

第 1 章　土器型式編年研究に関する方法論的考察

1　問題の所在

　縄紋時代研究は、遺跡や遺物の正確な観察・記録・公表と編年体系の確立とを基本方法としてきた。一方、近年多くの自然科学的分析のほか幾らかの民族誌的類推の援用等もみられ、資料増加とともに他分野の成果を応用した高度に専門化した多様な方法を発展させている（安達 2013a）。考古学は、過去の再構築という総合の学であるべきであり（鈴木公 1988）、縄紋時代研究においても方法論の科学的発展を背景として、多様なアプローチを結びつける統合研究が当たり前になってきたといえる。編年体系の確立は、こうした学際的研究の基盤として、その重要性をますます増大しており、今後も常に取り組むべき大きな課題のひとつである。

　日本先史土器型式編年研究は、1920 年代後半から 1960 年代にかけて、縄紋時代を中心とする研究活動を精力的におこなった山内清男により基礎が築かれた。山内は、1937 年に、縄紋時代早期から晩期にかけての、全国九つの地域の編年を統合した広汎な型式の「年代的組織」を公表した（山内 1937b、31 頁）（第 1 図）。後続の研究者たちは、この組織を補充する、あるいは細分するといったかたちで、地域ごとの編年研究に取り組んだ。その結果、現在までに全国的な縄紋土器型式による編年体系は大部分できあがり、世界のあらゆる地域・時期の相対編年のなかで最も緻密で精度の高いものとなっている。縄紋土器型式編年研究は、その方法論と成果とが積極的に国外に発信されるべき日本考古学の最も重要なテーマのひとつとなっているのである。

　現在も多くの研究者が、縄紋土器型式編年体系の一層の精緻化にむけて労力を注ぎ、編年研究は地域・時期的に細分化の傾向を強めている。なかでも関東地方を対象とした編年研究が多い（安達 2013a）。またそこにおいて鈴木正博や柳澤清一、今村啓爾といった研究者を想起すればわかるように（鈴木正 1985、1991 など、柳澤 2006、今村 2010）、山内が「型式研究」の筋金とした文様帯の概念を取り込み、関東地方を中心に広域編年の方法を志向する諸研究がある。遺跡・遺物そのものの出土事例の東日本への偏りにこうした活況の要因を求めることもできるが（水ノ江 2012）、山内により早期から晩期中頃まで隙間なく型式序列が整備され（山内 1937b）、大体の型式の標準となる資料がまとまったかたちで公表された地域が（山内 1939b〜d、1940a〜e、1941a〜c）、他ならぬ関東地方であったことが大きな原因であることは間違いない。ただし、山

縄紋土器型式の大別

	渡島	陸奥	陸前	関東	信濃	東海	畿内	吉備	九州
早期	住吉	(+)	樐木 1 〃 2	三戸・田戸下 子母口・田戸上 茅山	曾根?× (+)	ひじ山 粕畑		黒島×	戦場ヶ谷×
前期	石川野× (+)	円筒土器 下層式 (4型式以上)	室濱 大木 1 〃 2a,b 〃 3-5 〃 6	運田 式 花積下 関山 黒濱 諸磯 a,b 十三坊臺	(+) (+) (+) (+)	鉾ノ木×	国府北白川 1 大歳山	磯ノ森 里木 1	轟?
中期	(+) (+)	円筒上 a 〃 b (+) (+)	大木 7a 〃 7b 〃 8a,b 〃 9,10	御殿棠 阿玉臺・勝坂 加曾利 E 〃 (新)	(+) (+) (+) (+)			里木 2	曾畑 阿高 出水 }?
後期	青柳町×	(+) (+) (+) (+)	(+) (+) (+) (+)	堀之内 加曾利 B 〃 安行 1,2	(+) (+) (+) (+)	西尾×	北白川 2×	津雲上層	御手洗 西平
晩期	(+)	龜ヶ岡式{(+) (+) (+) (+)	大洞 B 〃 B-C 〃 C1,2 〃 A,A'	安行 2-3 〃 3	(+) (+) (+) 佐野×	吉胡× 〃 × 保美×	宮瀧× 日下×竹ノ内× 宮瀧×	津雲下層	御領

註記　1. この表は假製のものであつて、後日訂正増補する筈です。
　　　2. (+)印は相當する式があるが型式の名が付いて居ないもの。
　　　3. (×)印は型式名でなく、他地方の特定の型式と關聯する土器を出した遺跡名。

第1図　縄紋土器の型式網（山内 1937b より一部変更）

内の理論・方法を組み込んだとする諸研究においても、方法に一致がみられるかといえばそうでもなく、実際には型式（分類の単位）の設定方法、「文様帯」や「系統」の意味内容などの点に相違がみられ、議論は複雑性を増している。

　山内の型式編年研究であまり取りあげられなかった地域・時期においては、全体との関連を問うことなしに細部の編年研究のみに没入するような傾向もみられる。彼の理論・方法に対する十分な理解なしに研究が取り組まれた結果、型式分類の標準の内容や他型式との関係が不明確になり、型式序列に混乱がみられるのである。現在、こうした未整備部分の研究を重点的におこなうことが喫緊の課題となっていることは間違いない。東北地方北部中期後半はそのひとつにあげられるのである。

　このように方法に課題を残す部分がありながらも、現在多くの研究者は、大枠では山内の成果を基盤として研究を推し進めている。小林謙一の研究に代表されるように（小林謙 1995）、土器の装飾や形態の要素は非常に細かく抽出され、各地域各時期において編年体系整備は試みられつづけているのである。一方、後出の資料により、継続的に山内の型式編年研究について検討が加えられ、その成果の一部が批判される場合もある（大塚達 2000、2007、2010 など）。また、全国規模でまとめられた、このところ最新の「編年表」は、山内とは異なる研究目的・方法で構築された体系であることは留意されてよい（小林達編 2008、2012）[1]。こうした縄紋土器型式編年研究を巡るやや混乱した状況の要因として、山内が、自身の研究で明らかにした結論は提示したものの、自身の研究理論にもとづく方法論については具体的に論じなかったことがあげ

られる。つまり縄紋土器型式編年研究の基盤となるべき方法論が不明瞭なのである。

2　研究の到達点と本書の視座

（1）研究の到達点

　型式編年研究の方法論を検討するうえで避けて通れない、初期縄紋土器型式編年研究の成果とその今日的評価を概観しておく。

　山内清男は、1932年には、「縄紋土器…（略）…の存続の期間が甚だ長く、その分布は広範囲──樺太千島から琉球まで──に亙つて居る」（山内1932b、40頁）としたうえで、「縄紋土器及びそれの行はれた時代の文化が更に追求されねばならぬ」（同、41頁）と述べた。「縄紋土器の文化の動態は、…（略）…土器型式の細別、その年代、地方による編成、それに準據した土器自身の変遷史、これによつて排列されたあらゆる文化細目の年代的及び分布的編成、その吟味……等の順序と方面によつて解明に赴くであらう」とした（同、42頁）。

　山内にとっての縄紋時代の概念は、これに前後する最初期の論文から一貫している。「縄紋式時代」は、「縄紋式土器（あるいは「縄紋土器」（山内1929a））の時期」（1929c）であり、「縄紋式土器」の「製作使用」された「時代」（山内1937a）のことである。山内にとっての縄紋文化の概念や型式編年研究の目的も、この論文で明らかにされて以降一貫している。「縄紋式文化」（あるいは「縄紋土器文化」、「縄文文化」）は、「縄紋土器」「の行はれた時代の文化」（山内1932b）、「縄紋土器の使用された長時期の文化」（山内1934a）であり、「縄紋式土器」の製作使用された時代の文化のことである。「縄紋土器型式研究」（山内1935c）（あるいは「土器型式の体系的研究」（山内1932d）、「組織的研究」（山内1934a））は、そうした「縄紋式文化」の動態解明のための研究なのである。

　さらに、山内は「縄紋土器の時代」には、「各地の交渉が活潑であ」り、「地方的の孤立が少なかつた」ことを指摘している（山内1932b、43頁）。同年には、「縄紋土器文化を詳細に体系付けて、大陸側の調査の進行を待つて居る他ない」としつつも、「縄紋土器文化は、対外関係が不明である一方、内部に種々の発達変遷を持つて居る。この発達変遷を静に観察すると、如何にもそれが独自のものの如く見える。或はこの文化全般が日本列島に於いて孤立して発達したと云う印象をも得易いのである」と記している（山内1932c、86頁）。つまり「縄紋土器の文化」は「大陸との交渉が著明でなく、農業の痕跡のない期間」であるのに対して、「弥生式の文化」は「大陸との著明な交渉をもち、農業の一般化した期間」の「最初の階段」であるとした（同、85頁）。

　山内の研究以前には、地質学・古生物学者である松本彦七郎が、「日本石器時代と云つても決して短い年月のものではない事は明である」と指摘し、土器にみられる式別は、当時の主流の考えとなりつつあった「民族及至地方別」ではなく、「古生物学や層位学」の観点からみて、「時

代別」の「現れ」であると主張した（松本1919c、2頁）。山内はこの松本の主張を引き継ぐかたちで、「縄紋式土器」「文化」は（一）「存続の期間が甚だ長」（山内1932b）いとし、以後の論考においても繰り返し強調したと考えられる（山内1934a、b、1935a、b、1936a、1937b、1947、1964a〜c、1966、1967a、山内・佐藤1962、山内・江坂・甲野1964）。一方、（二）「各地の交渉が活溌であ」る（山内1932b）反面「大陸との交渉が著明でな」い（山内1932c）ことは、その後の自身の研究でも検証されていった山内独自の見解である（山内1936a、1936b、1937a、1947、1964a、b、山内1969b、山内・佐藤1962、山内・江坂・甲野1964）。

山内は、全国にわたる土器型式を体系的に分析し、この文化観を主張しつづけた（山内1937a、1964a、b）。長期にわたる「縄紋式文化」——現在では約1万6,500年前から約3,000年前までとされる——の動態、とくに内外の地域的「連絡」（山内1936a、1937a）・「交渉」（山内1932b、1936a、1964c）関係の解明を確固たる目的として、山内の型式研究は深められていったことがわかる。

型式研究の対象として土器が選択された理由として、土器は、1「遺跡に於ける発見物の大部分を占める程豊富であ」り、2「製作に於いて粘土の撰択、焼成に於いて、又その形態に於いても装飾に於いても、種々の手法の差を持ち得る」（山内1934a、3頁）。3「一般に破砕し易いため長時期間の使用は稀であつて、頻繁に製作され、廃棄されて行くのが常である」（同）、つまり年代的に変遷しやすい（山内1935c）。同時に4「原料としての粘土が各地に存在して居つて、製作技術が一般化して居る限り、その土地に於いて製作され得て、器物としての移動が比較的少い」（山内1934a、3頁）、つまり地方色が明らかである（山内1935c）といった4項目があげられている。

型式研究は、「文物の伝来には一定の組織がある。一時代の文物はこれと同時代の他地方の文化のうちに伝へられ、次の時代のものは次の時代の文化に伝へられる」（山内1936b、38頁）という前提にもとづくものである。「日本内地も各地方同一文化状態があつたのではなく、多少の地方化が認められる。ある地方の年代的組織を直ちに他地方に適用し得るものではない。従って、各地方別に年代的調査を行なひ、その結果を対比し、地方間の連絡を確かめ」る必要があるのである（同、40頁）。山内は、縄紋土器の諸特徴に、各地の年代に沿う変化と同時期の地域による変化とが認められることに着目したのであり（山内1929a）、同時期の地域による変化の観点こそが、縄紋土器型式による相対編年研究の精度を飛躍的に向上させたといって過言でない。

ある型式の特徴（形態・装飾）は、他地域の並行型式との近似した部分、前代から引き継いだ部分、特有な部分の三つで構成されているととらえられた（山内1934b、39頁）。在来の「伝統」・「変遷」がある一方で他地方からの「影響」もあり、前代や他地域との関係の有無、程度を鋭敏に反映し、また土器の完成後、前代や他地域の土器との共通性の有無、程度として、前代や他地域との関係の有無、程度を読み取りやすい遺物であるからこそ、土器は型式研究の恰好の対象となった。

一遺跡、一地点又は一地点に於ける異つた遺物層から発掘された土器を一つの資料として、甚だ多数の資料を観察し、吟味することが必要である。この場合資料を求める諸遺跡は廣くない範囲から選ぶべきである。余り広い地域を取扱ふと地方差が入つて来る恐れがあるからである。これらの資料を吟味するうちに同質の資料と質の違った資料とが区別されて来る。例えば資料 A と B は同じ型態及び装飾をふくみ、全く同一の組成を持つて居る。資料 PCL は相互に同一の組成を持つて居るが AB とは違う。資料 HM は又特異な存在だと云ふ様になる。この場合 AB は一型式、PCL は一型式、HM がも亦一つの土器型式を意味することになる。これらの型式の内容を決定し、適当な名前を付ける。斯くして出来た型式は一定の内容を持ち、一遺物層、一地点又は一遺跡から純粋にそればかり出て、他の型式とは内容を異にし、遺物層、地点又は遺跡を異にして発見されることになるのである。これらの型式は即ち短時日に残された土器の一群を意味し、年代的変遷の一階段に相当する訳である。（山内 1935c、83-84 頁）

各型式にともなう土器以外の遺物やその他の「文化的特徴」も、土器型式を指標として順に並べられ、年代による、そして付け加えるならば地域による、「消長変遷の状態」が判明するのである（山内 1935c、85 頁）。

山内は、型式を「年代学的単位」として地域ごとに配列する一方、隣接地域の多少「近似」する型式と並行させることにより、型式の年代的「系列」を、まずは関東地方・東北地方北部・中南部で統合した（山内 1928、1929a、1930b）。自身の発掘調査を中心とした貝塚遺跡における出土資料の観察、各型式の出土層位差の検討、八幡一郎や甲野勇らをとおして得た関東地方の型式の情報にもとづき（中村 1996）、とくに縄紋原体の押捺方向に着目して、型式が縦横に組まれた（山内 1930b、16-17 頁）。山内自身は、研究の最初期から、他地域の型式との関係も十分に検討したうえで型式名とその序列を公表しているのであり（山内 1928、1929a）、このことは型式設定の方法として重要である。なおすでに「未命名」の型式や研究の「遅滞」している型式の存在が指摘されていることにも注意しておきたい（山内 1930b、16-17 頁）。

これを基礎に全国的に各階梯は統合できるとして（山内 1932b、1936a）、山内は型式序列のはじめと終わりを中心に並行関係を追求した。直前後や隣接地域の型式土器が出土していなくとも、関東地方の型式序列と比較して（山内 1937b）、凡その年代的位置は推定することができたのである。そして、全国九つの地域ごとに約 20 の型式配列にあてはまる型式があれば型式名をふし、型式名は定まっていなくとも断片的ながら相当するものがあれば「+」印をふした（第 1 図）。それまでの地域・時期限定的に漠然と進められてきた「型式研究」は、全国の縄紋時代を包括して、地域・時期の単位（要素）としての型式を組織（体系）化する秩序だった型式研究へと向上したのである。

縄紋土器型式研究の方法は、土器を組織化、体系化（systematize）することであり、系統立てることである。このような方法により打ち立てた全国的な編年体系を、山内は「型式網」（山

内 1932b、山内・佐藤 1962）あるいは「広汎な年代的組織」（山内・江坂・甲野 1964）などと呼んだ。また自身の研究を「型式研究」（山内 1935c）、「年代的地方的調査」（山内 1929a）、「組織的研究」（山内 1934a、1936a、1966）などと呼び、編年研究とはほとんど呼ばなかった[2]。一般的に使用される「編年」という語には年代順という意味しか含められていない。例えば、広辞苑（第六版、岩波書店、2008）では「編年」とは、「歴史上の事柄の新旧・前後の関係を明らかにし、年代的序列をつけること」とされている。各地の「編年」が統一できることを知った山内は、全国編年表をさして、あえて「型式網」、「年代的組織」、「型式の対照表」（山内 1939e）などと呼んだものと考えられる。その後、山内の型式研究及びそれをもとにした後続の研究者による部分的研究いずれも基本的には編年研究と呼ばれてきた。本書で用いる縄紋土器型式編年研究は、山内の型式研究にみた時期的前後関係のみならず地域間の関係も含めた型式の体系化のことであることを確認しておきたい。

　以上のような研究成果からわかるとおり、縄紋時代研究の基盤となる土器の体系化を進めることに主眼が置かれ、山内は研究方法を丁寧に論じることはなかったのである。したがって、彼の研究成果から方法を判断する他に仕方がないわけである。

　これまでに多くの考古学・人類学分野の研究者により、山内の研究理論や方法・成果は、彼の来歴や逸話もあわせて解説されてきた。山内は元来人類学専攻者であり、彼の研究のバックボーンに進化論を基盤とする生物学が認められることは指摘され（寺田 1975、佐原 1984）、いろいろな角度から生物学との共通点・類似点は注意されてきた（鈴木公 1983、山田 1994、1995、今村 2002、大村 2008、武井 2012、勅使河原 2012）。とくに鈴木公雄は、〈系統〉が山内型式学のひとつの鍵概念であり、またそこに生物分類学からの影響が認められると端的に述べている（鈴木公 1983）。山内は自身の研究が生物の系統分類学（あるいは系統学）の応用であることを暗示的に示しているものの、取り立てて両者の関係・異同について具体的に解説していない。

　山内の型式研究の背景に、進化論的な考え方があることは確かである。土器の進化論的、系統的な研究をおこなった嚆矢として松本の研究があげられる。松本が、「日本石器時代」と「日本上古」との土器が大部分「同一系統」に属するとしたことは当時として画期的であった（松本 1919c）。山内は型式の年代的な序列作成の基本方針に関して、松本を土台としている部分が実に大きい。実際、松本の論考をみてみると、例えば「階段」[3]（松本 1919b、c）など用語やフレーズのいくつかに、山内の繰り返し用いたものとの一致あるいは近似を認めることができる。山内自身も松本が後述の文様帯系統論の先鞭をつけたと頻繁に記している（山内 1937b、1964g）。

　ただ松本は（松本 1919a、b、c）、土器の型式設定と序列作成の手続きにおいて東北と北陸という離れた地域の型式を接続させている（小林行 1971、寺田 1975）。松本は、自身の作成した「本州大分」の「式別」と、九州・北海道・朝鮮・樺太など各地域での「式別」対比の必要性を提言はしていたものの、具体化していない[4]。山内は、より詳細に「本州大分」の内部・外部の、各地方の型式序列と同時に、各時期の型式の並びも実証してみせたのである。それ「迄の地域別は広大に過ぎ、中間を抜いた漠然たるものであつた」（山内 1937b、30 頁）のである。

第1章　土器型式編年研究に関する方法論的考察

「土器の全般を綜合的に見た上で」(松本1919a、22頁)という松本の視座と方針とによる年代的体系に、細かな地域的体系をも組み合わせて、ひとつの体系にまとめるという、より確実な型式分類の方法を打ち立て実践したのが山内であったといえる。したがって、山内の「一系統」は、横方向の連鎖が含まれた点で、松本の「一系統」と若干意味を異にする。山内の型式の体系とは、元来生物学のタームである「進化」の経路をいう「系統」が示す時間経過にともなう一方向的変化とは異なり、各地の年代的変化の系統と同時期の地域的変化の「系統」(つながり)の交錯するものである。山内の「一系統」というタームの真意をとらえ損ねて、単線的な進化論的考えのみが強調されるべきではない[5]。山内の土器型式の年代的体系とは、人工物独自の、各地域固有の連続性のみならず各時期における他地域との連続性をおおいに認めた体系なのである。

ヨーロッパ先史時代の型式学的研究法を生物の進化論にもとづいて確立したモンテリウスは1903年の著作で「有史以前の年代の知識は或一国に於ける唯だ或一時期の時代的位置が決められたばかりではなく、その国に対する全体の時期が年代学的に取扱はれる時に、ずっと正確になるのである。斯くて各部分々々が補助し合ふ年代学の体系(system)が得られるのである。…(略)…年代学は個々の国に於けるものだけではなく、有史以前の時代に、その国と互に関係して居った総ての国々のそれを研究すれば尚一層宜しい」と記述していた(モンテリウス(濱田訳)1932、4頁)。縄紋土器型式編年研究も、生物学の考え方を導入した型式学にもとづき開始されたが、なかでも「この種の調査は一国一郡の如き小区域に於いても行はれ得るものであり、最も正確なる結果はこれら個々の成績の綜合比較によつて達せられるであらう」(山内1937b、30頁)と記した山内が、モンテリウスによる「体系化」の提案に最もよく応え、生物の分類方法を人工物に適応するにあたって、生物とは異なる人工物(縄紋土器)の地域間の交渉による変化という特質に着目し、成果をあげたといえよう。

古くから言語や写本の系統復元では、単語の二次的借用や言語の融合(混成contamination)などの現象・写本間の文章の融合などが、系統樹に基づく比較法の弱点・系統樹構築上の問題点とされてきたし、生物学においては、雑種や水平移動[6]として系統推定の障害として知られるようになっている(三中1997)。山内により、土器の系統的研究においては、土器の「形質」の「水平」方向の移動は、分類の弱点ではなく、むしろ「空間」とリンクした変化としてとらえられた。つまり形態、装飾の「借用」・「融合」の現象は、「場」を軸として土器を整理するための、空間的な「系統」推定の指標となる形質状態の変化としてとらえられるのである。この点については後に詳述するが、時間軸のみならず空間軸の導入により土器は体系的にとらえられることになったのである。

縄紋土器は「自然に大別をなすべき区切りを発見し得ない」(山内1937b、32頁)、「年代によつても地方によつても截然と分ち得ない一体の土器」(山内1932b、41頁)、つまりひとつのシステムに属するものであるということは、当時の資料の「組織的研究の結果として得られる判断」(山内1934a、2頁)であったのである。さらに、山内は、常に世界史の一環として日本先

史時代を秩序づけることも見据えて、縄紋土器の年代的・地方的組織／体系の樹立をおこなった（山内 1964a、b、1969a）。それを念頭においても、空間的な外側との近似は見出せないという独自の文化的特徴が判明したのであった。

今日、東アジアの新石器時代遺跡のフィールドワークを積極的におこなっている大貫静夫は、「考古学文化」を研究する際の「文化が開放系であり、それを無理に切り取っている便宜的な枠組みにすぎない面がある」（大貫 2013、651 頁）という視点の重要性を説く。朝鮮海峡と宗谷海峡とは海に囲まれた列島の「綻び」部分であり（大貫 2010）、資料が増加した現在、九州の一時期（縄紋時代早期末から前期中頃）の型式には、朝鮮半島南部の土器との類似もみられるなどの事例も出てきた（大貫 2013）。しかしそうであっても、東アジアから俯瞰した場合、やはり縄紋土器には「まとまり」あるいは「連続」性が認められるとの大貫の指摘は重要である（大貫 2006、2010）。

山内は、人工物には同時期の地方的変化が起きることに着目したからこそ、縄紋土器独自のひとつの体系の基盤構築に成功した。生物学で着目されるのはひとつの方向性（世代変化、進化）であるが、山内は、人工物としての縄紋土器で着目すべきもうひとつ方向性として、同時期の地域間関係（地域的変化）を重視した。これは、土器型式の「年代的組織」（山内 1937b）（第 1 図）が、はじめから終わりまで、各地域の各時期の型式の占めるべき場が用意されており、ほとんどの地域の先頭に型式がすでに配置されていることからもはっきり読み取ることができる。もとがひとつで末広がりの系統樹ではなく、網の目状の独自の「系統図」なのである。

山内によれば列島内での地域間の「住民」の「直接又は間接の接触」（「連絡」・「交渉」）により、同時期の隣接地域間の人工物（縄紋土器）は、各々地域色（固有の特徴）を有しながらも「近似」する部分をもつ。型式の並行関係は、こうした近似の連鎖により闡明することができ、早期から晩期にかけての各地域の型式序列を比較・統合し、広範の強固なひとつの全国編年を構築することができるのである。山内は同時期の地域間の系統的連続性に着目したからこそ、縄紋土器の細密な網の目状の系統図を全国まで拡大することができたのである。

（2）本書の視座

山内以後の型式編年研究においても縄紋土器の分析に重きがおかれ、実際の編年研究に際して方法を十分に説明しようとされてはこなかった。本書は、縄紋土器の体系の不足部分を補うことを目的とするものであるが、いまいちど型式編年研究の方法を整理し、その実践を試み有効性を検証するものである。

というのも、筆者は、「文様帯」という概念に、生物学とくに系統分類学の観点から積極的に近接できることに着目しているからである。後で述べるように、「文様帯」は山内によって研究初期から用いられていたが、概念として十分明瞭にされないままに、後年頻繁に使用された言葉である。現在、一部の研究者によって、「文様帯」とは縄紋土器型式の縦横連鎖構造のなかで分かちがたく連続する一体のものであり、縄紋土器全体を理解するために鍵となる概念

であるのみならず、その連続（山内 1932c、1939e、1964b、f、g、安藤 1999）としてとらえられる弥生土器の研究にも有効であるとして高く評価されている（鈴木正 2008、2009、安藤 2009b）。本研究では、系統分類学あるいは系統学の方向から、文様帯の概念とそれを応用した型式編年研究の有効性を検証したいと考える。

　これまで述べてきたとおり、山内により基礎づけられた型式研究は、日本先史土器の体系的な変遷史の作成をめざすものということができる。生物の系統分類は、生物が形態と作用と歴史をもつことに着目し、生物の体系化をめざすという、型式研究と同じような着眼点と目的とをもっており、その方法が型式研究に応用されたのである。AMS 法による炭素 14 年代測定法が普及した現在も、山内による型式序列に変更の余地のない点は強調されている（勅使河原 2012）。山内が述べたとおり技法・形態・装飾の変化に富みつつも、概ね全国の範囲で各地につづき、各時期に概ね東・西の隣接地域間の近似性を辿ることのできる縄紋土器の特性もあいまって、日本考古学は、1920、30 年代から生物学の方法を応用した土器の体系化によって、時間変化と地域的変化の絡み合う過去の緻密な復元に取り組んでいたのである。日本考古学は無生物・有形物である人工物に対する系統的な分類の方法の整備に早くから取り組んできたといえる。今後もその方法を再確認・応用して研究を進めていくことは、日本考古学のみならず世界の考古学の発展に貢献するはずである。

3　縄紋土器の系統分類

（1）系統分類

ⅰ）系統と形質　　生物学における分類は、生物の多様性を理解するために、多種類の生物の種を妥当な方法で命名、何らかの観点で整理してひとつの体系にまとめることを課題とする（巌佐・倉谷・斎藤・塚谷編 2013、1254-1255 頁）。進化学の成立後は、系統的な類縁関係（relationship）にもとづいた系統分類（phylogenetic classification）が提唱されてきた。生物の系統発生（phylogeny）にもとづいて分類体系は構築されるべきであるという立場にたつ分類学は系統分類学（systematics）と呼ばれる（同、1255 頁、藤田 2010）。近年、分類学（taxonomy）から系統学（phylogeny）は独立して発展しており（巌佐・倉谷・斎藤・塚谷編 2013、392 頁）[7]、系統学と分類学とのあいだの溝も主張されてきているが、ひとまず本書では、系統分類学を、系統発生の過程を明らかにし、それにもとづく分類体系の樹立を目的とする学問分野と定義しておく（同、1254-1255 頁）。

　系統（lineage/line）とは、生物における世代の連鎖、ひいては生物各種の進化の経路、さらにはそれによって示される生物諸種間の類縁関係のことである（巌佐・倉谷・斎藤・塚谷編 2013、392 頁）。進化の結果として存在する生物の比較研究には、それらの系統関係に関する知見が不可欠である。通常、生物のもつ形質（character）を分析することで、その系統関係が推定され、それにもとづいて生物の系統関係は明らかにされる（巌佐・倉谷・斎藤・塚谷編 2013、392 頁）。

形質（character）とは、分類をおこなうときに、一般に直接の手がかりとなる、ある分類群がもつあらゆる特徴のことである。形質状態あるいはステイト（character state）とは、形質がもつ様々な性質や様相のことである。例えば肢は形質であり、その太さや長さなどはステイトである（鈴木邦1989、405頁、鈴木誉2012、711頁）。

土器型式研究は、型式を基本的な単位として、土器を秩序立てて把握することである。縄紋土器の型式の分類要素には、組成、形態・装飾、胎土の混和物など、多項目があげられる。これらは、縄紋土器研究で属性や特徴として総称されるもので、生物分類の形質に相当する。

型式研究を系統的研究とみるときに、注意しておきたいことは、型式は、年代的かつ「地域的」分類の単位であるということである。時間の経過にともなう種の分化（differentiation）（種形成、生物進化）と異なり、型式「分化」（型式形成、土器変化）は時間の経過（在地の「伝統」・「変遷」（山内1932b））のみならず地域間交渉（他地方からの「影響」（山内1932b））にともなうものである。型式は、分岐を繰り返して多様化していく種とは異なり、「分化」というよりは、前の型式と近隣地域の並行型式との縦横の関係が、総合されて形成されたものである。

つまり、型式は、時間的な「系統」のみならず地域的な「系統」の二つの系統からなるのである。地域的な「系統」とは人工物としての土器独自の系統であることに注意しておきたい。時間的変遷は一方向で不可逆的である。地域間変遷は、ある地域で発生、つづいた形質・形質状態が、同時期の隣接地域に入り込んで生じる場合には一方向といえるだろうが、同時代の地域間変遷に双方向的な部分が含まれるのである。生物の系統は、lineageあるいはlineなどと呼ばれるが、人工物の系統としてはlineという訳が一番なじむだろう。時間的系統と地域的な系統を統合した、土器の地域的・年代的体系は、生物のように上がひとつで下へと枝分かれするツリー状に構造が可視化されるものではない。地方ごとの年代的変遷と、同時期の地域的変容とで、縦・横の系統が交錯する縦横連鎖構造をもっている（第1図参照）。

さらに、生物が変異の不連続性という性格をもつのに対して（鈴木邦1989、423頁）、人工物である土器は常に中間型によって連綿と結ばれているといえる面がある。山内清男も指摘しているところであるが（山内1935c）、土器の場合、変異の不連続というより、変異の連続（年代的連続、地域間連鎖）を年代、地域の単位を設定して区切るものである。したがって型式は、細別すればするほど細かくできるものとされるが、新たな型式は、縦横の系統の関係にもとづいて設立されるものであることに注意しておきたい。

こうした違いを認識したうえで、生物学の分類の方法（巌佐・倉谷・斎藤・塚谷編2013、1254-1255頁）における種を型式に、生物を土器に読み替え、またタクソンは分類群（先史土器＞縄紋式土器＞型式）としておくと、型式研究とは、土器個体それぞれに対して下記の手順をとるものと整理できる。

一．形質を記述し（記載）、必要に応じて図化する
二．形質の解析をおこなって、既知の分類群と対比・照合し、所属すべき分類群を定めて、

学名を決定する（同定）
　三．他型式との類縁関係を分析し、上位分類群の中で位置付ける
　四．既存の分類群に該当するものがない場合には、三の結果をふまえて新分類群（新型式など）を設立する

　生物分類と同様に、三において形質を比較し、その系統関係を分析、それにもとづいて土器の系統関係つまり「類縁関係」を推定することになる。類縁関係とは、系統における相互の位置関係、すなわち系統発生上の近接性の程度のことであり、それを明らかにすることは、系統を解明することに他ならない（巌佐・倉谷・斎藤・塚谷編 2013、1480頁）。分類は同定と混合される場合があるが、真に分類学的な過程は三であり、対象の正しい認識の出発点としては一が最も重要である（同、392頁）。
　型式研究の最初期から（山内 1928、1930b）、型式名は必ず他型式との類縁関係にもとづき公表されてきた。縦と横の系統にもとづいて型式が設立され、なかには「未命名の型式」も存在が指摘されている。土器の型式研究は、「形態及び装飾の系統論」（山内 1953）とされたように、人工物特有の系統の観点から、土器を体系化することを課題とするのである。こうした体系があってはじめて一、二の作業も的確におこなえるのであり、系統が第一義的概念である。
　土器の変遷史ともいえる型式編年の研究においては、諸形質の「形質状態」の消長（例えば時間の経過にともなうものとして、繊維の胎土への混入がはじまり、その量が相対的に増え、少なくなり、みられなくなる、あるいは尖底から丸底、平底へなど）が把握される必要がある。型式の同定段階では、識別形質の形質状態の特定の組み合わせから判断することもできようが、その型式の設立の過程としては縄紋土器全体における、様々な形質の形質状態の変遷過程のなかでの位置からの判断（山内 1939a～d、1940a～e、1941a～c）があるということを認識しておきたい。いずれの型式も時間の経過と地域間の関係のクロスしたものである。したがって形質・形質状態の発生や終末箇所にあたる型式は重要であり、その形質・形質状態は前・後代または隣接地域型式との不連続、差として、当該型式の設定にあたって明確に示される必要がある。そのうえで、隣接型式と連続する形質・形質状態も示される。「模式標本」（あるいは基準標本、タイプ標本（type specimen））としては、そうした差異を論理的に説明しうる資料あるいは資料群が、選択・提示されるのである。

　ⅱ）相同性　ここで「相同性」（homology）の概念についてふれなければならない。相同性は、比較形態学における最も基本的な概念で、生物体の部分間にみられる等価値な関係をいう。異なった生物において体制的に同一の配置を示し、構造になんらかの共通点をもつ器官は、その機能や形態を異にしていても互いに「相同」とされるのである（巌佐・倉谷・斎藤・塚谷編 2013、830頁）。進化に系統的な考え方が導入されて以降、相同性は系統にもとづいて定義され議論されてきた。相同性は、異なる種間にみられる形質あるいは形質状態が、最も近い共通先祖に由

来し、系統的に間断なく保持されつづけていることを定義としてもつ（鈴木誉 2012、711、712 頁）。

先述の生物系統分類の手順三の系統の分析において取りあげるのは、すでに形態学的に相同性が確立されているような形質である。相同性が不明な形質は、単なる識別形質としてはともかく、系統関係を推定する際には単純に扱いえないのである。「異質なもの、つまり相同でないものはそもそも相互に比較しえない」ため、以下の手続きが必要になる（鈴木邦 1989、432 頁）。

1) 形質の相同性の決定
2) 形質変化の方向性の決定
3) 2) にもとづく系統関係の合理的決定

生物学において異なる種に認められる形質が相同であるかを判断するには、一般的には他の形態形質との相対的な位置関係が同等であることや、形質の特徴を利用することによって比較し、系統関係との整合性を検証するという（鈴木誉 2012、713 頁）。形質変化の方向性とは、種 A、B、C が形質 a に関して a1、a2、a3 のステイトをもつとき、これら 3 個のうちどれが最も原始的で、どれが最も派生的であるか、進化的な変化系列を推断することである（鈴木邦 1989、451 頁）。形質状態の比較により、変化の方向性ひいては系統関係が明らかになるのである。

土器の系統関係の推定においても生物と同様に、個体の形質（character）の比較による「相同性」の決定、形質状態（character state）の比較による「変化の方向性」の決定、それにもとづく「類縁関係」（relationship）の合理的決定という手続きが必要になる。ただし、先述のとおり型式は、分岐を繰り返して多様化していく種とは異なる系統関係からなり、基本的には、前の型式と近隣地域の並行型式との関係が、総合されて形成される。この縦横の関係のなかに諸形質の相同性が認められるのである。人工物と生物とは異質であり、型式研究における系統や相同性などは、当然異なった意味内容をもつ。

関東地方の諸型式のなかで比較的長く時間的変遷をおえるものが、諸磯 b 式から、勝坂式を介して、加曾利 E 式までつづく、口頸部のふくらみと口縁部の内側への湾曲との特徴である（山内 1939b、1940d、e）[8]。この部分に注目すると、諸磯 b 式から加曾利 E 式まで、口頸部と体部とで文様を分割してとらえることができるが、加曾利 E の新しい部分で、口頸部の湾曲が弱まり、上下の文様が一体化するものが認められる（第 2 図）。この形質の系統関係が、後述する「文様帯系統論」の発想のもととなったものである。

なお一方で、加曾利 E（最古）・（古）式、大木 8a・8b 式さらに広域の並行型式は磨り消し縄紋をともなわず、加曾利 E（新）式、大木 9・10 式及び広域の並行型式はそれをともなうといった並行型式間の形質状態の共通性は比較的早くから着目されていた（山内 1940e）。そのあいだには地域間交流による、人工物独自の横方向の系統関係がある。加曾利 E 式は、明瞭に、縦の系統（第 2 図）と横の系統との関係からなる部分といえる。

第 1 章　土器型式編年研究に関する方法論的考察

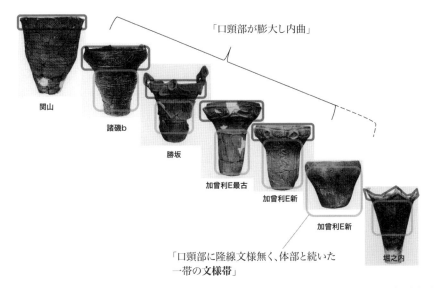

第 2 図　関東地方の前期〜後期初頭土器型式における口頸部のふくらみ・内弯の継承・変遷と文様帯（山内 1939b、1940 b、d、e に加筆）

iii）器官としての文様帯　生物学で相同性認定を重要な課題とする比較解剖学は、各種生物の体制や器官（organ）形態を比較し、その体系化を目的とする学問であり、生物の形態、全体の形状、部分の構造について研究する形態学の一分野である。器官は、生物体に局在し、形態的に独立した構造体であり、1 種または数種の組織（tissue）が一定の秩序で結合したものである（巌佐・倉谷・斎藤・塚谷編 2013、280 頁）。そして組織は、細胞（cell）が集まったものである。器官、組織、細胞それぞれのレベルで相同は観察されるが（鈴木誉 2012、712 頁）、生物体の基本的な構造は、上位の形態レベルである諸「器官」の分化や配置の状態からとらえられるものである。したがって、比較解剖学では、「器官」の「相同性」を扱うのである。器官の形態や位置関係の比較による比較解剖学的知見が、生物系統分類を秩序立ててきた。

　動物進化形態学の第一人者、倉谷滋による、より詳細な定義として比較解剖学は、「動物の体の構造を単に記述するのではなく、諸器官の形態や位置関係を比較し、その形態的同一性（相同性）を発見することにより、扱っている動物の体制のタイプ（動物門の確定）、進化系統的関係（類縁性）、進化的成立の経緯等を明らかにし、ヒトの進化的起源をはじめ、多様な動物形態の由来やその系統関係をみきわめ、形態進化の本質を理解すること、もしくは動物体における同等の（相同な）器官系の形態が進化を通じ、原始的な状態から派生的な状態へと変化してゆくさまを提示することによって、動物の適応的進化過程を生活型の変化と対応させ、理解することを目的とした観察の方法を総称」したものである（倉谷 2012、736 頁）。

　先述の前期諸磯 b 式から中期加曾利 E 式まで継続してみられた口頸部の文様の帯状部分は、より時期を広くとらえると、はじめ単独であったのに（関山式など）、途中からその下にも同じような文様が加えられ（諸磯式、勝坂式）、その後上下の内容に差がついたのち（加曾利 E 式）、

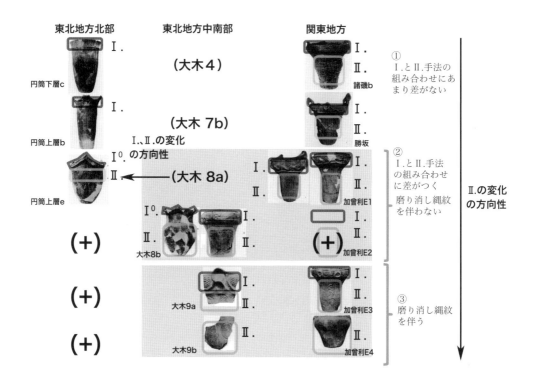

第3図 東北地方北部・中南部・関東地方の前期〜中期土器型式における文様帯の継承・変遷（山内 1939b、1940d、e、1979に加筆）

口頸部内弯が直線化するとともに上部と下部の文様が一体化するといったように（加曾利E式後半）、時とともに有意な変化をみせる（山内 1939b、1940d、e）（第2図）。

　この上下の帯状部分を「文様帯」（decoration bands）と呼ぶと、体部下方の「第二次文様帯」は、はじめ①体部上方の「第一次文様帯」と手法の組み合わせにあまり差がなく、隆線文によるものが多い。中期の半ばには②「第一次文様帯」と手法の組み合わせに差がつき、沈線文によるものも出現し[9]、中期の後半に③磨り消し縄紋をともなうようになり、後期に④主要な文様帯に移行すると整理できる（山内 1958b、289頁）。①の隆線による文様は前期の土器の「第一次文様帯」つまりⅠ．文様帯に特徴的であり、また③の磨り消し縄紋手法をともなう文様は後期の土器の「第二次文様帯」つまりⅡ．文様帯に多くみられる。したがって、Ⅱ．文様帯の内容に準拠して、①の形質状態をもつ型式が時期的に前に、③の形質状態をもつ型式が後に位置づけられると判断できる（第3図「Ⅱ．の変化の方向性」）。加曾利E諸型式のⅠ．文様帯とⅡ．文様帯はそれぞれ、配置や、構造の一部が共通することから、相同であると決定される。つぎにその比較により、垂直方向の変化の方向性が決定されるのである。

　また、この時期的な変遷過程①〜④が、北陸の加曾利E式並行の型式の解説において記されたことからもわかるとおり、同様の現象が関東地方以外のいくらかの地域にも認められるこ

とが重要である。細部の文様の特徴はとりあえず不問としてみると、加曾利E諸型式と他地域の並行型式とのⅠ．やⅡ．は各々相同であると決定され、もうひとつの系統である地域的連鎖の、基軸としての共通性（相同性）も示されるのである。

例えばⅠ．文様帯に近似した文様が認められることから、加曾利E式と畿内の里木2式との遠域の並行関係は決定されるのである（山内1935b、1979）。また後で詳述するが、Ⅰ．のみの構造がつづいた東北地方北部にⅠ．、Ⅱ．の重畳構造がみられるようになるのは、その重畳構造がつづいた関東及び東北地方中南部と連絡したからに他ならない。ここに、Ⅰ．及びⅡ．文様帯──この場合にはその配置──に準拠した、水平方向の変化の方向性─東北地方中南部から北部へ─を認めることができる（第3図「Ⅰ．、Ⅱ．の変化の方向性」）。

文様帯は、土器に局在し、上あるいは下の文様帯と密接な関係をもちながらも、形態的に独立した構造体である。そして、1種または数種の単位文様が一定の秩序で結合したものである（山内1964d）。さらに付け加えるならば、単位文様は文様要素が一定の秩序をもって集まったもの、としておきたい。縄紋土器の文様帯、単位文様、文様要素は、各々、生物の器官、組織、細胞になぞらえられるのである。

生物の器官の相同性が決定されるように、土器において構造の基本型式として、文様帯の配置に一致がみられ、その構造になんらかの共通点があれば、互いに相同とされるのである。文様帯は、土器の系統関係の合理的決定のために、比較解剖学における器官をモデルとして成立された概念とみることができる。

比較解剖学の基本的使命のひとつは、機能的適応のはてに特殊化した器官の由来を明らかにすることにあり、その特徴は、「第一に器官の具体的形状などにまどわされることなく、形態学的相同性、すなわち器官の進化発生的出自に注目するという方法、第二に相同性の決定にあたっては器官の相対的位置関係に重きを置くということ、第三に動物形態の深層に不変の継承が横たわっているというイデア論的仮説を維持することである」（倉谷2012、737頁）という。

土器における文様帯を比較する方法の特徴は、①横帯としてみるのであまり具体的形状（器形、単位文様やその配置など）にまどわされずに相同性に注目できる、②主に二つの上（口頸部）下（体部）配置であり、相対的位置関係に重きが置かれる、③製作時、文様配置の際の第一のレイアウト枠であるがゆえ地域的・時期的につづくことが重視されるといったことにあるとまとめられるであろう。これらは比較解剖学に相通じる。

「比較解剖学の本質は、動物形態を還元論的に組織や細胞へと降りてゆくことによって理解するのではなく、むしろ肉眼的な形態要素と形態要素の間にある関係に重きを置く構造論的認識の方法として生まれた」という（倉谷2012、736頁）。倉谷によれば、相同性とは、機能的適応のための進化的変形の裏返しとして発見される共通性のことであり、形態形成、形態進化の深層にある根本的パターン、「型」が保存されている限りは、何もないところに成立したまったく新しい器官は原則的に認められず、どのような奇妙な形態パターンであっても、型に照らし合わせることによってその相同性や由来を確かめることができる。したがって比較解剖学の

目的は、ある意味、すべての（脊椎）動物のかたちを同一の型にあてはめることにあったという（同、737-738頁）。このことは、文様帯の系統を理解するうえでも示唆に富む。

倉谷は、「元型論的な出自が比較解剖学の弱点であり、限界でもあったが、この比較法が、型からの逸脱や新しいパターンの創出をネガティブな方法で発見・認識する唯一の方法であった」（同、739頁）と強調する。「進化的にまれに生じる新規形態の獲得にあっては、祖先動物に由来する発生拘束から逃れることにより、形態的相同性が失われること、形態要素が融合、分割、シフトすることなどが考えられ、このような現象を、相同性のシフトや消失、相同性決定不可能性という形で検出することができるのもまた、比較解剖学的方法によるのである。この意味で、比較解剖学は動物の形態パターンに『同一性と差異』を検出する、もっとも基本的な方法」であると述べる（同、739-740頁）。比較解剖学とは、生物の器官の相同性、つまり「発生拘束」や「変化の仕方」の「限界」、「保守性」、「安定」性にもとづく「共通性」、「同一性」、「根本的パターン」とを見出すことであり、それにもとづき体系化を図るものであった。

したがって、比較解剖学をモデルとして成立したはずの後述の「文様帯系統論」（山内 1964g、h）のひとつの大きな目的は、土器の変化の裏返しとして発見される共通性（相同性）を同定し、文様形態の形成、変化の深層にある「根本的パターン」に言及することにあるといえる。縄紋土器において文様帯を器官になぞらえて設定すると、各型式の各器形の文様帯の配置や構造には一定の規定がある。そして縄紋土器全体をとおして、口頸部及びその下の文様帯の配置は、一種の根本的パターンとしてとらえられるのである。土器の「体制（ボディプラン）」つまり文様帯の配置（ステイトとしては口頸部あるいは体部文様帯の、有・無、幅が広い・狭いなど）や構造を、比較検討し体系づけることにより、形態パターンにおける「同一性と差異」の検出と、それにもとづく型式の地域・時期的変化の過程の的確な指示が可能になる。文様帯の比較分析により、土器型式研究も、相同の関係にもとづいて、系統推定（形質状態の比較による変化の方向性の決定と、系統関係の決定）へと進むことができるのである。

（2）文様帯系統論

以上のような生物学と型式研究との諸概念の関係をふまえたうえで、山内清男の文様帯系統論を紐解いてみたい。系統、文様帯、相同という言葉の使用は、彼の研究の最初期、1929年5月まで遡る。進化系統学的体系と融合した比較解剖学が国内で体系的に紹介されるのは1929年9月のことであり（西 1929）、比較解剖学という言葉こそ用いていないものの、山内は「相同」に着目する比較解剖学的方法を日本の考古遺物の研究に具体的に取り込んだ先駆的存在であった。「七　各地の繊維土器装飾の比較」として、「繊維土器には上述の如く諸型式がある。一地方に存する諸型式は年代的の相違を有するものらしく、円筒土器下層式のbc、大木の12のあいだには層位的にこれが証明されて居る。又繊維土器は関東北に亙つて少くともある期間、同時に行はれたものと考へられるから、従つて各地の諸型式のうちには互いに同じ時期に存したものと、別の時期に存したものがあるであらう。この方面の調査の第一歩として、各地の諸型

式に於ける装飾の比較を試みよう」として、「器内面の装飾」、「口端の装飾」、「口頸部文様帯」
(傍点筆者挿入)、「体部の装飾」、「内面に條痕のある型式の年代」の各項目で解説がおこなわれ
た(山内1929a、22-26頁)。

　注目すべき点は、「口頸部文様帯」の解説である。「器外面の装飾は特に文様をなす部分とさ
うでない部分に分れる。文様は各型式に認められるが、少数の例外を除けば、口頸部の狭い帯
状の範囲に限られて居る。この文様帯は筆者の所見に拠れば、関東北の縄紋土器諸型式の年代
的系列に沿うて、初め単独に存し、後に他の文様帯を伴ひつつ同じ位置に存し、遂に口端に向
つて縮小し、消滅する一系統の文様帯(第一次文様帯)に属する。繊維土器の各型式の文様帯
は互に相同なものであって、その手法及び内容は最も適当に比較される」(傍点筆者挿入)(同、
23頁)と論じた。関東以北の諸型式の比較分析の方法として、相同な文様帯同士の「手法」と
「内容」の比較があげられたのである。ただし、山内も述べているように、この論考は、早期
より前の型式がいまだ制定されていない時期に執筆されたものであり、さらに「中期以前」(山
内1964g)の東北、関東地方に限った型式を対象としたものであった。そうであっても地域間(横
方向)の相同性が既に確認されていることは重要である。

　そして1930年の論文において、松本彦七郎の方法の応用として、東北地方晩期の型式の文
様帯の変遷がまとめられた他に(山内1930d)、1939年から1941年に出版された関東地方の型
式の標準資料「アトラス」である『日本先史土器図譜』に、いくつかの型式の文様帯の特徴が
記された(山内1939d、1940b、e、1941a〜c)。

　その後1958年に、山内は、「文様帯」の項目に「縄文土器の文様は甚だ多様であるが、これ
にある種の整理を行えば文様手法の変遷の行程、縄文土器全般の系統関係等を理解するに便宜
を与え得るように思う。それは各時代の文様をその器形に於ける位置を考えて『文様帯』を仮
設する。この文様帯の重なり具合、各文様帯の縮小、変質、消滅或は拡大、多層化等文様帯の
歴史を復元しようとするわけである」(山内1958a、279頁)と記した。縄紋土器全体の変遷を
系統的に把握するために文様帯の概念を用いだしたことがわかる。

　さらに1960年に、「縄紋式の大部分には特に文様帯というべきものがある。それが次々の型
式に伝えられ系統を引いている。その文様帯が早期のある時期には無いのである。九州から関
東に至る押型紋の土器の時代がそれである。関東にはその前になる縄紋の多い時代があるが、
ここにも文様帯がない。最近の情勢では早期の文様帯の無い時代より前に文様帯があるらしい
ことになった。…(略)…これらのなかには、渡来前の原郷土にあった文様帯と関係あるもの
があるかもしれない。この様な文様帯は後消滅して、早期中葉になって新しい文様帯が発生し、
爾来数千年変遷の歴史を持った」と記すようになった(山内1960、2頁)。

　1962年に提出されていたものの、山内の没後6年たった1979年に出版された博士論文『日
本先史土器の縄紋』には具体的な文様帯の変遷が述べられている。なおその原稿における文様
帯の「文」の表記は、学位論文の清書をした人物により「紋」に統一されたとされる(大村
2007、2008)。「縄紋式土器では紋様は大体帯状をなして居る。頸部に比較的狭い帯として加え

られることもあるが、体部に広い帯となっていることもある。土器の型式によって紋様帯の内容も違うが、存在する位置や重なり方にも差がある。これを年代的に排列して見ると、紋様帯は歴史的連続を持ち、時には新しく生ずる等の印象を受ける。土器の装飾を付ける際、土器の帯状の部分に一定の技術を綜合して加えることが性となって居り、所を選ばず個々のやり方をしたのではない。一方では伝統を守り、又一部に変化を生じて行く」（山内1979、51頁）のである。

そして附録の 61 枚の土器写真図版のうち該当する型式のものをあげて文様帯の変遷を解説した。ここでは詳述を避けるが、上下二つの文様帯により、縄紋土器型式の「系統関係」を「各時期、各地方間」に見出したのである（山内 1979、52 頁）。この時点で東北地方北部・中南部の一部型式の標式資料も提示されたため、それまでに提示されていた関東地方の型式の標式資料と合わせることにより、東北地方北部から関東地方にかけての前期〜中期土器型式の縦横連鎖の構造はよく把握できることになった（第 3 図）[10]。

山内は、この学位論文提出と同年に、資料の増加を受け、従来の五つの時期大別の前に「草創期」を追加することを提唱した（山内・佐藤 1962）。そして、1964 年に、それまでの議論を総合した「文様帯系統論」（山内1964g）を『日本原始美術』第 1 巻に提示した[11]。

> **文様帯**　土器に見られる文様は多く横帯をなしている。この横帯を繞って全体一単位の文様が見られることもないわけではないが、多くは同じ単位または近似の単位が繰返されている。時には縦線、斜線或は縦の弧等で区切られ、枠の中に収まったようになっている。この点は今の未開民族や他の先史時代、歴史時代の土器にも見られる。特殊なこととは考えられない。（…略…）
> 　土器の口縁、頸部、体部のうち上下に別の文様帯が加えられることがある。その場合各文様帯の配置に一定の規則があって、上下文様帯が縦の軸を持っていることもある。しかし各文様帯はそれぞれ別の繰返し方をしていることの方が多い。この点は型式によって一定の傾向を示している。（…略…）口縁および外面の文様帯には代々相継ぐ部分が認められ、系統的連続が見られる。（山内 1964d、151 頁）

土器面に、文様を帯状に加えることは、根本的に変わりにくいものと考えられる。我々からみてもひとまずはその内容いかんに関わらず把握しやすい。そして型式ごとに「文様帯における文様の単位、その配置」（山内 1964d）には規則があるのである。

さらに、「土器の研究は形態学 Morphology に比すべき部分をもっている。いわゆる型式学 Typology は最もよく比較解剖学に比較し得るであろう。相似の形態、相同の形態、その他の概念を導入することもできよう。ここに述べる文様帯系統論も資料、観察の主眼、理論の建て方において同じ方向を指すものである」（山内 1964g、157 頁）という記述につづき、縄紋土器全体をとおした、文様帯の系統的な比較研究成果があらわれた。

草創期の前半の土器は、細隆線や爪型文、縄の押捺文による古文様帯をもつという。草創期後半の回転縄紋のみの土器と早期のはじめの押型文の土器とには文様帯はなく、これらの時期は全国的に文様帯の断絶する期間である。つぎに、早期に文様帯が生じ、変遷をかさねて、一部弥生時代、続縄紋時代の土器にまでつづく。ほとんどすべての土器に文様のある東北地方北部前期末、中期前半の円筒下層d式、円筒上層式に対し、北海道、青森県、近畿地方の早期末の型式では文様が極めて稀であるが、大概の型式はこの両極端の中間であり、種々の比例で文様帯が出現しているという。

さらに、既知の「ある型式の文様帯は前代土器型式の文様帯と連続、継承関係を持っており、次代型式の文様帯の基礎となる。土器は土器から、文様帯は文様帯から、系統は要約して次の如くたどり得るであろう」（山内1964g, 157頁）という文言につづき、「Ⅰ．口頸部の文様帯」と、その下の「Ⅱ．体部の文様帯」の系統が解説されている（第4図）。

Ⅰ．文様帯は、北海道、東北地方北部・中南部、関東地方、東海（近畿）地方の早期型式まで遡ることができ、東北地方北部・中南部、関東地方、甲信、近畿地方の前期、北海道、東北地方北部、関東地方、北陸の中期前半型式につづく。Ⅰ．は北海道、関東の早期前半の型式や、前期中葉の関東の型式で幅広い帯をなしたり、関東の早期末や前期初頭の型式で重帯化したりするという。

前期の東北地方中南部、関東地方、甲信、中期の関東、甲信、瀬戸内ではその下に体部文様帯をともなうという。北海道、東北地方北部では中期前半までⅠ．文様帯のみの配置ということになる。東北地方中南部前期末、関東地方東部前期後葉、甲信地方中期前葉の型式では、下方の文様帯が広大で、Ⅰ．文様帯は痕跡化する。

この下方の文様帯が、Ⅱ．文様帯に「転化」し、中期後半の東北地方北部・中南部、関東地方、越後、近畿の型式でⅠ．とⅡ．とは上下に重ねて加えられているのが確認できるという。

関東地方の後期型式において、Ⅰ．文様帯は、口端に縮小、痕跡化し、内面に文様が加えられたり、先祖返り形態を呈したりするが、後期の中頃には、口端から再生の萌がみられ、口頸部に下垂する「帯縄文」として発達し、晩期のはじめまでつづく。一方、関西以西の近畿、瀬戸内、九州の後期型式において再生したⅠ．文様帯は多く内折した口頸部に位置し、九州の晩期型式までつづくという。これらに対して、東北地方ではⅠ．文様帯の再生は、東北地方中南部の後期の型式にわずかに認められるが、その後みられない。

関東地方において、Ⅱ．文様帯は後期初頭型式で幅広く位置したのち、比較的狭く加えられ、洗練された磨り消し縄紋が多いという。後期中葉には、頸部のⅡa．文様帯と体部のⅡ．文様帯に分裂する。したがってⅠ．、Ⅱa．、Ⅱ．文様帯が重複する。Ⅱa．は比較的「振るわない」文様が多いが、後期末、晩期までつづく。関西では、Ⅱ．文様帯は単独にあることもあるが、多くⅠ．文様帯下に加えられる。これらに対して、東北地方では、後期半ばにⅡa．がⅡ．から分立し、後期末までつづくという。Ⅰ．、Ⅱa．、Ⅱ．の構成である。Ⅱ．の多帯化もみられる。Ⅱa．は東北において著しい一方で、関西に全くみられず、Ⅰ．の再生化と反対であるという。

晩期において、体部文様帯は再び上下二分され、Ⅱc．、Ⅱ．の配置となる。

つづいて記載されている、東北地方晩期亀ヶ岡式土器の文様帯の系統の検討は、1930年の論考と合わせて（山内1930d）、山内の研究の核心部といえる。Ⅱc．は大洞B、BCにおいて文様をなしているが、横線化し、C2、A、A'式において頸部、肩部の隆線と化すとした。Ⅱ．文様帯は、B式、BC式では縄紋のない文様もあり、C式において曲線的な磨り消し縄紋となり、A、A'式において横線化の傾向、A'式においてⅡa．とⅡ．との帯の区別が失われる傾向を示すという。続縄紋、弥生式までこの傾向がつづいてみられるという。これらの変遷は「一般土器」のことであるといい、その他、亀ヶ岡式の注口付や香炉形土器の文様帯の重畳からみた型式別の発達についての解説や、早期、関東・東北地方の後期初頭、東北地方の後期中葉から晩期前半、関東地方の後期中葉から晩期中葉の型式の一部や、壺形土器の大洞C2式以降、東部弥生式などに副文様帯の設定が必要との展望がなされている。

以上、『日本先史土器の縄紋』での記載内容をもとに、（Ⅱ⁰）がⅡa．に、（Ⅲ）がⅡc．になるなどの訂正が加えられ、東北・関東以外の資料数も増えて、主にⅠ．とⅡ．との文様帯によることで、縄紋土器の全体的な変遷史が概説された。ただし、例えば北海道の中期後葉以降など一部地域・時期の型式の文様帯についてはふれられておらず、その分析は今後の課題として残されている。またすべての器形や精・粗製の土器に関して言及されたわけでもない。山内自身も、「文様帯には種々の変化があり、時々刻々理解を新にしなければならない事例に接する」（山内1964g、158頁）といい、いくつかの課題を残しているものの、各型式の文様のある「一般」的な土器を指標として、概ねの縄紋土器が、文様帯により比較検討可能になった点は重要である。二つの文様帯を区別し、その配置（Ⅰ．のみ／Ⅰ．とⅡ．／Ⅱ．が主体）を比較することで、凡その年代、地域の区別がつくことになった（第4図）。型式研究において、文様帯は縄紋土器全体を系統的に把握するための鍵概念である。

また「宮城県七里ヶ浜町大木囲貝塚」出土「大木8b式」土器の図版解説においても、「口頸部文様帯と体部文様帯が重複した例は、また加曽利E1式（群馬県）、加曽利E2式（東京都）、馬高3式（新潟県）等にもみられる。中期中頃の特徴的な例である」（山内1964g、178頁）[12)]とし、これを起点に各文様帯の変遷が論じられている。先には加曾利E式並行の型式（山内1958b）、ここでは大木8b式の欄で文様帯が解説されていることからもわかるように、山内は、広域での近似の認められる時期、中期半ばの土器型式を基準に文様帯を設定している。上下の文様帯は、土器の体系において、垂直方向のみならず、水平方向つまり同時期の異なる地域の型式間のつながりの把握にも有効なのである。

徐々に変化をともないながらも、「上部口頸部」に位置する「文様帯」は早期の型式から後期・一部晩期の型式までほぼ全国的に連続し（第4図「Ⅰ．」）、「下部」「体部」に位置する「文様帯」は前期から「転化」「分裂」等を経て晩期まで連続するものであり（同「Ⅱ．」）、それぞれ相同性が確かめられる。この主に二つの文様帯それぞれの変化にともなう、新しい装飾（文様帯の配置、各文様帯内部の単位文様とその配置）のパターンが、つづく型式を定義することになる。

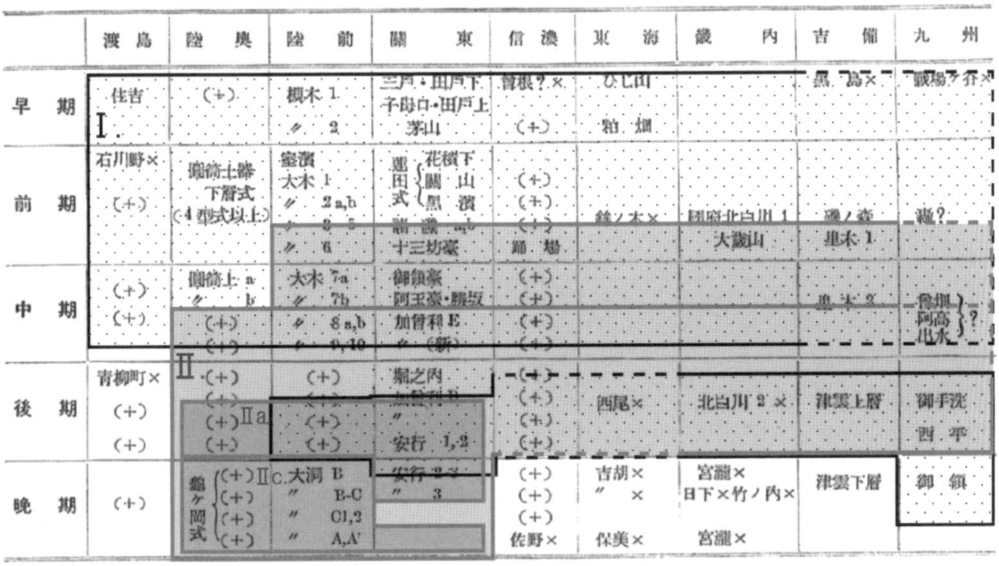

縄紋土器型式の大別

	渡島	陸奥	陸前	關東	信濃	東海	畿内	吉備	九州
早期 I.	住吉	(+)	槻木 1 〃 2	三戸・田戸下 子母口・田戸上 茅山	曽根?× (+)	ひじ山 粕畑		黒島×	轟場?×?
前期	石川野× (+)	聯碗土器 下層式 (4型式以上)	室濱 太木 1 〃 2 a,b	花積下 墨田{關山 式 {黒濱	(+)	鉾ノ木×	國府北白出1	磯ノ森	轟?×
		(+)	〃 6	諸磯a～c 十三坊裏 節場			大蔵山	里木 1	
中期	(+) (+)	御碕上 a (+) (+)	大木 7a 〃 7b 〃 8 a,b 〃 9,10	御領豪 阿玉豪・勝坂 加曽利E(新)	(+)			里木 2	曽畑 阿高 出水?×
後期 II.	青柳町× (+)	(+) IIa (+) (+)	(+) 〃	菊之内 〃 安行 1,2	(+)	西尾×	北白川2×	津雲上層	御手洗 西平
晩期	(+)	龜ヶ岡 式	IIc.大洞 B 〃 B-C 〃 C1,2 〃 A,A'	安行 3 	(+) (+) 佐野×	吉胡× 日下×竹ノ内× 保美×	宮瀧× 〃 宮瀧×	津雲下層	御領

註記 1. この表は假製のものであつて、後日訂正増補する筈です。
2. (+)印は相當する式があるが型式の名が付いて居ないもの。
3. (×)印は型式名でなく、他地方の特定の型式と關聯する土器を出した遺跡名。

註：囲い点線部分は文意を汲み推定、無線部分は「痕跡化」

第4図 I.、II. 文様帯の年代的・地域的連続関係概略（山内 1937b に加筆）

文様帯の「新生」、「多帯化」、あるいは「縮小」、「変質」、「消滅」、「拡大」（山内 1964g）等の大きな変化がおきるタイミングは重要であり、それは同時期の一定の地域間で共有された現象である場合も少なくない。

さらに、「文様帯の対比によって早期以来の文様帯の系統を知ることができる。また上部下部の文様帯は後期及び晩期において分化を続けている。私は器形の変化等を消却して、文様帯の新生、多帯化等の歴史を追求し、縄文土器全般に通ずる型式学的系統または紐帯あるいは筋金というべきものを考えている」（山内 1964g、178頁）との記述が、この着想を明確にする。文様帯の「分化」を、器官の分化つまり器官の形成（八杉 2011、64-130頁）に見立てていることは明らかである。前―中期の I. 文様帯と、ほぼ同様の内容をもつ下方の文様帯（いわば II. 文様帯らしきもの）との配置は、ある意味、II. 文様帯の未分化な状態であり、II. も I. も同一の起源（つまり初期の I.）をもつと解釈されるのである。II. は I. から派生したとみることができる。縄紋土器全体は、文様帯により相同性つまり「型式学的系統」、「紐帯」、「筋金」が保証されるのである。

縄紋時代をとおして、土器の形態装飾など個々の形質に、それぞれ発生と消滅があるが、長く系統的につづくものは少ない。そのなかで、文様帯は概ね全体をとおして時間、地域的変化をともなって連続する。つまり相同の関係にもとづき、他の形質は部分的にしか型式をつなぐことができないのに対して、文様帯は全体を有意につなぐことができるのである。文様帯は系

統推定、つまり相同性の判断と時間的・地域的変化の方向性の判断に有用な形質なのである。

文様帯は、装飾の「一定の方式」（山内 1940e）の結果としての文様のなかで上位概念であり、時期的・地域的に広範な系統を最もよく反映した形質である。器形や縄紋の範囲等といった他の多くの形質と様々な相関関係をもっており、そこに他の形質の特徴が種々の程度に反映されていると考えることもでき、重要な指標形質といえるのである。

こうしてみると「細胞は細胞から、土器は土器から、紋様帯は紋様帯から、形態の連続がある」（山内 1979、51 頁）という暗示めいた文句も、土器にも各形態レベルに系統（相同性）があるが、それらを秩序立てるために第一に文様帯の系統から土器の体系づけをおこなうという意味に解釈されるのである。文様帯の相同性が確認された後にその内容の相互比較が可能になるわけであり、文様帯は縄紋土器の比較の第一の分析項目とされる。文様帯にもとづく諸形質の系統分類は、人工物である縄紋土器独自の相同性の関係、系統関係の把握の筋道たてた整理方法といえる。

文様帯の分析により、縄紋土器は、一体で分かちがたい変異の連続（一地域の年代的連続、一時期の地域間連鎖）によるものであることが示された。型式網（年代的・地域的組織）は、人工物の時空間の相同性のネットワークといえる。Ⅰ．とⅡ．文様帯により、縄紋土器全体が相同性のネットワークとして把握される。文様帯の相同性の連続の一方で、時間の変化、地域間関係にともなう文様帯の内容の差異の増大がおきるのである。

4 型式研究の意義

型式研究方法は、決して対象（一群の土器）を直感的に一挙に認識するものではない。整理対象の観察からいくつもの形質 character を引き出し、他と比較・考察しながら徐々に対象を認識していく弁証法的なものである。

縄紋土器は様々なレベルで同一性と差異とがあり、この的確な識別・認定が型式研究の鍵になる。生物の分類においても人為分類の反省から自然分類が唱えられたように、縄紋土器の分類においても観察者が決めた任意の基準による分類ではなく、縄紋土器全体の特徴をとらえて分類しようとすることが必要であり、時期的な類縁関係と地域的な類縁関係とを反映している形質を基準とした系統的な分類が唱えられているのである。

生物の系統分類の方法と照らし合わせると、型式研究は、個々の標本の一．形質の記載、二．分析・同定、三．系統関係の推定（形質を比較し分析、系統関係を推定、それにもとづいて土器の系統関係を推定）と四．新型式設立という手順をとるとすることができる。三についてはさらに、1）形質の相同性の決定、2）形質変化の方向性の決定、3）2）にもとづく系統関係の合理的決定の具体的手順をとる。

こうしてみると、型式研究の根本として文様帯を優先する視座が示されていることがよく理解される。それは三の操作にかかわるものであり、1）土器の変化の裏返しとして発見される

共通性（相同性）をとらえ、文様形態の形成、変化の深層にある根本的パターンに言及する、つまり文様帯の配置を記載、同定する。2）それによって下位レベルの各形質状態（単位文様の形状やその配置、沈／浮線などの手法など）を他と的確に比較することができ、他との差異から変化の方向性を決定するのである。3）諸形質の系統関係を統合したものが各文様帯の系統となり、さらにそれが土器の系統となる。「文様帯系統論」は、系統論で重要な位置を占める比較解剖学がそうであったように、まさに肉眼的な形態要素と形態要素との間にある関係に重きを置く、構造論的認識の方法なのである。

　形態学をひきあいに、比較できるのは「相同」なものであるため、縄紋時代においては最も型式研究に適した人工物である土器に対象が絞られ、さらに型式分類の指標となりうる特徴（形態・装飾、技法）のなかでも、文様のマクロな構造レベルの「文様帯」が優先された。まずは、具体的状態にはあまりまどわされずに文様帯の相同性を認定し、その後、その形質状態の差から変化の方向性を決定し、系統関係の決定にいたらなければならない。三の手続きは、階層的・排他的に各形質を認識・比較、のちに統合する段階的な操作をとることになる。

　文様を帯状に区分することによる土器の新旧の検討は、山内清男以前にも松本彦七郎により試みられていたが（松本1919b、c）、上述したような系統的分析にはいたっていない。松本は、土器面に「ⅰ、凸線紋…（略）…部」、「ⅱ、凹線紋…（略）…部」、「ⅲ、一律縄紋部」などが認められるとした。そして、東北地方中南部における、「ⅰ、」・「ⅲ、」を上下にもつ現在の中期土器を古い型式、口唇に「退化」した「ⅰ、」と「ⅲ、」とのあいだに「ⅱ、」をもつ現在の晩期土器を新しい型式として示した。さらにその後「ⅰ、」・「ⅱ、」・「ⅲ、」の下に「ⅳ、接底平滑部…（略）…部」が加わるとみたようである。松本は、「ⅰ、」は「凸線」文部、「ⅱ、」は「凹線」文部として各部の内容を固定しており、時間・地域的変化にともない変換可能なはずの、形質の具体的状態にまどわされているといえる。「ⅰ、」～「ⅳ、」部は、各部の同等性、型式間の相同性の確認を経て設定されたものではなく、以前の「部」が「退化」し新たな「部」が時間経過とともに唐突に付加されるという説明だけでは、相当の時間的な間隙のある型式間の「ⅰ、」を同じ部分とみることは難しい。松本の研究には、比較の前提としての「相同性」の決定の過程が欠けていたのである。

　相同の関係を明らかにしてから、形質状態を比較することにより、変化の方向性・系統関係は決定するのである。山内清男のⅠ．口頸部文様帯、Ⅱ．体部文様帯は、縄紋土器全体の特徴をみたのち、形質状態（文様帯の内容）の差を超えた、形質（文様帯）の同一性をとらえて設定されたものである。だからこそ文様帯系統論は、山内の研究の後年にようやく論証されたのであった。文様の異なるレベルを混同せず、系統決定の操作手順をふむ、型式研究方法のほうが、縄紋土器の系統立てに適していよう。

　現在の編年研究において、「型式学的方法」として、「まず型式の時間的空間的位置づけ（編年）を明らかにしたうえで、型式間の関係（系統）の問題へと進むべき」であり、「言うまでもなく最初に取り組むべきは、個々の分類単位の年代的関係を明らかにすることだろう。だから

まず、系統を云々するのではなくて編年を追求しなければならない」という手順が説かれる場合がある（千葉2008、50-51頁）。それによれば、西日本の後期土器型式編年研究を例にとり、「編年の確定していないA、B、Cという三つの分類単位があり、Bという単位がAに共通する要素とCに共通する要素を併せもっていた」場合、「①A→B→Cあるいは②C→B→A」も可能であるし、「BをAとCの折衷と理解し」、「③A—B—C」と年代的に同時であるとすることも可能であり、「この3単位しか存在しないのであればどれが正しいかを型式学的に（認識論的に）決定することは困難」だという。

しかし、型式研究方法からすれば、系統として「年代的関係」という縦方向の変化のみが強調されてはならないし、また「3単位しか存在しない」状況はありえない。1地域、1時期のマス目に嵌らない、広域編年の視点が重要である。縄紋土器型式編年は、分類の標準にもとづく縦横の連鎖構造なのであり、この総体の中で、本当にその「単位」が単位たりえるのか、縦横の系統関係から検証を加え続ける必要がある。型式編年研究の方法から系統の検討が抜きとられてしまっては、せっかく縦横から支持・固定されていた積木細工はばらばらに崩れてしまう。

山内の研究成果をみると、少なくとも関東地方の諸形質の縦の各系統に、早期、晩期及び中期中葉型式の諸形質の広範な水平方向の各系統が組み合わさっていたはずである。これらの縦、横の基軸に支えられ、網の目の体系が構築されている。断片的な資料であっても、判明する限りの形質状態の時期・地域比定の作業をとおして概ね全国の縄紋時代全般にわたる型式の縦横連鎖の構造に概ね位置づけられる。良好な模式標本となる資料が出土していなくとも、型式の内容は、前後、左右の型式の橋渡しをする各形質状態をもつものとしてある程度想定することができるのである。分類の標準としての型式の縦横連鎖構造は、文様帯によってひとつのシステムとして把握され、そのなかに（＋）印（相当する式があるが型式名がついていないもの）や空白も位置づけられている（第1図）。年代的・地域的な系統的分析によって提示される、標式資料（模式標本）とそれにもとづく型式を基本単位とした土器の体系ほど確固としたものはないだろう。

5　本書の方法論

（1）系統的分析

本書は、縄紋土器型式の年代的・地域的な連鎖構造の不完全な部分の整備をおこなうものである。ここまで、型式研究の成果を生物の系統分類の方法論と照らし合わせて、その方法論を検討してきた。その結果、その方法は主に、土器の諸形質にもとづく系統的分類であったといえるとの結論にいたった。以下はそれをふまえて、現時点で筆者が考える、縄紋土器型式研究の方法論である。

そもそも区別とは、科学的営為の基本であり、事象の「あいだ」にある差異を識別、認識することである。差異とは、ある観点からは同一である物事のあいだにある、互いに他から自己を区別する関係、及びある事物がそれをもつことによってもたないものから区別されるところの徴表そのものである。こうした事象間の関係（同一／差異）の解明に、実体ないし主体よりも関係ないしシステムを一次的とみること、つまり複雑多様な対象を全体的、有機的な構造との関連でとらえ、かつ模型を援用してこの構造の解明をめざすこと、つまり構造論的方法が有用なのはいうまでもない。

土器研究においては、時期と地域という観点が取り込まれ、時間差・地域差を示す諸特徴にもとづく系統的分類がなされ、型式が設定される。これは、ある型式は、それより前に存在していた型式と同じ時期の他地域の型式とを起源とし、それらとの差異は、時間の経過と、同時期の多少の地域間交渉とにともなう変化によるものであるということを前提としている。そして型式とは、土器の年代的・地域的体系の基本的単位であり、他の土器からある特徴的な形態、装飾、技法上の不連続を示す個体または同時的かつ同所的個体群をいう。諸特徴の共通性や、分布域などによって他型式と区別しうるはずのものである。型式設定においては、資料あるいは資料群のあいだの「関係」が重要視されるのである。型式間には、こうした不連続性が認められる一方で、同一性もあることが重要である。

細長い日本列島の各地を概ね東西方向で分割できる利点も相まって、縄紋土器の体系において、地域軸は横に──山内清男の場合、東が左に、西が右に（地図とは逆である）──、年代軸は縦に──上が古く、下が新しく──位置づけられる。各型式は、この体系モデルにおいて、その地域の型式の縦の連続（系）と、その時期の型式の横の連鎖（系）とがクロスする部分に位置する。その地域における前・後の時期の型式間と、その時期における左・右の型式間とをつなぐものである。前・後の型式の地域間連鎖（系）と、左・右の型式の時期的連鎖（系）に挟まれている。当然、前・後の型式の地域間連鎖（系）と、左・右の型式の時期的連鎖（系）とがクロスする4箇所にもそれぞれ型式が存在する。したがって、ひとつの型式を中心として、八つの型式が取り巻くかたちをとる（第5図）。この3地域と3時期からなる九つの点が縄紋土器の体系の構成の基本形であり、この連続、連鎖で全体が構成されるものとみることができる。

土器の胎土の性質、成形の方法、器面の調整方法、縄紋の原体の種類と押捺方法、器形（口縁部、口頸部、底部の形状）、突起の形状・配置、沈線の形態や施文具の種類、単位文様の形態とその配置、文様帯の配置、さらには焼成などの諸形質レベルで、時間的・空間的変遷、つまり系統がある。この構造（第5図）を基本とする系統関係が、レベルごとに幾層にも認められるのである。どの形質に準拠するかで、12本の線のいくつが実際に相同の関係にもとづいてつながるかは変わる。分類の標準となりうる土器一群を重視し、それが全体の構成要素であるという視点から、他型式との各形質の系統関係の分析をおこなうことにより、型式の縦横連鎖の構造ははじめてとらえることが可能になる。

第5図　縄紋土器の年代的・地域的体系におけるある型式と他型式との関係模式図

　したがって1遺跡のひとつの地点から出土した一群の土器（標本）を対象に、第一に諸形質の綿密な記載、第二に同定、第三に系統関係（形質系統→土器系統）の決定、場合により第四に新型式設立という手順をとることが妥当といえる。基本的には、前と横の型式が設立されていれば、その型式の系統的な成り立ちは説明できるだろう。なお、これは新たな資料の増加などにともない循環的になるであろうが、そうであっても新型式の設立は、系統関係の決定に先立たない。

　新型式設定のもととなる模式標本は、縦横の系統関係を考慮して慎重に選ばれるべきものである。記載・同定にあたっては、そうして選択されたはずの模式標本をもとにするのであり、換言すればその背後にある系統関係を重視するということである。系統関係を考慮せずに標本を同定してしまうと、前後の型式の形質状態をもつものや他地域の型式の形質状態をもつもの、つまり模式標本とは離れた資料を誤って同一型式と比定してしまうことになりかねない。

　土器の系統関係の決定（形質の相同性の決定、変化の方向性の決定、系統関係の決定）において、文様を構造的・階層的・系統的に把握する方法がやはり重要になってくる。もちろん本書は、体系としての縄紋土器型式編年の一部分の再構築を目指すものであるが、「縄紋土器全般」の体系的把握を直接の目的とするものではない。そうした目的をもった山内の文様帯とはひとまずは区別して分析をおこなうが、諸形質のなかでも文様帯に準拠することで、相同性の関係にもとづき多くの型式がつながれた体系を見出すことができることは確かである。先の模式図の九つの型式を12本の線で有意につなぐことができるということである（第5図）。

　凡そ縄紋土器は、文様のなかで上位の形態レベルの文様帯からみたときにわかるようにある程度の一致が認められると同時に、あらゆる型式は細部まで独特な存在である。各型式のユニークさは、むしろ共通性の追究の過程で、より明瞭にされてくるのも確かであろう。測定器具の精度が高まるほど、より微細な差異も検知され、多様性をこそ探知できるように（鈴木邦1989、412頁）、文様帯の系統関係の決定後に、より下位の文様レベルの諸形質にもとづく系統関係の決定を積み重ねることで、型式の秩序だった細別、理解が進むはずである。

　土器の体系について、ごく簡単にまとめると下記のようになる。

①上位から、日本先史土器＞縄紋式土器＞型式の分類群に分かれる。このうち型式を等価として年代的・地域的基本的単位とする。
②系統は、時間的変遷による縦と地域的変遷による横との二つの方向がある。

③諸形質は、上位に器形(深鉢・注口・香炉・皿・壺・浅鉢形など[13])や精・半粗・粗であり、下位に、ⅰ形態(口縁・口頸・胴・底部の各形状など)、ⅱ装飾(突起、縄紋、文様(沈線・浮線文など))などがある。他に組成、胎土の混和物なども含まれる。各形質に系統的な変遷がある。器形(ある場合には精・粗製もかけあわせる)ごとに、下位の諸形質の系統を区別してとらえる。
④ある地点・層位から出土した土器一群を、まず器形(ある場合には精・粗製もかけあわせる)で分ける(組成)。代表的(つまり系統をよく反映した)文様帯構成をもつ器形の土器が優先的に分析される。
⑤文様を各レベルで(文様帯＞単位文様＞文様要素)分ける。文様のなかでは「文様帯」が上位の形態レベルとして優先される。
⑥文様帯、文様帯以下のレベル、あるいは縄紋、形態、技法などの個々の系統関係を統合したものが土器の系統となる。

　このように選択した多くの分類形質について、排他的に他と比較し、最終的にそれらの積み重ねを総合して対象を認識していくのである。
　なお、土器(遺物)の場合、広義の形質には、出土遺跡・地点・層位も含まれるはずで、良好な層位事例がある場合には、層位的差異は型式序列の重要な根拠となり、他地域の型式との共伴事例は両型式の並行関係の根拠となりうる(層位学的手法)。土器そのものの狭義の形質も、外観的な「かたち」(器形・文様)だけではなく、器形や精粗の組成、胎土の混和物(繊維／各種鉱物ほか)、縄紋[14]、技法などまでも含むはずである。山内清男が層位学的手法も重視していたことは既知のとおりである。ほかに昨今進展してきた、土器付着物等のAMS法による炭素14年代測定結果の較正年代も、土器(遺物)の広義の形質のひとつに含めてもよいだろう。
　以上、人工物である縄紋土器の変遷を体系的に理解するためには、縄紋土器全体を動的な構造的関連のもとにあるひとつの弁証法的な統合体としてとらえるのである。それを様々なレベルから操作的・認識論的に切断してみることによって、諸型式の関連しあう構造を明示することができる。

(2) 製作工程を含めた技法の分析

　縄紋土器全体において概ね文様帯は、系統的に間断なく保持されつづけている。たしかに、最も基本的なレベルを文様帯におく、文様の構造的・系統的分析は、縄紋土器の変遷の体系的な把握を可能にする方法である。しかし、ここで注意しておきたいことは、器形や、文様帯を第一のレベルとする文様を含む装飾などの「かたち」の同一性や差異の把握(例えば文様帯の相同／非相同、文様の類似／非類似)は、生物の形態学、比較解剖学的分析につきまとう「われわれの外界認識に際して避けられない認識手段の精度や心理学的属性」(鈴木邦1989、413頁)などと同様の制約の下にある。装飾・形態などの「かたち」に対する、「私」の視点に客観性は保証されていない部分があるということである。

土器の場合、年代・地域差のみられる諸特徴のうち、文様、器形は、そこまで特別な器具を用いずに比較的フリーハンドで作出することが可能である。したがって「同一」なものを作成するには視覚的情報にたよることでも十分である。見聞きした印象で模倣可能なため、一般化しやすい。つまり時期的、地域的につづきやすい。「私」たちにとっても、平面的には「同一」や「類似」の判断はつきやすい。翻って見れば、同一視しやすいということであり、系統を決定する場合、「相同」と「非相同」との厳密な区別は難しい。文様・器形の「同一」や「類似」に研究者間での型式認識のずれの一因がある。

　一方で、縄紋つまり縄紋原体回転押捺痕は、特殊な器具を用いずには作出することができない。「同一」なものを作成するためには、器具つまり縄紋原体のつくり方の構造的な把握、つまり運動的情報が必要である。山内清男による復元縄紋原体・押捺痕のアトラスがあり（山内1979）、「私」たちにとっては、観察により種類（どの種類の原体をどの方向に押捺回転したかなど）を区別することが可能である。明らかな誤認を除いて、「同一」の判断における研究者間での対立はほとんどおきない。ただ RL、LR の単純な原体はともかく、特殊な原体は、見聞きした印象で模倣しにくいため、偶発的である。つまり時期差・地域差がつきやすい。さらに縄紋の有無が器形や文様配置を律しているわけではない。したがって縄紋は、同定あるいは隣接型式間の比較には有用であるが、相同の関係にもとづく系統把握には不向きな形質である。

　縄紋が、その痕跡の綿密な観察から、器具とその使用法にまで遡って立体的に復元されたように、文様や器形も、平面的に二次元のレベルでとらえるのでなく、次元を増やして把握することで、相同性にもとづく系統決定の客観性も増すであろう。種々の形態・装飾はそれぞれの成形・加飾の行為の結果なのであるから、各形態・装飾間の重複関係（切り合い関係）から成形・加飾の順序を復元することにより、複数構造的に技法をとらえるのである。製作工程（例えば縄紋が粘土紐による装飾より前か後か、どの種の縄紋原体を使用し、どの方向に、どの範囲に回転したか）は、微少な痕跡として残っている場合が多く、実資料の綿密な観察により判読可能である。製作時に共有された技法、それも工程（process）を含めた技法が解明できるならば、完成後の外見上の文様などからよりも着実な人工物の各特徴の異同の判断が可能になると考える。

　山内も研究の初期に、型式分類指標の第一に「製作」をしばしばあげていた（山内 1930d、1932b、d）。しかし、実際の研究では、とくに文様に重きが置かれるようになり、変化（山内1929a、1939e、山内・江坂・甲野 1964）、発展（山内 1929a）、発達（山内 1932d、1967b、山内1969b）、変遷（山内 1934a、1937a）は「形態」、「装飾」に認められるとされ、「製作」はあげられていない。「形態及び装飾の系統論」（山内 1953）なのであり、分類の標準の縦横の連鎖構造は、形態と装飾とから判明するとしたのである（山内 1934b）。後年には型式分類指標に、「形態」、「装飾」があげられ（山内 1964c）、「製作」があげられても「形態」、「文様」、「文様のつけ方」、「製作技術」の順になった（山内 1969a）。技法は、然程重視されなくなったように思われる。山内の型式研究は、系統分類学を基としており、かたちがやはり大きなテーマであったのである。とくに研究の後期において、縄紋土器全体を比較可能なものとすべく、ひろい範囲の相同性の

把握に努めたため、こまかな違いをもつものよりも、むしろ共通性の認められる、肉眼的なかたちである文様帯に記述が集中したのである。

　山内による縄紋の体系化は、研究の初期に、完成の域に達していたという。しかし、それが『日本先史土器の縄紋』(山内 1979（1962）) として、研究後期にあとづけ的に体系化された文様帯を含むかたちでまとめられたことも[15]、同様の傾向を示している。しかし山内は、「文様」と「縄紋」とを、漢字からも、指し示すものからも、厳密に区別していたはずなのである。縄紋という形質に関しては、文様という、つかみやすい表面的なかたちにとらわれる前に、まず、明確に復元することの可能な、原体とその押捺回転方法や押捺「範囲」に着目するべきである[16]。縄紋に着目すると、他の装飾との前後関係、つまり土器の製作工程も問題になってくる[17]。各土器の、文様のみからⅠ．とⅡ．と文様帯を分けてとらえるだけでなく、Ⅰ．とⅡ．との相互の関係や、とくに文様帯の成立に必要な要素ではない形質（例えば縄紋）や個体そのもののかたち（器形）との関係も重視する必要があるのではないだろうか。そうした形質も、実際には文様帯と相関関係にある。製作工程を含めた技法の分析は、文様帯にもとづく土器の構造的・系統的分析を補強することができるはずである。

　土器の分類の指標となる特徴つまり形質を引き出すことは、「規則性」の把握である。筆者は、文様に限らず、縄紋などを含めた装飾、あるいは器形について、「どのような手順で、どのように成形、加飾するか」というよりこまかな規範を、完成後の実資料に認められる明らかな「時間的経過」の痕跡をもとに見出したいと思う。まずは、仕上がった「かたち」を綿密に分解し、立体的に成形・加飾の順序を組み立てる。土器の系統関係にもとづく体系化のための、文様帯を優先する切断（排他）、統合的分析・検討に進む前に、まずは一群資料（標本）を重視し、そこから読み取れる限りの「製作者」の視点に近い「工程」を含めた製作システムをとらえる。そのうえで、文様の構造分析・系統検討をはじめとする系統決定の作業に進むことで、これまで曖昧なままであった形質間の同一、つまり相同の関係を検証することが可能になると考える[18]。

　土器の製作のプロセス、とくに機能に然程関係なく多種多様な装飾を追加していく工程には各地域時期の一定の規則がよく表出しているはずである。そしてそれは文様のように同一、相同性の認識に曖昧さがみられないだけに、型式差をよく示す徴表になるであろう。一方で、近い時期・地域の型式間でこの規範に一致があるとしたら、それはかなりの相同関係にあると考えてよいはずである。型式研究における、外見上の「類似」は認められるものの、由来が異なり系統的に連続しない相似（非相同、正確には同形（鈴木誉 2012））と、同一系統の相同との区別は、曖昧さを残すことが問題であった。型式編年研究で主たる形質として取りあげられてきた形態のみならず、技法（製作工程）の観点を追加することで、人工物の肉眼的な形態要素と形態要素とのあいだにある関係の判断の蓋然性は増すであろう。筆者は、相同の関係を一番見出しやすいが主観の入り込む余地もある文様帯にもとづく系統分析という土器型式編年研究の方法論を鍛えあげるためには、相同の関係をより明確化する製作工程を含めた技法の観察・分

析を組み込むことが欠かせなくなってくるのではないかと考えている。

　先述のとおり、山内清男は、研究活動の初期に、土器型式は、「製作、形態、装飾等多数の特徴」（山内1930d、8頁）から判断されると述べ、型式設定方法の第一に「製作」の分析をあげた。山内は、後年にも、ひとつの土器型式は、「形態」、「文様」、「文様のつけ方」、「製作技術」（山内1969a、86頁）などの面で一致している一群にあてられるとした。

　佐原真は、「製作技術、施文技術の段階」での研究は、「従来主に器型〔原文まま〕と文様によって認定された土器型式の性格をさらに明確にし、時代差、地方差の検討に、また文様と器形という表象によっては難しい相同（ホモロジー）と相似（アナロジー）の区別を可能にする」（佐原1959、2頁）ものであると述べた。

　これまで、縄紋土器の製土、成形、器面調整、装飾、乾燥、焼成などの各製作段階の様々な技法について、多くの観察、分析結果が蓄積されてきた。しかし、山内や佐原が説いたような型式編年研究のための土器の技法の体系的な分析は十分ではない。そのなかにあって、鈴木公雄や（鈴木公1969）、今村啓爾による（今村1981）、土器の装飾の順序に着目した編年研究、家根祥多による（家根1984、1987）、土器の成形や器面調整の技法に着目した編年研究が重要である。

　鈴木は、「安行Ⅰ式」、「安行Ⅱ式」、「姥山Ⅱ式」の粗製土器が、それぞれ固有の施文順序でつくられていることを示した。そして、型式変遷のなかで追加、省略される工程と、連続継承される工程とがあることを明らかにし、技法も系統的な整理が可能とした。具体的には、安行Ⅱ式の粗製土器を中心に、施文順序と文様とを時間・空間的に分析することにより、安行Ⅱ式分布圏内で、粗製土器に地域差が表われ、次第にその差が精製土器も含めた二つの型式間の差異へと変遷することを指摘した。

　今村は、諸磯b（中）式、b（新）式、c（古）式、c（新）式、十三菩提式土器を取りあげ、各型式に固有の「施文」順序自体の変遷過程を体系的に整理し、型式変遷案を検討している。今村は、自身が示した型式変遷案における施文順序の変遷は、「施文工程上あとから加えられるものが発達し、繁雑化していくために、下地の部分の文様が存在する意味を失い、省略されていく過程とみることができる」とした。

　また、家根は、西日本の縄紋時代晩期から弥生時代前期の土器、朝鮮無文土器前期の土器を取りあげ、粘土紐の外傾、内傾接合という成形段階、ケズリ、ハケ目という器面調整段階の外見的に目立たない技法などを比較検討した。そして、弥生時代前期の土器が朝鮮無文土器前期の土器の技法の系統を引くことを示し、編年体系の整備を試みている。

　以上の3氏の研究は、型式ごとに特有の技法の特徴を見出し、それを系統的に整理することにより、型式編年研究をおこなった点で、注目すべきである。本研究では、とくに、鈴木が、縄紋土器装飾の重複関係（切り合い関係）を観察することにより、加飾の順序を明らかにした研究を参考に、工程という観点を加えて最花貝塚遺跡A地点出土土器の技法の分析をおこなう。

　なお、縄紋土器の、製土、成形、加飾、乾燥、焼成といった各製作段階のなかでも、加飾段

階の技法は、文様・縄紋として痕跡の多くが可視的に残されるため、その多くを復元することができる。それ故、工程の分析や編年研究で取りあげられる技法は、加飾段階のものが中心になっている。

しかし、鈴木も指摘するように、工程の観点は、加飾の段階に限らず土器製作全般に対して適用できるはずである（鈴木公1969）。家根が着目した、粘土紐輪積みの内傾や外傾接合のような、痕跡が残りにくい技法は、行為の後よりも最中に他者への意味伝達の機能を担うという指摘があるように（安藤2001）、型式編年研究のための重要な分類形質になってくるはずである。本研究では、加飾の段階だけでなく、家根が着目したような成形段階も視野に入れ、製作工程を加味した技法の分析をおこなう。

註

1) 小林達雄は「整備が行き届いた」と判断した型式による編年「の成果を踏まえて」「縄文土器の実態解明」のため、「様式」の概念を新たに提示した（小林達1989、248頁）。当初から「様式の変遷および地域的広がりを図式化したもの」（同、255頁）として、2008、2012年にも「様式の編年的位置と空間的なひろがりを矩形の枠で模式的に示した。実際の土器群には分布の伸縮など矩形で表現できない動態がある」として、「様式編年表」が提示された（小林達編2008、2012）。最近では各地域の型式系列を全国的にまとめたものはなく、この「様式編年表」が編年表として、他研究者にも使用される場合があるが（安斎2012など）、これは、年代的・地域的単位としての型式による編年表とは異なるものであることに注意しておく必要がある。実際には型式編年研究には、いまだに遅れをみせる地域・時期も存在することは確かであり、その整備が喫緊の課題となっている。

2) ただ研究後期には、編年のタームも使用しているものが見受けられる（山内1964i、1979）。しかし晩年に発表された論考における「編年」は括弧つきで、時期の前後関係についてのいわゆる「編年」を指している。山内は「発見され研究された文物を、年代的に配列すること」について、「遺跡における埋没順序によったり（層位的研究）、文物の形の変化の道筋をたどったり（型式学的研究）、あるいは、まえもって知られている自然現象との関係を考えあわせるなどしたうえで、ようやく土器の年代的組織が作られ、その時期の前後関係、すなわち『編年』が完成するのである」と述べたのである（山内1969a、86頁）。

3) 松本が、「従来はアイヌ式及弥生式の二大別を土器及至土器より見たる遺跡の識別に採用せり。伴もそを根本的の区別とし又意味の強き人種別観念をさへ伴はせたり。今予の述べ来りし如くんばその間に根本的の区別あるものには非ず唯進化階段の上段下段の区別に過ぎざること明なり」としたうえで、「アイヌ式及弥生式」「両式内には尚ほ若干の著しき階段あり」（松本1919b、38-39頁）としている点は、注目すべきである。

4) 向坂鋼二は1962年の時点で、松本の編年研究には「地域的差異」の視点がかけており、山内がこれを導入し、重要視したことを指摘しているが（向坂1962）、松本は地域間の比較の必要性は提言しているのである。

5) 過度の単線的な進化論的考えに慎重さを求める観点は、現在、主に弥生時代の東日本を対象とする一部の研究者によって強調されている。山内は、自身の土器型式の概念の応用で、弥生文化を構成する遺物には、「大陸系のもの」のみならず「縄紋式からの伝統を保つもの」、「弥生式に於いて特有の発達を示すもの」（山内1932g）の三者があると述べていた。設楽博己は、弥生文化研究に高低や遅速の価値観をともなう政治史中心主義の一方的な見方ではなく、生活文化史的な多様性を認める見方を導入する立場をとり、弥生文化を「縄文系の要素が顕著な文化」と「大陸系の要素が顕著な文化」との二つの系統に分けて把握する（設楽2000）。縄紋・弥生時代ともに、土器のみから年代・地域的「単位」を設定し、現在良好資料のない空白部分を含めて、拡大しうるすべての時期・地域を網羅した山

内の年代・地域的「体系」は、(一)在地の「伝統」・「変遷」、(二)他地方からの「影響」どちらか一方向の系統的変化にのみ注目しては構築できない。こうした山内の研究方法が、「前代からの伝統」と「同時代の周囲の諸地域から導入・採用された要素」、「どちらでもない独自の要素」(石川 2010)との三つの要素からなる構成体としての地域文化を論じる基盤として有用であることは、縄紋時代研究においても再認識したい。

6) 20世紀後半の分子生物学的な知見と研究手法の発展により DNA が急速に主要な分析対象となって後、遺伝的交流が生じると網状になることが知られてきたが山内の研究はそれ以前である。

7) DNA が主要な分析対象となる以前には、系統分析に主に活用されてきたのは解剖学的形質をはじめとする表現型形質であった(巖佐・倉谷・斎藤・塚谷編 2013、392頁)。

8) 山内はこれを諸磯、勝坂、加曾利 E とそれぞれの型式解説で繰り返し述べ、連続性を強調している。

9) 関東地方「加曾利 E 式(最古)」のうち、勝坂式の分布の認められる西部域に多いとされた土器の体部には隆線による文様が認められ、阿玉台式の分布の認められる東部域に一般的とされた土器の体部には沈線文様がみられる。このため前者に並行して後者も第3図「加曾利 E1」に掲載した。

10) 広範な型式の関係の確認作業にともなって、ようやく関東地方以外の標式資料も提示されだしたのである(山内 1979(1962)、1964h)。縦・横の系統関係の十分な検討ののちに、模式標本は公表されたのである。山内が 1967 年に「ここ十数年の学問の変転は著しいものだった。私は日本先史時代の体系を第一に考えて居たために、難しい幾多の問題が出現したが、ここ五年間にそのすべては自分なりに解決することが出来た。」(山内 1967c)と回顧するにいたったのは、「文様帯系統論」(山内 1964g)を 1964 年に提示しえたからといえるであろう。彼の研究のライトモチーフは、多様な縄紋土器を第一に文様帯系統論によって秩序づけて、縄紋時代を体系的に把握することにあったといってよい。

11) 1964 年の論考で、1930 年の亀ヶ岡式の文様帯の記号(山内 1930d)などが新訂されているのは、縄紋土器型式全体から亀ヶ岡式を分析することが可能になったためであると考えられる(飯塚 1989)。資料的制約から時期・地域は部分的ではあったが、〈相同〉の文様帯の手法・内容を比較するという系統的な視座は初期から一貫しており、山内も述べているとおり、1929 や 1930、1960 年の論考も文様帯系統論の一部をなすものといってよい(山内 1964g)。

12) つづけて、「上部口頸部文様帯は早期に遡り(住吉町式(北海道)、船入島下層式(宮城県)、茅山上層式(神奈川県)、茅山下層式(神奈川県)、入海2式(石山IV式)(滋賀県))前期に続き(円筒下層 a 式(青森県、秋田県)、b 式、c 式(青森県)、d 式(青森県、岩手県)、関山式(埼玉県、千葉県、栃木県)、北白川2式(大阪府))、前期に続き(…略…)単独に加えられるが前期には下方に文様の出現が見られ(…略…)中期前半においても単独に(吹浦式(山形県)、大木6式(宮城県)、諸磯 b 式(四枚畑式)(山梨県)、諸磯 c 式(草花式)(山梨県)、十三菩提式(山梨県))または下方に別の文様帯を伴って(梨久保式(長野県)、阿玉台2式(長野県、東京都)、新道式(長野県)、藤内式(長野県、山梨県)、その他)出現する。下部文様帯は前期に生じているといってよい。」といくつかの事例を提示した。なお、本文中の( )内には図版番号がふられているが、引用にあたっては、例示された土器の出土した都道府県名に変更した。

13) 後晩期ほどこの差が出てくる。また例えば深鉢形からいわゆる壺形が派生する場合がある。

14) 山内は研究後期に、縄紋には系統がないと結論しているが(山内 1958a)、実際には先述のように初期にも後年の学位論文においても縄紋という〈形質〉の系統図を作成している(山内 1930b、1979)。文様帯ほど広範にはつづかなくとも、縄紋にもミクロなレベルの連続はあったはずである。また、そうであるならば、隣接型式間での縄紋原体の種類や回転押捺方向の一致は、有意な現象としてとらえられるであろう。RL／LR、「横」／「縦」／「斜」などといった形質状態の差が、型式差を示す特徴にもなるのだから、縄紋は分類形質に当然含められよう。

15) 山内によれば具体的には、「I」文様帯について、①地に縄紋→粘土紐→紐の両側に沈線という工程のもの(大木 8b 式、加曾利 E 式(中))の後、②粘土紐の太さ・高さが不定で沈線に丸みがでるもの(加曾利 E 式(新)、大木 9 式)になる。時には沈線が縄紋を囲み、隆線がなくなったもの(大木 9)＝画線内縄紋が出現する。一方で「II」文様帯について、①地に縄紋→隆線、地に縄紋→沈線の工程のもの(加曾利 E 式(中)、大木 8b 式)の後、②沈線の間の縄紋を磨り消すもの(加曾利 E(新)、

大木9、10)になる。時には沈線中に部分的にまたはすべて縄紋を補うこと、体部隆線文例では隆線文が2帯となり中間も平坦で縄紋面とのあいだに沈線を有することがある（大木9、10式、関東の例)。「元来縄紋面」の「隆線沈線が加えられた後も残った」縄紋から、「隆線、沈線の後に縄紋」を加える「画線内縄紋」あるいは「磨消縄紋」が出現する。

16) 大木9式として示された一群資料図版の最上列のものには、「Ⅰ」と「Ⅱ」がふされ、そのあいだに縄紋の原体の種類や方向が記されている（山内1979)。（ア）器面全体に縄紋→（イ）上半は隆沈線、下半は沈線というプロセスを経たものと考えられ、他との比較にこのうえなく有用な特徴であるはずである。しかし、解説では、註15に示したとおり、中期後半にみられる磨り消し縄紋のプロセスの変遷を、各文様帯の下位のレベルとして記したため、大木9式の上下に一連のはずの縄紋も分断されて把握されてしまうのである。

17) ただし円筒上層式については文様帯がひとつであることもあって、加飾の工程を文様帯とは別に解説されている。（イ）（口頸部）隆線文→体部縄紋→隆線文上・間側面圧痕が、新しい部分あるいは別型式では（ロ）（おそらく器面全体）縄紋→（口頸部）粘土紐や（ハ）（口頸部）隆線文→隆線上縄紋と変遷するという〔（ ）内は筆者補筆〕（山内1979)。

18) 個人ですべての模式標本を観察することには困難がともなう。標本報告には、文様・器形のみならず、他者が報告書の図ではとらえきれない、製作工程を観察・記載することが欠かせない。本研究では、こうした観点から、一群の土器すべてのわかる限りの装飾の製作工程を含めた観察・報告（第3章)、製作工程を含めた技法の分析（第4章)、文様の構造的・系統的分析（第5章）という手順をとる。

第2章　東北地方北部縄紋時代中期後半の土器型式編年研究史[1]

1　型式網における東北地方北部中期後半

(1) 山内清男の東北地方北部中期後半型式研究

　1937年の型式の「年代的組織」(第1図)の発表以前に、山内清男は、縄紋時代の枠組み把握のため、縄紋時代のはじめと終わりの解説に力を入れ、そのあいだの時期の型式制定・年代的位置づけの過程はあまり具体的には記さなかった。そうしたなかで、「円筒土器上層式の次に、恐らく南方から陸奥に進出した厚手式中期の土器が、一方加曾利E式と近似し、他方、幾多の円筒上層式からの伝統を保有する」(山内1934b、39-40頁)と記述したことは注目される。その直後、吉備の里木2式について、加曾利E式と類似の器形と文様とをもつことが指摘された(山内1935b)。東北地方から近畿地方までの加曾利E式と並行する型式間のつながりは、文様帯系統論提示のための重要な横の系統関係の基軸になるものであった(山内1935b、1940e、1964g、1979)[2]。

　型式の「年代的組織」図をみてみると、東北地方中南部(「陸前」)の中期大木式土器はすでに7a～10式まで設定されており[3]、東北地方北部(「陸奥」)における円筒上層式土器は二つの型式に分けられている(山内1937b、31頁)(第1図)。東北地方北部の中期後半部分は、それらに囲まれるように「＋」、「＋」となっている。大木「8a,8b」式、「9,10」式並行の、相当する未命名の型式があることが想定されていた部分である。

　山内は、東北地方の前期から中期の標式資料を、文様帯系統論を提示した後に、『日本先史土器の縄紋』(山内1979)と『日本原始美術』(山内1964g)とにおいて提示した。東北地方中南部に関しては前者に大木8b(第3図「大木8b」)、9(同「大木9a」、「大木9b」)、10式が掲載され、後者には大木6、8a、8b式が掲載された。東北地方北部に関しては、前者に円筒下層式a(第6図「円筒下層a」)、b、c(第3、6図「円筒下層c」)、d、円筒上層式a、b(同「円筒上層b」)、円筒直後型式(同「円筒上層e」)が、後者に円筒下層c式、円筒上層a、b式が掲載されている。

　山内は、東北地方北部における中期後葉の土器型式は未命名とし、標式資料も提示しなかった。その時期近辺の文様帯については、1971年の対談において説明を加えているものの(平山・安藤・中村1971)、文様帯の検討は当該地域時期の重要な課題のひとつとして現在も残されている。

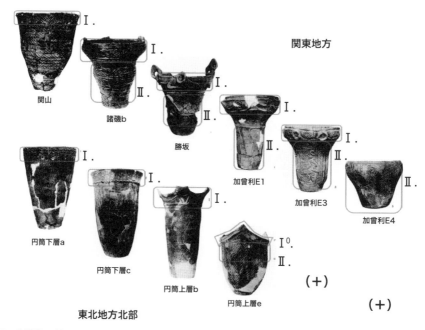

第 6 図　文様帯に着目した関東地方と東北地方北部との前期～中期型式序列の比較（山内 1939b、1940d、e、1979 に加筆）

　山内が示した標式資料を並べて、前期から中期の関東地方と東北地方北部との型式序列を概観してみると、あいだの東北地方中南部を抜かしているため、東北地方北部の独自性は際立って把握できる（第 6 図）。ここでは口頸部の内弯・拡大しない器形の継続、Ⅰ．文様帯のみの構造がつづき、関東より遅れたⅡ．文様帯の発生といった円筒式の系統の特徴に注意しておきたい。

（2）角田文衞による榎林式の設定と江坂輝弥による「最花式」の設定

　角田文衞は 1939 年に、山内清男の編年表における東北地方北部の中期後半部分をうめるように、七戸町（旧天間林村）榎林遺跡出土資料を報告するとともに、第一群土器をもとに榎林式を設定した（角田 1939、第 7 図）[4]。直後に角田と三森定男とにより榎林式は「大木 9 式」並行であると明記され、また「堀之内式」の一部と並行するとも記された（角田・三森 1939）。

　1950 年、江坂輝弥は、角田を含めた多くの研究者や自身の研究成果により、山内の編年表の内容を訂正増補するかたちで、全国先史土器編年表を発表した（江坂 1950、第 8 図）。この編年表で江坂は、基本的には山内に準じた全国九つの地域区分の他に、「下北」と「四国」とを加えている。関東・東北の中期後半に関しては、先の山内の編年表に倣って、その未命名型式の部分をうめるかたちで、「奥羽北半」「榎林」式を「大木 9・10」式並行期に位置づけた。「大木 8a・8b」式並行は空白のままである。「最花」式は、標本となる資料が未報告のまま、「榎林」式に並行する「下北」の型式として江坂の編年表上に初出した。その前後は空欄である。

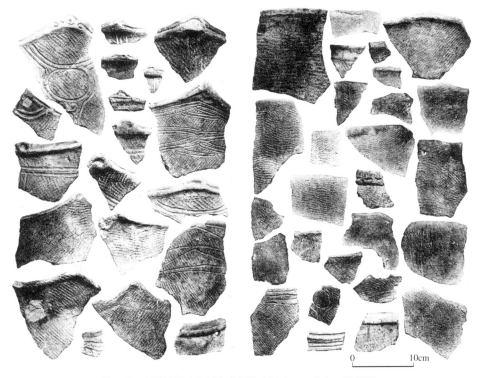

第 7 図 榎林遺跡出土榎林式土器（角田 1939 より一部変更）

　現在、東北地方北部縄紋時代中期の型式序列として、円筒上層各式の後に、榎林式、「最花式」が順に位置づけられることが多くなっている（小保内 2008、佐々木雅 2012）。しかし「最花式」は、分類の標準としての資料が未報告のまま設定され、定着した土器型式である。「最花式」の内容は設定当初から不明確だったのであり、それが現在にいたるまで「最花式」の理解の障害になってきたことは疑いない。筆者は、東北地方北部の中期後半の土器型式編年研究の整備のためには、まず「最花式」を、模式標本となる資料をもとに再設定する必要があると考えるにいたった。以下、「最花式」の設定の経緯と東北地方北部における縄紋時代中期後半の型式編年研究史とを振り返り、その理由を説明したい。

2　最花貝塚遺跡の調査と「最花式」土器

（1）最花貝塚遺跡の発掘調査と「最花式」

　1934 年 6 月に『下北地方誌』には「田名部角鹿扇三氏蔵」の最花採集「石剣」・「縄紋土器」の写真とともに（笹澤 1934、図版 22-23 頁）、「最花、土手内、品ノ木、此方面の高地一帯」の多数の「竪穴」から「木炭、鉄滓及び土器の破片」が出土すると記載されている（同、7 頁）。

[別表2] 日本各地に於ける縄文式文化の変遷 （編年比較表）
(1950.3.13 作製)

時期＼地域	北海道渡島半島	下北半島	奥羽北半	奥羽南半	関東	新潟長野	東海	近畿	岡山広島	四国	九州	地域＼時期
	擦文土器文化(土師須恵併伴)	稲崎(土師須恵併伴)	(土師須恵)		鬼高							古墳 土師須恵文化
続縄文式文化	後北式 d c b a 本輪西上戸	濱尻屋 高野川		大洞A'	和泉 前野町 弥生町 十王台 久ヶ原 桝形田 野沢 女方 須和田 六野瀬丘畑		欅境 穂 稲津 西志賀	常世 内辻沢 新泉 瓜破		阿方	水巻町 伊佐座 須玖 下伊田	弥生式文化
晩期		葛沢	亀ヶ岡泥炭 新城 藤株	大洞A 大洞BC	千網 真福寺(安行3c) 石神(安行3a)		稲荷山 保美 吉胡 宮瀧・日下 橿原・竹内	鹿吉 高島黒土b戸			立屋敷 御領	晩期
後期	青柳町	荒川	(倉囲) 八森 鳴沢 大湯下戸	新地 ( ) 安行(安行2) 岩井(安行1) (曾谷) 江原台(加曾利B) 大森 堀ノ内	(麻生田) 上ノ段		西貝塚 西尾 亀山 (丹波市)	馬取 北白川2	津雲A	平城 宿毛	西平田 (市来) 鐘崎(御手洗)	後期
中期			最花 (円筒上戸式) B A	榎林 大木8 B A 大木7B 大木7A	矢木10 9 加曾利E(新) 加曾利E(旧) 阿玉台 勝坂 五領台	尖石 3 2 石 1	(上賀茂) 北屋敷 柏窪		里木2 船元	阿高	南福寺(有舌)	中期
前期			(円筒土器下戸式) 女館 D C B A	大木6 5 大木4 3 大木2 B A 大木1	諸磯 式 (十三坊) 四枚畑 矢上 水子 黒濱 (文蔵) 関山	蜻場 足甬場	大歳山 国府・北訓 (安土) 石塚 (安土)	磯ノ森	里木1	南葉木(規谷)	轟 曾畑 日勝山 早向山 田中白坂	前期
早期	梭法華 住吉町	石川野 ナツゴロ タチマツ 吹切沢 物見台	深郷田 ツギハギ 槻木下戸 常世舘山 トゴシ	室濱 素山(槻木2) 茅山 花積下戸 大串下戸 菊名 崖 野島 子母口戸 花輪台? 田戸上戸 (三月) 田戸下戸Ⅱ 田戸下戸Ⅰ 拝島 稲荷台	粕畑 上ノ山 嵩山村上 高山寺	石塚下戸 石山		貴島	小蔦島 沈目	戰場ヶ谷 井草		早期
					行人原							
				岩宿文化?								

第8図 「最花」式の初出編年表（江坂 1950 より一部変更）

第 2 章　東北地方北部縄紋時代中期後半の土器型式編年研究史

　同年 10 月には地元小学校教員などを勤めた中島全二が、既出の「石剣」写真と同じ図版を掲載しつつ（中島 1934、211 頁）、最花をこの「剣状石器」を含む「石器類」や「浮紋厚手」土器の分布域と記している（同、220–222 頁）。ほどなく大塚弥之助は、中島寄贈という「最花の貝塚」採集の貝殻を鑑定、報告している（大塚弥 1936、252–253 頁）。野辺地町出身の角鹿は、最花貝塚遺跡から出土した遺物を数多く収集しており、そのうち青竜刀形石器を東京国立博物館に（東京国立博物館 1953、1999）、鏃などの石器を青森県立野辺地町立歴史民俗博物館に寄託している。

　地元の研究者たちの活動によって広く知られるようになっていた最花貝塚遺跡は、1947 年から 1964 年にかけて、東京の研究者によって 4 回の発掘調査がおこなわれることになる（第 1 表）。ただし、これらの調査は、長らくいずれも正式な報告がなされてこなかった。後述する 1964 年調査出土資料が、これらのうち現在唯一の公開資料ということになる。

ⅰ）1947 年、1948 年の発掘調査とその記録　最花貝塚遺跡の 1 回目の発掘調査は、1947（昭和 22）年 12 月に、八幡一郎、中島寿雄、中島全二の 3 氏によっておこなわれた。調査地点は、のちに江坂輝弥によって A 地点とされる場所である。2 回目の調査は、翌 1948（昭和 23）年 10 月に、八幡・江坂・中島全二によっておこなわれた。調査地点は同じく A 地点で、1964 年に江坂が調査したトレンチの西側隣接地にあたるようである。

　1947 年、1948 年の発掘調査を率いた八幡は、1947 年に東京帝室博物館（東京国立博物館）の列品科嘱託、1948 年に東京国立博物館調査員、東京大学文学部講師になった。1948 年は日本考古学協会が設立された年であり、5 月には委員となっている（江上 1985）。八幡が最花貝塚遺跡について書いた記録をみつけることはできなかったが、10 月には日本考古学協会第二回総会研究会発表で、「青森県下北郡最花貝塚」と題した発表をおこなっている（藤田 1951）。

　1948 年調査から参加した江坂は、1948 年に慶應義塾大学を卒業し、翌年大学院に入学した。江坂は、その後 1950 年に、「最花」式の名称を「下北」における、「奥羽北半」「榎林」式の並行型式として編年表上に掲載した（江坂 1950、第 8 図）。しかし江坂はその後も、基準となった最花貝塚遺跡 A 地点出土土器の具体的内容について明記しなかった。

　一方、2 回の調査に参加した中島全二は、1950 年 11 月に、1947 年、1948 年の最花貝塚遺跡の発掘調査にふれ、遺跡に竪穴、石囲い炉が存在したことを記している（中島 1950）。出土器は、縄紋時代中期末と後期初頭、北海道と関東の中間的性格であるとした。

　このように、1947 年と 1948 年の調査によって、八幡、江坂、中島全二らのなかで、「最花式」という型式の認識がなされていったことが推測され、その分類の標準になっていたのは、A 地点の出土土器であったことに注意しておきたい。

ⅱ）1951 年の発掘調査とその記録　最花貝塚遺跡 3 回目の発掘調査は、1951（昭和 26）年 8 月におこなわれたものである。下北総合学術調査団の先史人類学班による調査で、そのメンバーは、東京大学理学部人類学教室教授の鈴木尚、助手の酒詰仲男、院生の埴原和郎であった。

第１表 「最花式」に関する調査・研究動向

年	調査、研究者	調査、研究動向	具体内容【A地点出土土器との比較】	付図
1947	八幡一郎・中島寿雄・中島全二	最花貝塚遺跡A地点調査(未報告)	—	—
1948	八幡一郎・江坂輝弥・中島全二	最花貝塚遺跡A地点調査(未報告)	—	—
1950	江坂輝弥	編年表に「**最花**」初出	「下北半島」中期最末:「奥羽北半」「**榎林**」及び「奥羽南半」「大木9・10」並行。前後空欄	—
1951	鈴木 尚・酒詰仲男・埴原和郎・他	最花貝塚遺跡A地点調査(未報告)	—	—
1956	江坂輝弥	「最花」式基準資料出土年(1948年)、遺跡名(最花貝塚)公表	「八幡一郎氏と共に昭和二十三年秋、青森県下北郡田名部町最花貝塚を調査し、この貝塚の貝層出土の土器が中期末の標式的資料であり、中期末の土器型式に最花式なる名称を附してはと考えた」	—
1957	江坂輝弥	編年表に「**最花・榎林**」位置づけ	「陸奥(青森県)」中期最末：「陸前(岩手県南部・宮城県)」「大木10」並行。「大木8a・8b」並行「円筒上層c」、「大木9」並行「円筒上層d(田子屋野)」の後	—
1959	江坂輝弥	編年表に「**最花・榎林**」位置づけ	「奥羽北部」中期最末：「奥羽南部」「大木9」並行。「大木8a」並行「円筒上層c」、「大木8b」並行「円筒上層d」の後	—
1964.3	江坂輝弥	「仮称」「**最花**」式土器説明	「器面全体に単方向斜縄文」、「口頸部に折返し突帯」【Ⅰ類に比定可】	—
〃	〃	編年表に「**榎林(最花)**」位置づけ	「東北北部」中期末(最末に「東北南部」「大木10」並行空欄)：「大木9」並行。「大木8a」並行「円筒上層c」、「大木8b」並行「円筒上層d」の後	—
1964.10	江坂輝弥・金子浩昌・村越 潔・他	最花貝塚遺跡A〜C地点調査(本書にてA、安達2015にてB地点出土土器報告)	—	—
1970	江坂輝弥	石神遺跡出土土器による「**最花式土器(円筒上層f式)**」解説、「榎林式」同義化	青森県つがる市(旧森田村)石神遺跡出土「深鉢形土器」(現在の円筒上層e式土器) ＋石神遺跡出土「広口壺形土器」【Ⅱ類に比定可】 (＋榎林遺跡出土「榎林式」土器)	○
1974	村越 潔	最花貝塚遺跡採集土器による「最花式」解説	最花貝塚遺跡採集土器 ①平縁・平底、「肩部の張」る深鉢形、②「折返し状」口縁/「内弯」口頸部、③「右下がり」「単方向斜縄文」地、④1、2条沈線による「長円形」下2、3条沈線による「縦位」文/3条沈線による「対向」「垂下状」文【Ⅰ類に比定可】 ＋石神遺跡出土「広口壺形土器」(江坂1970)【Ⅱ類に比定可】等	—
1975.3	鈴木克彦	「所謂最花式」並行として中の平遺跡出土土器による「中の平Ⅲ式」設定	**「中の平Ⅲ式」：青森県外ヶ浜町(旧三厩村)中の平遺跡出土第Ⅲ群土器** 「所謂最花式」：石神遺跡出土「広口壺形土器」(江坂1970)「ぜんまい状を呈する一種の渦巻文」	○(第32図参照) —
1975.10	鈴木克彦	「所謂最花式」、「中の平Ⅲ式」同義化	「かつて、所謂最花式と称されていたものが、中の平Ⅲ式である」	—
1976	鈴木克彦	「中の平Ⅲ式」に資料追加	中の平遺跡出土第Ⅲ群土器 **＋青森県むつ市(旧川内町)野家遺跡出土土器**【Ⅰ、Ⅱ類に比定可】	○
1989	鈴木克彦	「最花式(中の平Ⅲ式)」に資料追加	(中の平遺跡出土第Ⅲ群土器) ＋野家遺跡出土土器【Ⅰ、Ⅱ類に比定可】 **＋秋田県鹿角市天戸森遺跡出土土器**【一部Ⅰ、Ⅱ類に比定可】	○
1994	鈴木克彦	「中の平Ⅲ式」を「中の平3式」に名称変更	中の平遺跡出土第Ⅲ群土器 ＋野家遺跡出土土器【Ⅰ、Ⅱ類に比定可】 (＋天戸森遺跡出土土器)	○
1998	鈴木克彦	「中の平3式」に資料追加	(中の平遺跡出土第Ⅲ群土器) ＋野家遺跡出土土器【Ⅰ、Ⅱ類に比定可】 ＋天戸森遺跡出土土器 **＋青森県八戸市松ヶ崎(西長根)遺跡出土土器** 等	○

第 2 章　東北地方北部縄紋時代中期後半の土器型式編年研究史

　この 1951 年調査の内容は、調査に参加した大湊高等学校の生徒による、ガリ版刷りの記録によって知ることができる（佐々木守 1951）。「最花式」土器の学史において重要となる記載もあるため、以下、長くなるが最花貝塚遺跡に関する部分を全文引用しておく。

　　八月四日からおこなわれた、下北半島先史文化総合出〔原文まま〕掘調査は、毎日新聞社後授〔原文まま〕のもとに、昨年度（八月一日―二〇日）の吹切沢遺跡の出掘に引続いて、東京大学・慶應大学・明治大学教授等の指導のもとに同学生と地元田名部高等卒業生（田高生は不参加）と本部員の橘・立花両君と筆者の三人も参加して、考古学・人類学・地理学・動植物・古生物にわかれ最花（サイバナ）貝塚の人数〔原文まま〕班・尻屋ムシリ遺跡班・下田屋チャス〔原文まま〕・動植物地理班の四班にわかれて田名部常念寺を本部としておこなわれた。
　　最花貝塚
　　田名部町最花村にあるこの遺跡は、昭和 24〔23 の誤り、以下同じ〕年に東京大学教授八幡一郎氏によって一度出掘され男女の人体骨が出土している。
　　最花貝塚の指導は東京大学鈴木・酒詰両先生のもとにおこなわれた。
　　田名部町から自動車で二五分のこの遺跡の出掘は毎日（八月五日―十二日）九時一九半の始りで、終りは五時半頃である。東大学生二・三人と当部員橘・立花両君と筆者・人夫達により AB のトレンチが掘り出された。
　　・A トレンチ・
　　このトレンチは幅四メートル・長さ約八メートル・深さ二メートルに掘られ左端に拡張部がもうけられた。
　　〈A 部〉
　　土器類は中期の末から後期の初頭の堀之内式土器が細長い層となって多量に出土した。又貝類は「アサリ」も多量に出土しておる。又「ハマグリ」も小量出土した。
　　〈B 部〉
　　この区は骨又骨工具・貝類が全体を通して一番多く遺物が出土した所である。遺物は土器（堀之内）が本量で大部分は貝である。
　　・遺物・
　　貝類
　　ニホンシジミ・カキ・サルボウ・ハマグリ
　　骨類
　　ニホンシカ（一番多量に出土した）・イノシシ・（ニホンシカとイノシシは歯も多く出土した）・イヌ・鳥・等と骨角器が出土した。
　　拡張部は石器と同じ遺物が出土した。又炉跡は左図の写真に指した通りである。
　　〈C 部〉

この区は「サルボウ」が大部分でAB部と同じく堀之内式土器が出土した。その他に「ニホンシジミ」と「カキ」が小量出土した。

〈DEF部〉

この区は小量の「ニホンシジミ」・「アサリ」・「ハマグリ」・等と堀之内式土器も出土及び鳥類の骨・骨角器・歯等が出土した。

・Bトレンチ・

Aトレンチでは人骨体が出土が不可能とされ、Aトレンチに二・三日おくれて前記したように二四年度に東大八幡先生の出掘した横でBトレンチと名づけて出掘した。Aトレンチで出掘が不可能と見た隊員は、Bトレンチに希望をよせて出掘した。

正午頃一米ばかり掘ったトレンチの中心あたりから横に男女の二体の人骨が発見された。また続いて堀之内の完成土器も出土し、人骨体は一昨年の八幡先生の掘った三尺ぐらい横から出ておった。

又これら一帯に貝塚の層があり出掘した場所は小高丘となり畠の物を取りさって最花部落の人々の協力で出掘が終ったのである。

（前期の中期の土器は円筒上層であり後期は堀之内である。又石器類は出掘場所不明のため記せません。）

この記録から、1951年調査では、A、B、2箇所のトレンチが発掘され、うちBトレンチが1948年の八幡らの調査地点にごく近接していたことがわかる。Bトレンチから発見された男女2体の人骨は、八幡らのトレンチと同一の住居址内に埋葬されたものである可能性も高い。

調査地点については、後に江坂が1964年調査の「B貝塚」にあたると記したことから（江坂1969）、以後の報告文などでもそう説明されることが多くなっている。ただし、佐々木守の記録の具体的な内容から判断すると、少なくともBトレンチは、八幡らの調査地点にごく近接していることは間違いなく、1964年調査の「A貝塚」にあったと考えるのが妥当である[5]。

1951年の調査地点に関しては、今後もその出土土器の内容等から詳細な検討が必要であるが、いずれにせよ、江坂による「最花式」の初出までに、最花貝塚遺跡のA地点が調査されてきたのである。現在まで、1947、48、51年の調査は報告されていない。江坂も、1948年調査出土土器を含め、A地点出土土器の具体的内容について明記してこなかった。

なお、酒詰は、1959年、2,500箇所以上の貝塚について集成した『日本貝塚地名表』の中に最花貝塚遺跡をあげている（酒詰1959）。また1961年、全国の貝塚からの「食品資料」について集成した『日本縄文石器時代食料総説』のなかにも、最花貝塚という名称が記されている（酒詰1961）。

その後、「最花」の名称は、最花貝塚遺跡A地点出土資料の内容が示されないまま、江坂による、あるいは江坂も分担した編年表において用いられつづけた。編年表における「最花式」の位置づけの変動については後述するが、「下北」は東北地方北部の地域区分に含まれ、榎

林式と「最花式」とは一括して並記されるようになる。江坂は、一連の編年表を発表しつつ、1956年に東北地方における縄紋時代遺跡の発掘調査と出土土器についてまとめるなかで、「筆者はまた八幡一郎氏と共に昭和二十三年秋、青森県下北郡田名部町最花貝塚を調査し、この貝塚の貝層出土の土器が中期末の標式的資料であり、中期末の土器形式に最花式土器なる名称を附してはと考えた」と、1948年調査での出土土器を「最花式」の標式資料としたことを明言した（江坂1956）。

つづいて江坂は、1958年に、1948年調査における自身の日誌の一部を公開した。そこには、シジミが90パーセントを占める貝層下に石囲い炉を伴う竪穴が検出され、床面に伸展葬人骨、炉内に頭蓋骨が出土したという。魚類・哺乳類遺体、土器、石器、骨角器、玉製品等も出土したことが記されている（江坂1958）。

1964年3月になって東北地方北部の中期末の土器について、「器面全体に単方向斜縄文を施文し、口頸部に折返し突帯のある筆者が最花式とも仮称したことのある」（江坂1964、165頁）土器と説明した。江坂が「最花式」土器の内容について言及した最初の文章であるが、器面全体の単方向の斜縄紋、折り返し突帯という二つの特徴をあげていることに注目しておきたい。

iii) 1964年の発掘調査とその記録　この直後の、1964年（昭和39）年10月に、4回目の発掘調査がおこなわれた。この調査は、九学会連合の考古班によるもので、江坂輝弥を中心に、金子浩昌、村越潔、橘善光らが参加している。第1～3回の調査地点である「A貝塚」のほか、約100m西方の「B貝塚」、さらに20mほど西の「C貝塚」の三つの地点が発掘され、慶應義塾大学専任講師であった江坂が出土遺物を慶應義塾大学に保管した。なお、「A」、「B」、「C」貝塚はそれぞれA、B、C地点と呼ばれるものである（安藤2009a）。

日誌によると、「A貝塚」のA-1トレンチは、1948年の調査区の東側に、その際に掘り残した貝層を調査するために設定したとされており、A地点のトレンチは、1948年の調査区に隣接して設定されたものである。江坂は、1965年の文献で、この調査の日程と参加者についてふれている（江坂1965）。また、1967年に刊行された『下北―自然・文化・社会』においても、下北半島の「縄文土器文化の時代の遺跡は、1947年以降に発掘調査されたものがかなりあり、その主要なものを年代順に略記」するとし、計4回の最花貝塚遺跡発掘調査について調査期日、調査者、調査遺跡、遺跡の種類をあげている（江坂1967）。遺跡の種類については、1947年、1948年、1964年調査区を「縄文中期末貝塚」、1951年調査区を「貝塚、縄文中期集落跡」とし、遺跡分布図のなかにも最花貝塚遺跡を「中期 - 後期初頭」として掲載した。さらに「縄文土器中期の遺跡」の主要なものとして、「むつ市田名部最花（貝塚）円筒土器上層A、B、C、D、各式最花式」と記している。

一方、この調査に参加していた金子浩昌は、同じ『下北』に、最花貝塚遺跡出土の動物遺体をA、Bの地点ごとに報告しており（金子1967）、そこに最花貝塚遺跡の見取図を載せている。この図は、「A貝塚」「B貝塚」「C貝塚」の位置を知るための唯一の手がかりとなるものである。

なお、同じくこの調査に参加していた橘も、1994年刊行の『むつ市史原始・古代・中世編』などに、江坂の記録をまとめるかたちで調査年や調査者について記している（橘1970、1979、1994）。ただし、これらについては、調査地点や調査年等の記載に誤りが多い。

　1977年以降、最花貝塚遺跡の、1～4回の調査とは異なる地点において、橘を担当者とする発掘調査が4回ほど実施されている（金子・牛沢・橘・奈良1978、橘・奈良1980、金子・橘・奈良1983、橘編1986）。1977年、1978年、1981年の調査地点は、「D貝塚」、つまりD地点で（安藤2009a）、1985年の調査地点は、照徳神社の裏手（1985年地点）にあたる。これらについては、教育委員会によって報告書が刊行されており、その3冊の報告書をまとめるかたちで『むつ市史』において「最花式」についての説明もおこなわれている（橘1994）。しかし、これらの調査区では、最花貝塚遺跡A地点出土土器よりも幅広い時期の土器が出土していることに加え、また遺構などの確認がなされずに調査が進められているようであり、後述するとおり、土器の分類や時期区分に課題を残すものになった。

（2）1964年調査の最花貝塚遺跡A地点出土土器の意義

　以上の最花貝塚遺跡における発掘調査の歴史と「最花式」設定にいたる経緯とから、「最花式」土器が、1948年調査の「A貝塚」（A地点）で出土した土器を基準に設定されたことが明らかになった。また、1964年の江坂による説明の時点までの「最花式」は、A地点出土土器によってその内容が検討されていたことが推測できた。ただ、肝心の1948年や、1947年調査の出土土器は現在所在が不明であり、1951年調査も報告はなされていない。そのため、残念ながらこの時点までに江坂が検討した可能性のある資料の詳細を知ることはできない。

　そうしたなかで重要な意味をもつと思われるのが、1964年調査のA地点出土土器である。先述のとおり、1964年のA-1トレンチは、1948年の調査区の掘り残しの貝層を調査するために設定されたものである。そして1964年調査のA地点出土土器は、後述するように、江坂の記した「器面全体の単方向の縄文、折り返し突帯」という「最花式」の特徴をもつものが含まれ、比較的まとまった様相をもつ土器が多量に出土している。このような点を考慮すると、1964年調査のA地点出土土器が、1948年調査の標式資料に近い内容をもっていたことが想定できることになる。少なくとも、この資料が、江坂らが標式とした資料の内容を知るための最も大きな手がかりになることだけは動かないはずである。

3　東北地方北部中期後半の土器型式編年研究の諸問題

（1）編年表における榎林式と「最花式」との変動

　山内が「大木8式B」の基準としたと考えられる資料の一部が、1956年に加藤孝によって公表されたのち（加藤1956）、山内の「写真セット」の大部分は、1961年に小岩末治によって

公開された（小岩1961）。そして1964年、山内は『日本原始美術』第1巻において、大木6、8a、8b各式資料の写真図版を公開し、解説をおこなった（山内1964h)[6]。大木8b式の文様帯を付した図も掲載され、『日本原始美術』第1巻で詳述された文様帯系統論から東北地方北部の円筒上層式、その後の型式と東北地方中南部の大木式や、関東地方の加曽利E式の関係がより明確に把握できるようになった。したがって、1956、61年につづき、とくに1964年に、大木式土器の研究は大きく前進したといえる。

なお1962年に提出された山内の学位論文では、文様帯の符号をふした、大木8、9、10式資料が提示された（山内1979、付図121、129、130）。それまでの加藤、小岩による公表資料の一部と山内による公表資料との他に、「写真セット」に含まれていた現在の大木9b式資料も掲載され、大木9式が文様帯の配置の違いにより「Ⅰ」・「Ⅱ」文様帯をもつ土器と「Ⅱ」文様帯のみの土器とに二分されていたことは重要である。林謙作が示した大木9a式、大木9b式の細分案はこれと同様であった（林1965、76-77頁）。その後1996年に興野義一により、「写真セット」の全容が明らかにされ、大木9式には他に1個体が含まれていたことが明らかになった（興野1996）。山内は一部の大木式の、標準となる資料を選りすぐり、「写真セット」にはふされていない文様帯の記号とともに、提示したのである。

榎林式は、1939年に、標式資料が角田文衞により公表されたが（角田1939）、大木8式や大木9式の具体的内容が明らかになるのと連動して、林が該当部分を分担したと考えられる1965年の編年表などで、「大木8a,b」式並行に位置づけられるようになった（林・他1965）。林は、東北地方北部まで広域に分布の認められる大木8b式との関係から、「榎林」式を当地域における「大木系の地方化された土器」の最初に位置づけたのである（林1965、76頁）。「榎林」式の前には「大木7b」式並行の「円筒上層b」式、後には「大木9古」式並行の「柿ノ木平」式が位置づけられている。つづく「大木9新」式、「大木10」式並行は「+」、「+」となっており、「最花」式は位置づけられていない。榎林式土器の標式資料は、実際に分類の標準として良好な内容であったといえ、その文様などの特徴により「大木8式との共通した要素を通わした土器」（西村1969、123頁）と認識されるようになったのである。

一方で、繰り返しになるが、「最花式」は1950年に、「下北」における「奥羽北半」「榎林」式の並行型式として江坂の編年表上に初出した（第1表）。しかしその後、江坂によるあるいは江坂も分担した編年表では、「下北」は東北地方北部の地域区分に含められ、榎林式と「最花式」とは一括して並記されるようになる。江坂による東北地方北部中期後半の編年は、大木各式土器の特徴、他型式との系統関係などが順次明らかにされていく状況下でも、それを反映したものとはならなかった。江坂は1957年には「円筒上層c」、「円筒上層d（田小屋野）」各式を「大木8a・8b」、「大木9」各式並行期に追加し、「最花・榎林」式を「大木10」式並行にまとめた（江坂1957）。それぞれ「加曽利E1」「加曽利E2」、「加曽利E（3）」各式と並列している。なお後期初頭の東北地方北部に空欄、東北地方南部に「〔杉之堂〕」、関東地方（「南関東」）に新たに「称名寺」が配置されている。1959年の編年表においては、後期初頭に「大木10」式を

繰り下げた。そして中期後半において「大木 8a・8b」を分割して、「大木 8b」式、「大木 9」式を各々「円筒上層 d」式、「最花・榎林」式並行に繰り下げた（江坂・他 1959）。

1964 年 3 月には中期末の「東北北部」に空欄、「東北南部」に後期初頭から戻した「大木 10」式、「関東」に空欄を並列させた。それらの前の「榎林（最花）」、「大木 9」、「加曽利 E3」各式の並列関係は変わっていない（江坂・磯崎 1964）。先行型式として「大木 8b」、「円筒上層 d」、「加曽利 E2」各式が並列している。なお後期初頭の東北地方北部と南部には空欄、関東には「称名寺式」が配置されている。この時点でようやく、江坂は東北地方北部の中期末の土器として、「最花式」の特徴を説明したが（江坂 1964、165 頁）、そこに示した特徴をもたない榎林式との異同に言及することはなかった。これらの「最花式」が、1948 年調査を中心とした、A 地点出土土器によって検討、設定されたものであることは先述のとおりである。

そうしたなかでおこなわれた 1964 年の調査では、1948 年調査のものに近い土器が多量に出土したと推定されるわけであるが、残念ながらこれらについても公表されることがなかった。つまり、「最花式」については、その名称が使われはじめてから半世紀近く、どのような土器を標式・基準とすべきか不明な状態がつづいたのであり、これが「最花式」の内容拡大のひとつの原因になったことは間違いない。

1970 年になると江坂は、つがる市（旧森田村）石神遺跡調査出土資料の一部を、「大木 9 式」並行の「最花式土器（円筒上層 f 式）」に比定して報告した（江坂 1970）。これが今日に至るまで江坂による「最花」の名称を冠した土器の唯一の提示例である。分類の「標準」は、この報告書で提示されたと評価できる。　ただし、その標準の選定・提示の仕方には、問題が内包されていた。

江坂は、「最花式」には深鉢形土器の第 1 類、浅鉢形や台付土器の第 2 類、「広口壺形」土器の第 3 類があるとし、うち、時間的位置づけに苦慮したという第 2 類を除く、第 1 類と第 3 類によって標式的な「最花式」が提示できたと述べている（第 9 図）。ただ、第 1 類は現在では円筒上層 e 式または泉山式とされる土器である（第 10 図）。江坂の説明による限り、この時点での江坂の「最花式」の認識にこれらの円筒上層式系統の土器が含まれていたことは明らかであるが、不思議なことに、こうした土器は、1964 年の最花貝塚調査では全く出土してないのである。

江坂が、3 類に関してのみ「同じ文様手法のものはむつ市最花からも数例出土している」とした点を考慮すると、江坂が第 1 類を「最花式」に加えた背景には、中期末以降まで円筒上層式系統の土器がつづくという、氏の編年観が深く関わっていた可能性が高くなる。一方、第 3 類土器については、口縁部に幅広い無紋帯をもち、胴部に縄紋と沈線文の加えられた小さな深鉢形土器が一個体提示されたのみであった。この土器は、1964 年調査出土土器のうち量的に少ない II 類土器に比定できる土器であった。いずれにしても、第 1 類と第 3 類とを同一型式とした理由は不明であり、また江坂が 1964 年に「最花式」の特徴としてあげていた折り返し突帯を持つものは含まれていなかった。このように、江坂が石神遺跡の報告書で示した分類の標

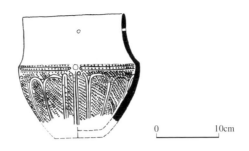

第 9 図 石神遺跡出土「最花式（円筒上層 f 式）」第 3 類土器（江坂 1970 より一部変更）

準は、最花貝塚遺跡 A 地点出土土器の内容から大きく遊離したものであった。

さらに、江坂は、「最花式土器（円筒上層 f 式）」は榎林式と同じ「形式」であると記し、榎林式も「最花式」に加えられていることが表明された。しかし、榎林式の標式資料をみると（角田 1939）（第 7 図）、提示された「最花式」と一致する土器は含まれていない。逆に「最花式土器（円筒上層 f 式）」後続の「後期初頭」として提示された土器は（第 11 図）、現在、榎林式の古式に比定されるものであり、同様のものを榎林式の標式資料の一部に認めることができる[7]。

江坂は、具体的な文様帯など諸形質について、最花貝塚遺跡 A 地点出土土器と、同一地域の他の土器、例えば榎林式土器や山内の円筒上層式（a、b さらには c（現在の c と d））、あるいは石神遺跡出土土器と、比較のうえで東北地方北部の縦の系統関係の決定を論じることはなかった。また自身の東北地方北部の編年観と当時すでに大分整備されていた東北地方中南部や関東地方の諸型式編年とを照合し、具体的な横の連鎖関係を検討することもなかった。江坂は現在の円筒上層 e 式、榎林式、「最花式」の内容を周囲の他型式と具体的に比較して系統関係を論じることなく、ひとつの型式にまとめていったといえるのである。

土器の年代的・地域的体系における分類の標準としての型式の時空間の系統的連鎖関係を考察すれば、「最花式（円筒上層 f 式）」の内部にも差があり、最花貝塚遺跡 A 地点出土土器から、再び円筒上層式の要素の強く残る土器へと変遷するという案には無理があることは明らかになったはずである。山内の型式制定にみられた諸要素の細かな比較分析にもとづく諸手続きを経ることのなかった「最花式」は、東北地方中南部や関東地方の型式と比較可能な、年代的組織の単位といえるものではないのである。いずれにしても、設定者の江坂自身が、別の遺跡の土器を用いて「最花式」を説明したこと、さらにそれが氏の編年観によって、最花貝塚遺跡 A 地点出土土器の内容から遊離した内容になったことが、その後「最花式」と最花貝塚遺跡 A 地点出土土器との関係に関心を払う研究者が少なくなっていくことにつながったのは間違いない。そして、この点も「最花式」の内容拡大を招く原因のひとつになったのである。

その後、江坂は 1982 年の編年表で東北地方北部の「円筒上層 e」式、「最花」式、後期初頭の空欄という序列に対して東北地方中南部の「大木 9」、「大木 10」、「門前」各式を並行させている（江坂 1982）。関東地方には「大木 9」及び「大木 10」式並行に「加曾利 E3」式、「門前」

第10図　石神遺跡出土「最花式（円筒上層f式）」第1類土器（江坂1970より一部変更）

第11図　石神遺跡出土「後期初頭の土器」（江坂1970より一部変更）

式並行に「称名寺」式が置かれている。多くの研究者の精力的な研究により編年体系の大枠が完成しつつあるなかでも、「最花式」は型式の縦横連鎖で固定されなかったがゆえに内容も位置も不定であった。「最花式」の設定の経緯をみてみると、江坂による編年は、かたち上、山内の型式編年表を増補するものであった。しかし、実態は、固有の特徴をもつ一群の資料をもとに前代、他地域の型式との連鎖などを確認したうえで型式を設立するという手続きを経ておらず、年代的・地域的分類の単位として設定されたものではないことがわかってきた。

（2）榎林式と「最花式」との基準資料の確認と大まかな関係の把握

こうした状況下、円筒上層e式、榎林式、「最花式」の序列を整理したのは、村越潔である。村越は1974年に、石神遺跡出土土器、榎林遺跡出土土器、1964年調査で自身が採集した最花

貝塚遺跡出土土器の特徴を記述し、それぞれを基準とする型式が円筒上層 e 式、榎林式、「最花式」であるとして、基準資料と型式との対応関係を明記した（村越 1974、120-121 頁）。

　　最花より採集の土器は破片のもつカーブより推定して、肩部の張った深鉢形土器と思われる。口縁は他の部分より厚く、折り返し状の口縁をなすものと、口頸部が内弯の形状をとるものとの二種類があり、すべて平縁である。地文には単方向斜縄文が見られ、それは右下がりのものが圧倒的に多い。装飾文は沈線を主としたもので一ないし二条を、縦長の円形または垂下状に施している。前者の長円形沈線の土器は、これら沈線文に画された文様面の間に円形の刺突文が一定間隔をもって施される。胴部下半は二ないし三条の縦位に施文の沈線が底部まで見られる。また、後者の土器は、垂下する沈線間へ、さらに一条の沈線を施し、胴部中央から底部へかけて上半部の文様を逆にした沈線文がある。なおこの文様の土器には円形刺突文はない。そのほか最花では、口縁直下にボタン状装飾突起を有する土器も出土している。底はすべて平底である。

　この説明で注目されるのは、村越があげたこれらの特徴は、後述する 1964 年調査の A 地点出土土器とよく一致するということである。つまり、学史的にいうと、ここにおいて標式とすべき資料にちかい「最花式」の具体的内容が提示されていたことになる。

　村越は江坂の示した石神遺跡出土の「広口壺形」土器を「最花式」に含め、他方の「深鉢形」土器の一群を円筒上層 e 式として、江坂の「最花式」を、円筒上層 e 式、榎林式、「最花式」の三つの型式に整理している。さらに、榎林式と大木 8b 式との文様の一致、「最花式」の文様と大木 9 式の 1 文様要素（「倒卵形文」）との関係から、「編年表上」では「榎林式の後へ最花式を入れるべき」と整理した点も重要である（村越 1974、123 頁）[8]。

　とはいえ、村越は、この解説に関わる土器を図示していない。また、自身の編年案と旧来の編年観との擦り合わせによる撞着から、榎林式と「最花式」とが「時期的に同じ」であるとする記載もみられる。村越の解説において縦の系統関係については明確に示されず、またその後も最花貝塚遺跡の調査は未報告であったがゆえに、「最花式」の内容が定着しない状況がつづき、以後「最花式」の拡大現象が起こることになる。村越の解説は、「最花式」研究史上のひとつのターニングポイントであったといえるであろう。

(3)　「中の平Ⅲ式」の設定と「最花式」

　その後東北地方北部各地において、開発に伴う遺跡調査事例の増加により、中期後半の資料数も増した。そうした状況下、以後の「最花式」の理解に大きく影響する東津軽郡外ヶ浜町（旧三厩村）中の平遺跡の発掘調査がおこなわれることになる。鈴木克彦は 1975 年のその調査報告書のなかで、出土土器の自身による分類をもって、榎林式の後に独自の二つの型式を設定した（鈴木克 1975a）。「弧状文、円形文、垂下平行線文の文様単位を連続させるものを基本とする」

とされたⅡ群土器をもとに榎林式とのあいだに設定された「中の平Ⅱ式」(同、108頁)、及び「2～3条の垂下文」の「4～8列並列」文様を特徴とするとされた第Ⅲ群土器をもとに「所謂最花式」の並行型式として設定された「中の平Ⅲ式」(同、109頁)である9)。鈴木は、「最花式」を、江坂が1970年に示した石神遺跡出土「広口壺形」土器の「先端が渦巻状を呈するゼンマイ状になる懸垂文」(同、109頁)をもつものととらえている。そして、第Ⅲ群「深鉢形」土器にも類似の文様をもつものが含まれるということから、鈴木は、「所謂最花式」と「中の平Ⅲ式」とは地域差をもつ並行型式であるとした。

　ところが、鈴木は、同年10月になると、「かつて、所謂最花式と称されていたものが、中の平Ⅲ式である」(鈴木克1975b、10頁)と述べ、当初は地域差をもつとしていた「最花式」と「中の平Ⅲ式」とを同一型式とした。その後1976年には、村越の「最花式」の具体的内容には言及せずに、特徴が不明であるため「最花式」は「存続できない」とした(鈴木克1976、2頁)。そのうえで、村越が示した最花貝塚遺跡採集土器と同じ特徴をもつ、むつ市(旧川内町)野家遺跡出土土器を「中の平Ⅲ式」に加えた(鈴木克1976)。これによって「中の平Ⅲ式」には、中の平遺跡出土第Ⅲ群土器と最花貝塚遺跡出土土器との両者の内容が含まれることになった。様相の異なる二つの土器群をひとつの型式にまとめた理由は、両者がともに口縁部の文様帯をもたないことと中の平遺跡出土土器に見られる懸垂文と、野家遺跡出土土器の区画文とを、ともに大木9b式並行としたこと、さらに野家遺跡からも設定当初の「中の平Ⅲ式」が出土していることにあるらしい。

　拡大した「中の平Ⅲ式」と類似する文様をもつものは大木9b式並行であると変更され、大木9a式並行に「中の平Ⅱ式」、9b式並行に「中の平Ⅲ式」が位置づけられた(鈴木克1976)。また「榎林式」を細分し、「榎林Ⅱ式」と大木8b式との文様の類似性から、大木8a式から大木8b式の「移行期」に「榎林Ⅰ式」を、大木8b式並行に「榎林Ⅱ式」を位置づけた(鈴木克1976)。

　1994年以降は「榎林1式」、「榎林2式」、「中の平2式」、「中の平3式」(鈴木克1994)に名称変更された。その後「榎林式」に東北地方北部出土の大木8b式と考えられる土器を含むようになってからは(鈴木克1998)、当初の「榎林1式」土器が前型式に含められるなどにより「榎林式」はその内容が変更されて明確には細分されなくなった。

　鈴木は、1989年の「最花式(中の平Ⅲ式)土器」と題する解説文において(鈴木克1989)、秋田県鹿角市天戸森遺跡から出土した、波状を呈し幅広の無文帯となる口縁、肩部に横位の沈線文や刺突文をもつ土器を加えている。しかし、こうした特徴を持つ土器は、鈴木が1976年に「中の平Ⅲ式」としてあげたもののなかには存在せず、注意しておく必要がある。

　1998年には、大木9式に類似した文様をもつ資料がまとまる、青森県八戸市西長根遺跡〔現在は松ヶ崎遺跡に含められている〕出土土器や、青森県上北郡六ヶ所村富ノ沢(2)遺跡出土の大木10式並行の型式と考えられる土器をも「中の平3式」に加えている(鈴木克1998、5頁)。ひとつの型式に含める根拠は、それらと最花貝塚遺跡A地点出土の主にⅡ類土器と一致ある

いは類似する特徴をもつ土器との「共伴関係」にあるらしい。例えば、西長根遺跡4号住居跡出土の、床や覆土6、8、9層の複数層からそれぞれ出土した、大木9b式と一致する特徴をもつ土器を主体とする複数個体とⅡ類に類似する土器とである。また、富ノ沢（2）遺跡102号住居跡の、床面直上出土と床面出土とに分けて報告されている、大木10式期並行の土器とⅡ類に一致する特徴をもつ土器とである。しかし「中の平3式」集成図には当初の基準資料と一致する特徴をもつ土器やそれとの「共伴」資料は示されていない。

最花貝塚遺跡A地点出土土器の報告のないなかでは、基準資料と型式との対応関係が曖昧になり、「地域を一律に捉える」（鈴木克1998、5頁）という観点から、東北地方北部一帯から出土した中期後葉を中心とした雑多な土器が集成されたのである。鈴木自身も「中の平3式」の「系譜は分からない」あるいは「文様（要素、構成）についての分類学的考察を行なう余裕がない」（鈴木克1998、8頁）と記述しているように、そこに含まれた異なる様相をもつ土器群の時空間的系統の同一性が、周囲の他型式との比較検討によって確認されたわけではない。設定当初の「中の平Ⅲ式」は、その標式となった資料をみる限り、江坂や村越の「最花式」とは明瞭に異なる特徴をもつ土器型式であった。しかし、範囲を広げた「中の平Ⅲ式」あるいは「中の平3式」（以下「中の平Ⅲ式／3式」）は、標式資料からかけ離れ、内包された土器群の型式学的同一性が説明できないものとなっている。型式設定のための系統関係の分析・検討は課題として残されたままなのであり、「中の平Ⅲ式／3式」は、年代的・地域的分類の単位としての土器型式とはいえないものになっているのである。

ところで、1989年の解説において、鈴木は「最花式」を「中の平Ⅲ式」と並列して説明している。これは、この時点においてまだ多くの研究者が、「最花式」の名称を用いつづけていたことと関係するのであろう。このような「最花式」と「中の平Ⅲ式／3式」とを重ね合わせる説明は、以後の「最花式」のイメージに大きく影響することになる。

一方で、中の平遺跡の調査出土資料（鈴木克1975a）が報告された1970年代後半には、先述したとおり最花貝塚遺跡の新たな地点（D地点、1985年地点）の調査と出土資料の報告も開始された（金子・牛沢・橘・奈良1978、橘・奈良1980、金子・橘・奈良1983、橘編1986）。そこから出土した土器は、最花貝塚遺跡A地点よりも幅広い時期のものである。橘善光により、下層か上層かといった出土状況を根拠として、縄紋のみの土器を中心とする土器群、「懸垂状文を主体とする土器」を中心とする土器群、「磨消手法が見られる土器」群の三つの群に分けられ、それらが一括して「最花式」に含められ、「最花（貝塚）遺跡の土器編年表」と題する編年表においてその順に細別された（橘1994、272-273頁）。しかし、橘の「最花式」は、ひとつの型式に含めた土器群の、型式の縦横連鎖構造における系統的基盤の同一性の確認もさることながら、系統関係の分析は資料の組成把握によりまずは文様をもつ土器に比重を置いておこなわれるものであるが、そうした階層的手続きを経て分類されたわけではなかった。このこともひとつの理由となり、破片資料が多いとはいえそのなかにはA地点出土土器と一致する特徴をもつものも含まれていたものの、これらの資料が、他研究者によって「最花式」の検討材料とし

て認識されることはあまりなかった。

(4) 現在の「最花式」

　成田滋彦は、1984年に発表した青森県を中心とした中期末から後期初頭についての論考のなかで「最花式」についてふれているが（成田1984）、そこでは鈴木の1976年の「中の平Ⅲ式」の範囲を「最花式」としてとらえている。さらに成田は、2003、2004年とつづけて「最花式」について論じているが、ここでの「最花式」は鈴木の1998年の「中の平3式」に近いものになっている（成田2003、2004）。成田の「最花式」は、鈴木の「中の平Ⅲ式／3式」に同調して範囲が拡大していることがわかる。

　また、小笠原雅行も、2002年に「最花式」の研究史をまとめるなかで、「中の平3式」（鈴木克1998）の範囲をもって「最花式」とする立場をとっている（小笠原雅2002）。こうした「最花式」をめぐる研究史の他にも、論文や報告書の文中にて「最花式」という型式名は頻繁に登場しているが、そこでも鈴木による「中の平Ⅲ式／3式」と範囲が重なっていたり、併記されたりすることが多くなっている。

　さて、鈴木の「中の平Ⅲ式／3式」は異なる様相をもつ土器を次々と含んで拡大していったものであったために、その拡大が始まった当初から、鈴木も含めて、そこに地域差、時期差を読み取ろうとする研究が盛んにおこなわれることになった。1978年の古市豊司のものを嚆矢として（古市1978）、1982年の小笠原幸範の考察（小笠原幸1982）、1988年の高橋潤の論文（高橋潤1988）、先述の成田の2003、2004年の論文などである。

　これらの研究は、細分結果を別にすれば、概ねその当時の鈴木の「中の平Ⅲ式／3式」をひとつの時期区分の単位とし、それを細分しようとしている点で共通している。現在では、設定当初の中の平Ⅲ式を古い部分、村越の「最花式」を新しい部分（大木10式期並行の磨り消し縄紋をもつ土器群までを含める場合は、中位の部分）とする理解に固まりつつあるようにみえる。その一方で、何故こうした区分を中の平Ⅲ式と「最花式」とではなく、「中の平Ⅲ式」あるいは「中の平3式」の時期区分として理解するのかが、これらの論文において説明されていない点には注意が必要である。これらの研究では、諸属性のこまかな分類をおこないながらも、それを時空間軸における系統的連鎖として理解しているわけではない。型式細別を試みる研究が、鈴木の「中の平Ⅲ式／3式」の時期細別に止まりつづけている理由は、こうしたところにもあるのだろう。

　最近では、小保内裕之の「最花式」（「第Ⅱ段階（∩状文土器群）」）は、「陸奥大木系土器」の一部に含められ（小保内2008）、垂下文をもつ土器が「最花式」内で古く位置づけられている。具体的な大木式の標本資料との比較検討はないものの文様の特徴から「最花式」内の古い段階のものが「大木9式の古い段階」に、新しい段階のものが「大木9式の新しい段階」に並行すると見当がつけられている。ただし、東北地方中南部に近く、大木式も多く出土する八戸市松ヶ崎（旧西長根）遺跡出土土器の自身の分類（小保内2004）をもとにしているようで、「榎林式」、

「最花式」には、東北地方北部出土の大木式と考えられる土器が多く加えられていることには注意したい[10]。いずれにせよ小保内の細分案も凡そ一部の胴部沈線文様の違いにより時期細分されるこうした近年の案に基本的に則っているとみてよい。

　一方で、「最花式」を、鈴木の「中の平Ⅲ式／3式」とは異なるものとして論じた研究も存在する。柳澤清一は、氏独自の広域編年の枠組みと、「紋様帯」の系統的把握によって、土器型式としての「最花式」をとらえようと試みている（柳澤1988、1991、2006）。柳澤は、榎林式と最花式の学史を整理しつつ、橘の報告した「最花式」の土器群のなかで、一定パターンの刺突文をもつ一群に注目し、それらを「（狭義の）最花式」にすべきだとした。最花貝塚遺跡D地点の調査報告（金子・牛沢・橘・奈良1978、橘・奈良1980、金子・橘・奈良1983）や中の平遺跡の調査報告（鈴木克1975a）以降であれば、型式研究の方法を駆使すれば、断片的な資料をつないで大木9式並行の土器型式の内容をある程度推測することはできたのである。

　柳澤のあげた「（狭義の）最花式」の内容は、結果として後述するA地点出土土器の一部に近くなっている点で注目される。ただし、石神遺跡報告の「最花式第3類」を榎林式に位置づけることには無理があるように、選定・提示された標式資料には、隣接地域・時期の他型式との系統関係が見出せないものも含まれている。例えば「陸奥」の「大木8a式並行」に加曾利E式に類似する器形をもつものが選択されているが、山内が示した模式標本から型式序列を検討すれば（第6図）、東北地方北部の円筒下層・上層式土器から榎林式への系統のなかに、関東地方にみられた諸磯式からつづく内弯する口縁部をもつものが入り込むことはないはずである[11]。山内にとっての「広汎な年代的組織」は、地域のみならず時期も広域なのであり、中期後半以前の各地の系統も考慮する必要がある。しかし、標式遺跡と標式資料（模式標本）とを重視し、それらにもとづき「広域編年」の構築を試みるなかで、東北地方北部中期後半を論じた立場は評価できる。

4　結語

　以上、山内清男の編年表において、「未命名型式」が配置された東北地方北部中期後葉には、その後、江坂輝弥により、「最花」式が配置されるようになったものの、基準資料は未提示のままであった。「最花式」研究の問題点は、「最花式」は、江坂による設定当初から十分な型式学的分析を経たとはいい難いこと、さらに、標式資料が示されなかったが故に、他遺跡出土土器によって研究が進められ、拡大解釈されてきたことである（第1表）。この結果、現状の「最花式」（あるいは「中の平Ⅲ式」／「中の平3式」）は、いくつか系統に区分可能な土器からなっているのであり、そこに年代学的単位を設定するためには、その系統的な整理を進めることが不可欠になる。個々の資料に地域的時間的位置を与えていくためには、分類の標準としての型式の縦横連鎖の構造を確立していかなければならないのである。当該地域・時期の編年の構築のために、まずは、標式となり得る資料の整備と、その形質の系統的な分析・検討をとおした、

「最花式」の再設定が必要である。このため、筆者は、慶應義塾大学に所蔵されていた最花貝塚遺跡 1964 年調査 A 地点出土土器の整備と型式学的諸分析とをおこなうことにした。

註
1) 本章は安達・安藤 2009 の安達執筆部分、安達 2013b、2014 の一部を加筆修正して成稿したものである。
2) 1964 年には、「土器型式は一定の形態装飾を持ち、ある特定の時代を占める。それと同時に一定の分布を持っている。…（略）…縄文文化の各時期には大きく見て数個の地域がみとめられ、若干の時期継続するが、時代が異なると型式の分布が変わってくることがある。…（略）…中期後半では関東の加曽利 E 式と近似の装飾を持つ、しかし多少ずつ地方差を持つ群が西方畿内にまで進出し、北方は東北北部にまで達している。この頃旧来の分布圏が変る萌が見られる。」と（山内 1964b）、以前とほぼ同様の見解を示した（山内 1940e）。
3) 並行して、関東地方には順に「御領台」、「阿玉台・勝坂」、「加曾利 E」、「加曾利 E（新）」各式が配列されている。なお後期初頭の関東地方には「堀之内」式が配置されているものの、東北地方には北部・南部ともに「+」がふされている。中期の北海道南部には前葉、中葉に「+」が配されている他は空欄である。
4) 角田によれば、榎林式の基準資料である第一群土器に伴って同一貝層から「僅か二片のみ」出土した「大木 8 式」並行の土器（第二群第八類）は、「痕跡的に存する」ものであるという（角田 1939、171 頁）。さらに類例としてあげられた一王寺貝塚遺跡出土土器の一部は「大木 9 式」並行と明記されている。榎林式の時期は明示されていないが、「厚手式と榎林式土器との共存」（同、172 頁）が認められつつも、概ね「大木 9 式」並行に設定されたと考えられる。
5) 筆者は、2011 年に、東京大学総合博物館に 1951 年調査出土土器が保管されていることを確認した。B トレンチより 1964 年調査 A 地点出土土器と同様の資料が出土していることから、1951 年 B トレンチは、「A 地点」であったと考えられる。ただし、1951 年 A トレンチは、1964 年調査 B 地点出土土器と同様の資料が出土しているようであり、「B 地点」に近い位置にあった可能性がでてきた。
6) なおそのうち大木 8b 式資料は、大木囲貝塚遺跡出土土器であったが「写真セット」には含まれていない。
7) 榎林式に比定できる一破片が最花貝塚遺跡 1964 年 A 地点出土土器には含まれており、江坂はこの層位不明の小破片が一地点から出土したことをもって、最花式と榎林式とを同一のものとした可能性もある。何故ならば、『むつ市史』掲載の、慶應義塾大学所蔵「最花式土器」写真の 7 破片のなかに、この榎林式 1 破片が含まれているのである。「榎林式」と「最花式」とを区別せずに、同じ遺跡から見つかったことから諸要素の異同の検討無く「最花式」に含めてしまう江坂の型式設定の方法は、縦横連鎖構造による系統関係を重視して、分類の標準としての型式を設定する山内の厳密な方法とは異なるものであったといえる。
8) ただしこまかくみれば、村越は、写真で例示された「最花式」土器のうちの一点など、自ら記した最花貝塚遺跡採集土器とは異なる特徴をもつ土器も「最花式」に含めていた。この土器は、石神遺跡の発掘調査報告書において、江坂により「大木 9 式土器」として報告されたものである（江坂 1970、27 頁）。江坂は、「大木 9 式土器は、最花貝塚、榎林貝塚などで最花式土器とともに出土しており、最花式に併行する時期のものと考えられる。」（同）と述べている。しかし筆者の整理所見によれば、最花貝塚遺跡 1964 年調査出土土器には、これと同様の土器や大木 9 式は含まれていない。
9) 「中の平 II 式」から「中の平 III 式」へ文様変遷したとする一方で「外的な要素を加味しながら把握したほうがよりスムーズ」として「中の平 III 式」の文様と「加曽利 E IV 式」の「∩状懸垂文」との関係を示唆する記述があり、「中の平 III 式」、「大木 10 式」、「加曽利 E IV 式」が並行すると考えていたようである（鈴木克 1975a、105 頁）。ただし具体的な標本資料の比較検討はなされていない。
10) 山内は、関東地方の「安行式後半即ち安行 3 式は晩期縄紋式に属し同時代にあった亀ヶ岡式文化と交渉を持ち、そして亀ヶ岡式土器又はその影響を受けた土器を多少伴存するのが常である」（山内

1941a）とした。亀ヶ岡式は、東北地方において「系統的発達」（山内 1930d）をしたものである。一方、安行式自体は、亀ヶ岡式とは系統的発達、組成や装飾など特徴を異にする（山内 1932d）、いわば「土着の土器」（山内 1952、1966）なのである。したがって「関東地方に於ける亀ヶ岡式」は、東北地方から「器物として輸入されたか、或はその上模倣されたもの」（山内 1930d）であり、安行式と区別される。ある地域の型式に多少「伴出」する他地域の型式又は類似の土器は、確かに両地域の型式が同時代に存在していたことを示す証拠になりうるが、「本来の分布圏から離れて発見される」（山内 1964a）輸入、模倣土器といえるのであって、その地域の縦の系統関係で把握できる標準ではありえない。これは、晩期に限らず例えば山内も注目した広域の地域間交流があった中期後半にもいえることである。
11）　関東が基軸とされるが、「関東地方との近似は一面であり、真相はむしろその地方色の闡明を以つて始めて把握される」のであり（山内 1935a）、各地域「固有の」型式と系統とがある。

第3章　青森県最花貝塚遺跡出土土器標本の整備と報告[1]

1　最花貝塚遺跡出土土器標本提示の意義

　東北地方北部中期後半の土器型式編年構築のためには、標式となり得る資料の形質の系統的な分析・検討をとおした、「最花式」の再設定をおこなう必要がある。以下、最花貝塚遺跡とA地点1964年調査の概要とを記したうえで、分析対象とする出土土器標本を提示する。

(1) 最花貝塚遺跡の地理・歴史的環境

　最花貝塚遺跡は、青森県むつ市大字田名部字最花に所在する（第12図）。下北半島北部、標高25m前後の斗南ヶ丘と呼ばれる台地の北東部縁辺に位置する。台地東側は、田名部川の支流の青平川を挟んで下北丘陵と接している。最終間氷期（約12万年前）の下末吉海進期に、下北丘陵の縁辺に形成された海成段丘のうちのひとつである。下北丘陵を主水源として大湊湾へ注入する田名部川が、この台地と北部の段丘とを切り離している（安藤2009a）。明治28（1895）年発行の地図をみても[2]、青平川と田名部川とに囲まれた標高25m前後の斗南ヶ丘東北端上に「田名部最花」の文字を認めることができ、爾後付近の大きな地形の改変はなされていないことがわかる（第13図）。一方、斗南ヶ丘の西側の田名部低地は砂州地形の「谷底平野型（浜提列平野タイプ）」の代表例として知られている（松原2006、158頁）。海岸部には、現在までに幅1～2キロメートルの浜堤が、内から順に3列形成されている。最初の浜提は、約4,500年前に形成されたと推測され（松本1984）、縄紋時代中―後期の海面の停滞期ないしは低下期に対応する。現在の河口より7kmほど遡った、最花貝塚遺跡に近い、田名部川の青平川との合流点付近も、標高3m程度に過ぎず、前期の海面上昇期にはその付近まで海が入り込んでいたと考えられている（安藤2009a）。後背地の環境は、砂州の発達により内湾から潟湖に変化し（松本1984）、浜提形成ともに汽水域化が進んだとされている（松島・奈良1988）。

　最花貝塚遺跡は、少なくともA～D地点の四つの地点に貝層が分布し（第14図）、広い範囲に竪穴住居址などの遺構が展開する、縄紋時代中期を中心とした径約200mの範囲に及ぶ集落遺跡と評価することができる（安藤2009a）。遺跡の北半部、A～C地点一帯に前期後葉の円筒下層c・d式が比較的多くみられ、中期前葉の円筒上層a式は、D地点まで分布が拡がる。とくにC地点に円筒上層・下層式のまとまった出土が認められる。円筒上層b式から榎林式は、

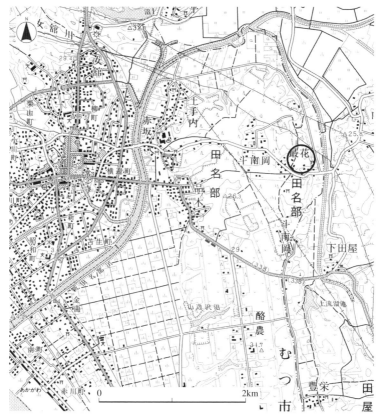

第 12 図　最花貝塚遺跡の位置-1（国土地理院 2006「1:50,000 地形図 近川」・「1:50,000 地形図 むつ」より一部変更）

分布が限られるようになるが、中期後葉の「最花式」はA地点、中期最末の「大曲式」はB地点にまとまった出土が認められ、後期初頭の土器は、再び分布が限られるようになる。

(2) 1964年の発掘調査の概要

　1964年調査出土資料・記録は、慶應義塾大学に保管されている。現在までに確認された、1964年の発掘調査に関する記録類は、セクション図A地点3枚、B地点・C地点各1枚、日誌1セット、調査時の35mmモノクロフイルム2本、カラーフィルム1本である。調査は、1964年10月7日〜11日の5日間おこなわれた。A〜C地点の3箇所にトレンチを設定し、A地点約6㎡、B地点約15㎡、C地点約2㎡の計約23㎡が調査されている（第15図）。日誌には調査の参加者として、江坂輝弥のほか、五十音順に阿井眞咲、井上久、金子浩昌、笹津備洋、相馬努、瀧沢幸長、橘善光、龍原武嗣、村越潔、村田明男、吉田義昭の各氏の名前が記録されていた。

　日誌よれば、その後の「最花式」研究史にかかわる村越・橘2氏のうち、村越はA地点、橘はB地点の発掘作業を担当している。村越は、A地点の土器のまとまった内容を実見して

第 3 章　青森県最花貝塚遺跡出土土器標本の整備と報告

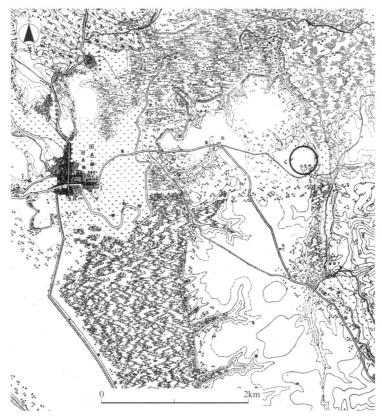

第 13 図　最花貝塚遺跡の位置-2（大日本帝國陸地測量部 1895「1:20,000 地形図　田名部」・「1:20,000 地形図　大湊」・「1:20,000 地形図　田屋」より一部変更）

いた結果、これを標式として 1974 年に「最花式」の記述をしていたのである（村越 1974）。一方で、橘は B 地点に多く認められた中期最末の土器も、「最花式」に含んでいた（金子・他 1978、1983、橘 1994、橘編 1986、橘・奈良 1980）。

　A 地点の調査概要は下記の通りである（第 16 図）（安藤 2009a）。まず東西に走る農道の北側に、長さ 4m、幅 50cm のトレンチ（A-1 区）を東西方向に設定、掘削することから始めている。このトレンチは、1948 年の調査区の東側にあたるという。地表下 20cm ほどで 1948 年に掘り残した貝層が検出され、その範囲を捉えるために、南に 1m×1m の拡張区を、北側にも幅 50cm 程度のセクションベルトを残して、1m×1m 程のトレンチを 2 箇所（A-2-1 区、A-2-2 区）設定、地表より 1m 弱の深さまで掘削している。さらに A-2-1 については、東に 1m、北に 50cm 拡張している。

　セクション図と日誌によれば、A-1 区では、表土と黒褐色土の下に、ヤマトシジミを中心にハマグリ等を含む、薄い混貝土層が検出され、その下部には焼土・灰が 5cm 程度堆積していた。その下は淡褐色土層、淡黄色土層とつづく。淡褐色土層の下部にも薄い焼土層が認められ、淡黄色土層は多量の炭化物を含み、その下部にやはり焼土を含む層が存在したようである。

61

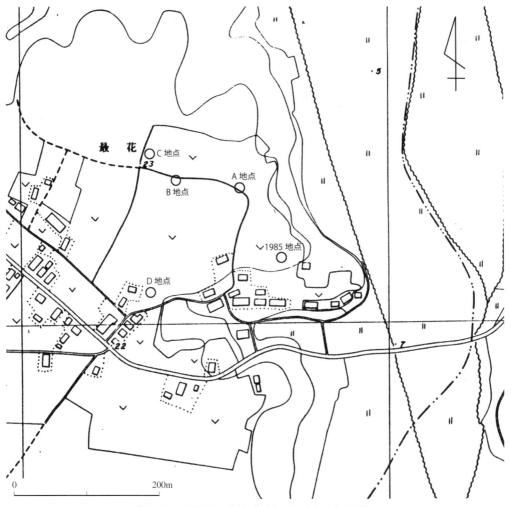

第 14 図　最花貝塚遺跡（橘編 1986 より一部変更）

　一方、A–2–1 区では、2 枚のセクション図が必ずしも整合するわけではないが、表土と黒褐色土層の下に混土貝層があり、その下に A–1 区の焼土層に相当する可能性の高い炭化物を含む黒褐色土層が認められたようである。その下は、焼土・灰等を含む層を挟む淡褐色土層となり、混貝土層、炭化物層と焼土・灰層を挟み、淡黄色土層へとつづいている。

　第 16 図には、日誌から読み取れる、セクション図と土器に注記された「第 1 貝層」、「第 2 貝層」の対応関係も示した（第 16 図）。

　A・B・C 各地点の土層の構成や、遺物包含層、貝層の時期に大きな違いがあることから、現在と異なり、包含層形成時の地形が複雑であったのではなければ、各地点のトレンチが、住居址等の遺構内に入っている可能性が高いとの指摘がなされている（安藤 2009a）。「A〜D」などの「地点貝塚」としての呼称は、ひとつの貝塚遺跡内の各地点名として改称された。

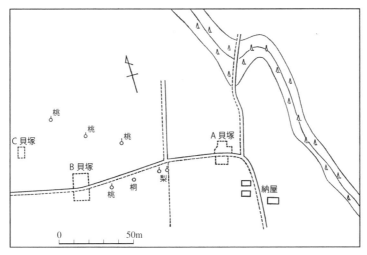

第15図 A～C貝塚（地点）の位置（金子1967より一部変更）

2 標本の保管状況と整理作業の方法

　1964年発掘の最花貝塚遺跡出土資料は、慶應義塾大学三田キャンパス西校舎4階の民族学考古学資料室に保管されていた。土偶と一部の石製品を除く、ほぼすべてが木製箱に収められており、総数は61箱であった。2003年度に整理作業を開始した。遺物の大半は土がついた状態であり、すべての資料を水洗した。

　遺物は、土器が圧倒的多数を占め、他に石器、骨角器、土製品が含まれていた。遺物に対する注記は一切なされていなかったが、幸い大半の箱には、発掘調査当時のものと思われる、地点、グリッド、層位、日付等の記載されたラベルが入っていた。このラベルをもとに整理をおこなったところ、A地点出土資料は25箱、B地点は18箱、C地点は6箱、地点不明は12箱であった。なお、地点不明の箱には、地点の異なるラベルが2枚混入しているもの、ラベルの含まれない箱、ラベルの地点表記が不明確なものの3通りがあった。

　今回の整理では、まずすべての地点の資料を、箱ごとにプラスチックコンテナに移し替え、1点1点注記をおこなった。

　この作業と並行して土器の観察を進めたところ、地点ごとに主体となる土器の時期が異なることが判明してきた（A地点は所謂「最花式」、B地点は大木10式並行期～後期初頭と思われる土器群、C地点は円筒下層式（d1、d2）、円筒上層式（a））。また、学史の整理によって、A地点出土土器は模式標本とすべきであることが明らかになってきたため、A地点出土土器について整理・分析を進めることにした。

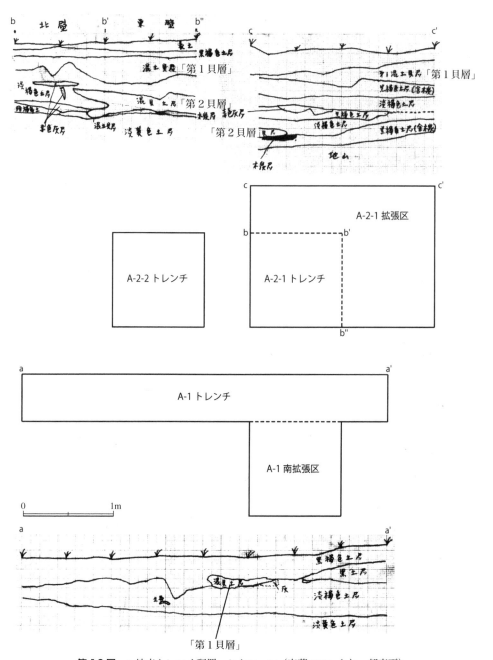

第16図　A地点トレンチ配置・セクション（安藤2009aより一部変更）

3　A地点出土土器

最花貝塚遺跡A地点出土土器全体を分類、接合したのち、明確に円筒下層式（c、d）・上層

式（a）と考えられるもの以外の資料に対して、図化を進めた。第17～25図には口縁部を含む破片及び底部を含む破片すべてと文様などのヴァラエティが把握できるように選定した胴部破片との拓本及び断面図を掲載し、第2～9表にはその層位、器種・部位、口径（底径）、器高（残存高）、外面、内面、胎土、外面色調、内面色調などについての観察結果を掲載した。なお、地点表記が不明確な箱に入っていた資料のうち、第17図2、12については、その特徴からA地点出土である可能性が高いと判断し、分析に加えることにした。

　最花貝塚遺跡A地点出土土器は、すべて深鉢形土器である。以下、分類ごとに概要を説明する。とくに文様をもつものは個体ごとに説明を加える。

　ⅰ）深鉢形Ⅰ類（第17～23図、第2～7表1～113）　　胴部に明瞭な屈曲をもたない単純な深鉢形をⅠ類とする。

　器面の装飾については、口縁部に輪積みによる段があり、段より下に、縄紋及び沈線文があるものをa類、縄紋のみのものをb類とする。また、段部に縄紋があるものをa′類、b′類として区別した。

　一方、口縁部に段をもたず、器面全体に縄紋があるものをc類とし、口縁部に縄紋がないものをc′類とする。口縁部に段がなく、器面に縄紋と沈線文があるものをd類とする。

　また、口縁部が外反するものをア類、内彎するものをイ類とする。

◎**装飾a類**（第17～19図1～17）

・**ア**（同1～11）

　1の胴部上半には、2条の沈線による細いU字状文がほぼ等間隔にあり、それぞれの上端部分は口縁部の段に沿って連結する。各U字状文直下で、あいだに1本の沈線を付加した細長い逆U字状文が垂下する。胴部上半のU字状文内部に4箇所、下端部の両脇に2箇所、円形刺突文が配されている。2の胴部上半には、2条の沈線による、下端のすぼまるU字状文が、波状文風に連続する。U字状文内部にT字状に円形刺突文が施されている。胴部下半は欠損している。

　3は、口縁部直下に、中央に刺突のある円形突起を配し、その直下に、2条の沈線による、弧状文とY字状文と考えられるものが縦位に配されたもの。これらを挟むように両側に2条の沈線による垂下文が配されている。垂下文上端部分は、隣のY字状文上端部分と口縁部直下で直線状につながる。弧状文とY字状文との中心・垂下文・Y字状文の中心に、円形刺突文が縦位に連続して加わる。各沈線文様の端部にも円形刺突文が施される。

　4には、U字状文と2条垂下沈線文との縦位に連結した文様の両側に、垂下沈線が加わる。その上端部は、両側の文様上端部と2条の弧状文により連結する。5の胴部下半は欠損しているが、胴部上半で2条の沈線によるU字状文が上端部で弧状に連結する。6は、2条の沈線による、弧状文に沿った左右の沈線がその最下部手前から垂下し、弧状文端部に刺突が施されたもの。弧状文の端部に円形刺突文が認められる。胴部下端まで縄紋が加わる。7～11の沈線文

も2条の沈線により描出されており、文様端部は弧状に閉じる（7、8、10）。
　・イ（同12〜17）
　12の胴部には、U字状文に沿った両側の沈線がその最下部手前から垂下し全体で縦長のY字のような意匠になるものと、下端が左右に反る並行垂下文の下に円形文・上端が左右に反る垂下文が2条の沈線により加わるものとの2種が、交互に連続、口縁部直下で逆U字状に連結している。円形刺突文は、この両者の上半部、縦軸上に連続し、また後者の円形文の内部及び四方のほか、円形文を挟む上下の文様の端部が接する部分にも加わる。
　13の胴部上半には、幅の狭い逆U字状文が連続する。内部に1、2条の沈線が垂下するものが多い。下端がU字状に閉じる逆U字状文には、直下で幅の狭い逆U字状文が対向する。胴部下端まで縄紋が施される。
　14の胴部には、中央に刺突のある円形突起が二つ残存する。突起の下に2条の沈線による、弧状文に沿った左右の沈線がその最下部手前から垂下し、全体でY字のような意匠となるものが描かれており、その両側に2条の沈線による垂下文が加わる。2条の沈線による縦長の逆U字状文が、この文様を挟む。このセット文が3単位横位に配置されていたものと考えられる。ただし、そのうちひとつには、逆U字状文が配されるはずの左側部分に、突起下と類似の文様が加わる。円形刺突文は、沈線文様の内部上半に充填されており、逆U字状文には上端にも沿うように付加されている。左端の逆U状文内上端に、穿孔がみられる。その形状から、円形刺突と同じ工具を用いたものと考えられる。
　15の胴部文様は、2条の沈線による、弧状文と垂下文とが上下に配置され、両側に縦位の1、2条の沈線が加えられたものと、1、2条の沈線を付加した縦長の逆U字状文とからなる。16は口縁部直下に沈線文が認められる。17の口縁部直下には横位沈線が認められる。
◎**装飾aʹ類**（第19図18〜23）
　・ア（同18〜21）
　18の胴部には、なかに沈線が加わる細長い楕円形文となかに沈線が加わるものが多い細長い逆U字状文との上下対向文と、2条の沈線による、楕円形文と逆U字状文との上下対向文とが横位に間隔をあけて加えられている。各文様は、口縁部直下で1、2条の沈線によりつながる。一部、文様の間隔をうめるように胴部下半に2条の沈線による逆U字状文が加えられている。
　19の胴部文様は、楕円形文（2条の沈線による弧状文の、内側沈線のみが閉じるもの）、左右対向弧状文、3条の円形文を縦位に配し、その下部に沈線を垂下させたものである。
　20の胴部沈線文は2条の沈線により描出されており、口縁部直下で文様端部は弧状に閉じる。口縁部直下左端に、1条の横位沈線がわずかに認められる。口縁部に2条の沈線が巡る。段に沈線を有するものは20のみで、胎土の特徴も他の土器と異なる。
　21の胴部には2条の沈線による文様に沿って円形刺突文が施される。

・イ（同 22、23）

22、23 は、段の部分が不明瞭であるが、a′ 類に分類しておく。口縁部直下に、両破片とも横位沈線文、22 のみ左端に円形刺突文が認められる。

◎**装飾 a/a′ 類**（第 19、20 図 24〜32）

24〜32 は、口縁部を欠くため、a 類、a′ 類の判別ができない。

24 は口縁部直下の胴部破片で、2 条の沈線による Y 字状文が連結する文様をもつ。25 は胴部中央から下半。穿孔があり、穿孔下端に 2 条の沈線が認められる。その下に 2 条の沈線による崩れた左右対向弧状文と垂下する沈線文を配し、その脇に 2 条の垂下沈線が加わる。14 の円形突起下などに加えられた文様に類似するものであったと考えている。胴部下半には逆 U 字状文とその脇に接する垂下文も認められる。26 は口縁部直下の胴部破片で、2 条の沈線による縦長の逆 U 字状文が連続する。

27 は口縁部直下の胴部上半の破片である。中央に刺突文列を配した逆 U 字状文が連続する。28 は、2 条の沈線による縦位の文様が連続するようである。上端が左右に反る並行垂下文の上部に、下端が U 字状になる文様が加わるものが認められる。

29 は口縁部直下の胴部破片で、1 に類似する文様をもつが、別個体である。30 は幅の狭い H 字状にみえる文様が横位に間隔をあけて連続したものである。文様は、上下の U 字状文・逆 U 字状文の両側に縦位の沈線が加わるものと、U 字状文の下に垂下文が加わり、その両側に縦位の沈線が加わるものとからなる。31 は 2 条の沈線による、上端が逆 U 字状文に連結する懸垂文が加えられている。比較的大きい円形刺突文が懸垂文の中心軸に加わる。32 は並行する 3 条沈線による垂下文間に U 字状の沈線を施したもの。U 字状文の中央に縦位に 3 箇所、左の垂下文の上下端に 1 箇所ずつ円形刺突文が認められる。

なお、a 類、a′ 類の刺突文は、竹管状の器具により、器面に対し垂直に押捺されることが特徴である。

◎**装飾 b 類**、ア（第 21 図 33〜36）／イ（同 37〜44）

◎**装飾 b′ 類**、ア（第 21 図 45〜47）／イ（同 48〜52）

◎**装飾 c 類**、ア（第 22 図 53〜66）／イ（同 67〜102）

◎**装飾 c′ 類**、ア（第 23 図 103〜108）

◎**装飾 b/b′/c/c′ 類**（第 23 図 109、110）

109、110 は胴部破片であり、b、b′、c、c′ 類の判別は不可。

◎**装飾 d 類**、ア（第 23 図 111）／イ（同 112、113）

111〜113 は、いずれも小破片であり、沈線文様や縄紋、器形などの特徴に他の多くの個体と異なる点がみられる。111 は縦位の沈線を施した後に上部を逆 U 字状につなぐもの。逆 U 字状内部は、縄紋を磨り消している可能性もある。112 は幅の狭い逆 U 字状沈線文内部に、沈線が垂下する。113 は右下がりの 2 条の沈線と思われるものが破片下半にわずかに認められる。

ii）深鉢形Ⅱ類（第24図、第7、8表114～143）　胴部中央付近に屈曲をもち、上半が緩やかに屈曲しながら立ち上がるものをⅡ類とする。胴部上半～口縁部は無文で、下半に文様が描かれる。

　114は、沈線を加えた横位の橋状把手をもつ。内外面全体に赤彩が加えられる。115は、屈曲部に2条の沈線が巡り、円形突起がふされるものである。突起には、中空の竹管状器具による刺突が認められる。116の屈曲部にも2条の沈線が施される。117は、屈曲部の原体圧痕の下部に、縄紋が施されるものである。118には縄紋が認められない。119～135は口縁部破片。

　136～143は胴部破片。136の屈曲部には2条の沈線が巡り、その下にU字状文が連続する。U字状文の上端は逆U字状に連結する。円形刺突文はU字状文内部に縦位に配される。137、138は屈曲直下の破片である。137は、屈曲部に沈線が巡り、胴部に3条1単位の沈線が垂下するもの。138は、波状に連結するU字状文と、その下端に対向する逆U字状文からなる。U字状文内に縦位に3、4個、逆U字状文との接点の両側に一対の刺突が加わる。139は2条沈線によるU字状文が連続する。140は、屈曲部の2条の沈線のあいだに円形刺突が施される。

　141、142は、他とは異なり、器面に対し斜め方向に刺突が施されるものである。143は屈曲部破片と考えられる。縄紋が施されていると思われ、2条の沈線間に刺突が3箇所認められる。円形突起の内部にも刺突が加わる。

iii）底部破片（第25図、第8、9表144～170）　144～163は、胴部下端まで縄紋が加えられているものである。144～149の底部には網代痕が認められる。164～167の胴部下端は無紋である。

iv）その他（第25図、第9表171～177）　所謂「最花式」以外の土器がわずかに含まれていた。171は榎林式土器。172～177は中期末～後期初頭の土器であろう。172～175は、縄紋及び原体側面圧痕文を有する。176、177には縄紋及び沈線文が施されている。

　1964年調査で最花貝塚遺跡A地点から出土した土器には、円筒下層式（c、d）・上層式（a）並びにわずかな榎林式土器及び中期末～後期初頭の土器も含まれていた。本研究では、それらを除いたものを、最花貝塚遺跡A地点出土土器と呼ぶことにする。A地点出土土器は、二つの器形（Ⅰ類・Ⅱ類）の深鉢形土器で構成されている。いずれも平縁であり、胴部には縄紋が加わり、磨り消し縄紋が認められない。Ⅰ類・Ⅱ類ともに、さらに若干の形態装飾の分類でまとめられるものである。とくに、総量の多いⅠ類土器は、主に大きく装飾a・a´類、装飾b・b´類、装飾c・c´類の三つでまとまる。A地点出土土器は、全体として、標本に適したまとまりのある資料といえそうである。次章からいくつかの観点から、詳細に分析を加え、その特徴を明瞭にしたい。

4 結語

　東北地方北部の中期後半の編年整備を目的に、慶應義塾大学所蔵最花貝塚遺跡の1964年調査全資料の洗浄・分類・注記・リスト作成などをおこなった（木箱61箱）[3]。そのうち「最花式」の基準資料が出土したとされるA地点出土資料の（木箱約25）、時期の明確に異なる土器を除いた口縁部・底部を含む全個体と文様をもつ胴部破片個体に関して（177個体）、接合、図作成（拓本・実測・トレース）、観察表作成などの作業をおこない、A地点出土資料としてはじめて拓本・実測図及び観察表を報告した。その結果、A地点出土土器は、二つの器形で構成されており、とくに総量の多い器形の土器は、装飾で3類にまとめられることが判明した。一方で、全体は平縁、胴部地縄紋などの一致する特徴をもつ。A地点出土土器は、分類の標準として適したまとまりのある資料と言える可能性がある。

　　註
　1)　本章は、安達2009に大幅な加筆修正を加えて成稿したものである。
　2)　現在の地図との方位のずれを補正して作図した。
　3)　最花貝塚遺跡1964年調査資料のうちB地点出土の（木箱18）、中期最末から後期初頭の土器に関しては、安達2015にて報告した。

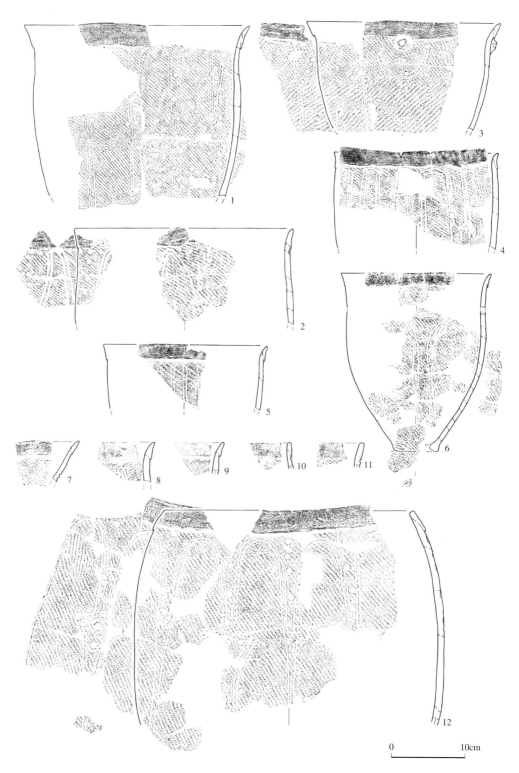

第17図　最花貝塚遺跡A地点出土土器-1

第 3 章　青森県最花貝塚遺跡出土土器標本の整備と報告

第 18 図　最花貝塚遺跡 A 地点出土土器-2

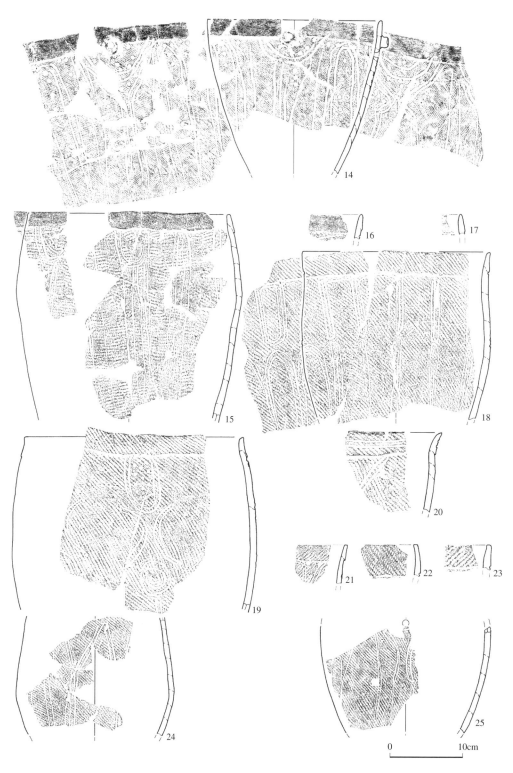

第19図　最花貝塚遺跡A地点出土土器-3

第 3 章　青森県最花貝塚遺跡出土土器標本の整備と報告

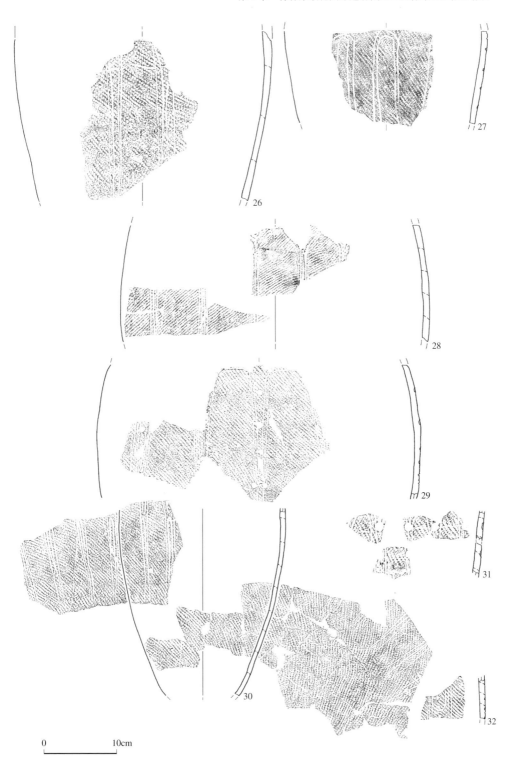

第20図　最花貝塚遺跡 A 地点出土土器-4

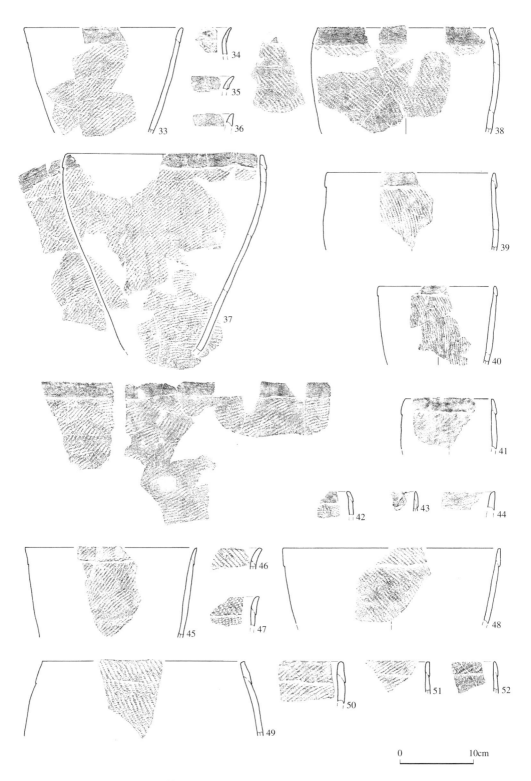

第21図　最花貝塚遺跡A地点出土土器-5

第 3 章 青森県最花貝塚遺跡出土土器標本の整備と報告

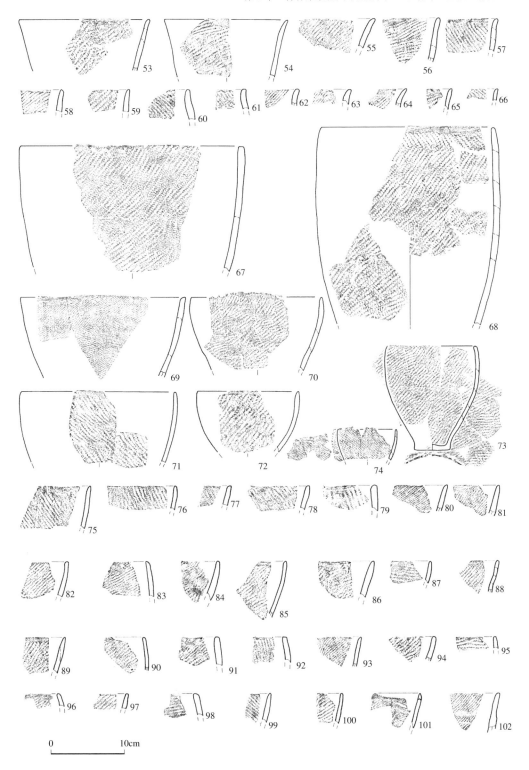

第 22 図　最花貝塚遺跡 A 地点出土土器-6

第23図　最花貝塚遺跡A地点出土土器-7

第 3 章 青森県最花貝塚遺跡出土土器標本の整備と報告

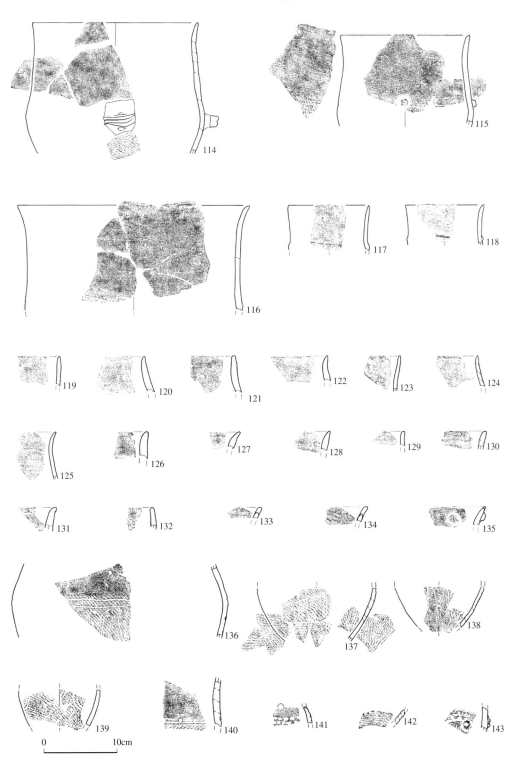

第 24 図 最花貝塚遺跡 A 地点出土土器-8

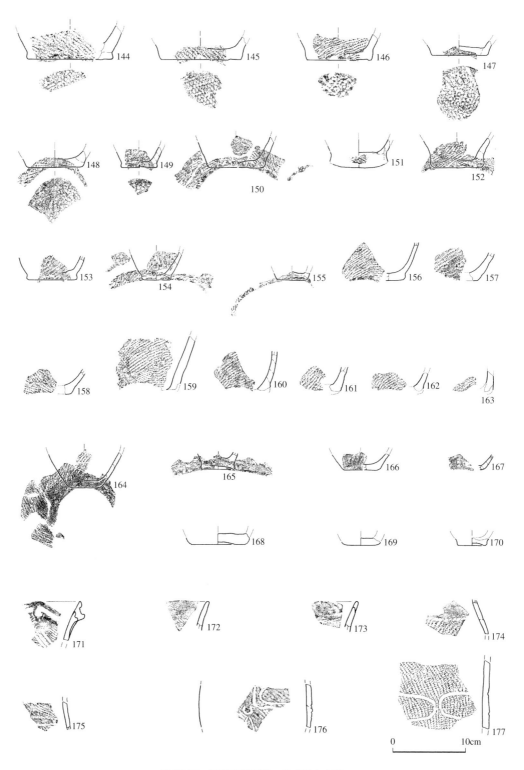

第25図　最花貝塚遺跡A地点出土土器-9

第 3 章　青森県最花貝塚遺跡出土土器標本の整備と報告

第 2 表　最花貝塚遺跡 A 地点出土土器観察表 1

図	No.	出土地点	層位	器種・部位	口径(底径)	器高(現存高)	外面	内面	胎土	外面色調	内面色調	備考
17	1	A-2-1 東拡張区/C	第 2 貝層下/第 2 貝層	深鉢形 1 7 a 類・口縁部	30.0	(22.7)	RL 横→口縁部段作出→沈線→刺突	横位ナデ・横位ミガキ(上部どこミガキ良好)	骨針状物質含む(～1mm)、礫曽か含(2～3mm)、粗砂多合、細砂多合	橙色(7.5YR7/6)、暗灰色(N3/0)	橙色(7.5YR7/6)、黒色(10YR2/1)	口縁部横位ミガキ、中実の刺突貝
17	2	B？	―65cm	深鉢形 1 7 a 類・口縁部	29.0	(12.3)	RL 横→口縁部段作出→沈線→刺突	横位ナデ・横位ミガキ	粗砂多含、細砂多含	灰黄褐色(10YR5/2)、橙色(10YR6/6)、胴部鈍い黄橙色(10YR8/3)	橙色(5YR6/6)、褐橙色(10YR7/4)、胴部鈍い黄橙色(10YR8/3)	口縁部横位ミガキ、中空の刺突貝
17	3	A-2-1/A-2-1 拡張区	第 1 貝層と第 2 貝層の中間	深鉢形 1 7 a 類・口縁部	26.0	(13.8)	上部と底、下部 LR 横→口縁部段作出→同形突起→沈線→刺突	上部：横位ナデ・右下がり斜位ミガキ、下部：縦位ナデ・横位ミガキ	礫曽か有、粗砂多含(2～5mm 程度)、粗砂多合、細砂多含	にぶい黄橙色(10YR6/4)、黒色(N3/0)	にぶい黄橙色(10YR7/4)、褐灰色(10YR4/1)	口縁部横位ミガキ、中実の刺突貝
17	4	A-1-1	第 1 貝層と第 2 貝層の中間	深鉢形 1 7 a 類・口縁部	22.0	(12.4)	RL 横→口縁部段作出→沈線	横位ナデ・横位ミガキ(上部右下がりナデ・縦位ミガキ)	粗砂多含、細砂多含	橙色(7.5YR7/6)、黒色(10YR2/1)	橙色(7.5YR6/6)	口縁部横位ミガキ、下部をつなぐ
17	5	A-2-1/A-2-1 拡張区	日層下半～50～～80cm の第 2 貝層の間付	深鉢形 1 7 a 類・口縁部	22.0	(8.5)	LR 横→口縁部段作出→沈線	横位ナデ・横位ミガキ	粗砂多含、細砂多含	にぶい黄橙色(10YR6/3)	橙色(7.5YR7/6)、にぶい黄橙色(10YR6/3)	口縁部横位ミガキ
17	6	A-2-1/A-2-1 拡張区	日層下半～50～～80cm の第 2 貝層と第 2 貝層の間付	深鉢形 1 7 a 類・口縁部	20 (6.0)	23.0	RL 横→口縁部段作出→沈線	上部・横位ナデ・横位ミガキ、下部：縦位ナデ・横位ミガキ(上部ミガキ良好)	骨針状物質含む(～1.2mm)、粗砂多含、細砂多含	黒色(10YR2/1)、下部にぶい褐色(7.5YR5/4)	上部黒褐色(10YR3/1)、にぶい黄褐色(10YR5/3)	口縁部横位ミガキ
17	7	A-1-1	貝層下土層	深鉢形 1 7 a 類・口縁部			RL 横→口縁部段作出→沈線	上部：横位ナデ・横位ミガキ、下部：縦位ナデ右下がりナデ	骨針状物質含む(0.8mm)、粗砂多含、細砂多含	橙色(7.5YR7/6)～下部橙色(7.5YR6/6)	褐灰(10YR4/1)	
17	8	A-2-1	貝層下半 50～～80cm	深鉢形 1 7 a 類・口縁部			RL 横→口縁部段作出→沈線	横位ナデ・横位ミガキ	粗砂多含、細砂多含	にぶい黄橙色(10YR5/2)	にぶい黄橙(5YR6/6)	
17	9	A-2-1	中央貝層下～45cm	深鉢形 1 7 a 類・口縁部	22.0		LR 横→口縁部段作出→沈線	横位ナデ・横位ミガキ	骨針状物質硬か含(1.5mm)、粗砂多含、細砂多含	にぶい黄橙色(10YR6/4)	橙色(7.5YR6/6)	口縁部横位ミガキ
17	10	A-1	貝層下土層	深鉢形 1 7 a 類・口縁部			横沈波線	横位ナデ・横位ミガキ	粗砂多含、細砂多含	黒褐色(10YR3/1)	上部黒褐色(10YR3/1)、にぶい黄褐色(10YR5/3)	口縁部横位ミガキ
17	11	A-2-1 拡張区	第 1 貝層と第 2 貝層の中間	深鉢形 1 7 a 類・口縁部			RL 横→口縁部段作出→沈線	横位ナデ・横位ミガキ(上部ミガキ良好)	粗砂多含、細砂多含	黒褐色(10YR2/1)、下部にぶい黄橙色(10YR5/3)	褐灰色(10YR4/1)	
17	12	B？	―65cm	深鉢形 1 1 a 類・口縁部	33.0	(28.0)	RL 横→口縁部段作出→沈線	横位ナデ、左斜め上がりミガキ(上部ほど密)	粗砂多含、細砂多含	明赤褐色(10YR5/8)、まだらに、にぶい黄橙色(10YR6/8)、黒色(10YR2/1)	明赤褐色(10YR5/8)、まだらに、にぶい黄橙色(10YR6/8)、黒色(N3/0)	口縁部横位ミガキ、中空の刺突貝、口縁部前面観察可
18	13	A-2-1 拡張区	第 2 貝層下	深鉢形 1 7 a 類・口縁部・底部	26.0 (13.0)	46.0	RL 横→口縁部段作出→口縁部 RL 横→沈線	上部：横位ナデ・横位ミガキ、下部：縦位ナデ(下がりミガキミガキ良)	磯曽か含(1mm)、粗砂多含、細砂多含	口縁部にぶい黄橙色(10YR7/4)、下半橙色(7.5YR7/6)、黒灰色(N2/0)	灰黄褐色(10YR7/2)～一部上端にぶい黄橙色(10YR7/2)～黒色(10YR2/1)	口縁部横位ミガキ
19	14	A-1-1/A-1	中央貝層 50～～80cm～最下層・第 1 貝層北壁	深鉢形 1 1 a 類・口縁部～底部	24.0	(20.3)	RL 横→口縁部段作出→同形突起・沈線→刺突	上部：横位ナデ・横位ミガキ、下部：縦位ナデ(下がりミガキミガキ良好)	骨針状物質含む(1mm)、粗砂多含、細砂多含	灰黄褐色(10YR7/4)、黒色(10YR2/1)	橙色(5YR6/8)、黒色(N1.5/0)	口縁部横位ミガキ、深く刺突部は斜端面観、外面にも穿孔あり
19	15		中央貝層 ～45cm/北壁	深鉢形 1 1 a 類・口縁部～底部	28.0	(27.5)	LR 斜→口縁部段作出→沈線	上部：横位ナデ・横位ミガキ、下部：縦位ナデ(下がりミガキミガキ良)	骨針状物質含む(1mm)、粗砂多含、細砂多含	にぶい黄橙色(10YR7/3)、暗灰色(N3/0)	橙色(5YR6/6)、黒(N2/0)	口縁部横位ミガキ、深く刺突貝、ミガキ右への後重下沈線、弧状に(左から右へ)
19	16	A-2-1 拡張区	第 1 貝層	深鉢形 1 1 a 類・口縁部			RL 横→口縁部段作出→沈線	横位ナデ・横位ミガキ	粗砂多含、細砂多含	にぶい黄橙色(10YR7/4)	にぶい橙色(7.5YR6/6)、にぶい褐色(7.5YR5/1)	口縁部横位ミガキ、器面ミガキ粗い
19	17	A-1-1	第 1 貝層	深鉢形 1 7 a 類・口縁部			横沈波線	横位ナデ・横位ミガキ	磯曽か含(2.9mm)、粗砂多含、細砂多含	にぶい黄橙色(10YR7/4)	にぶい黄橙色(10YR7/4)	
19	18	A-2-1 拡張区	第 2 貝層下	深鉢形 1 7 a 類・口縁部	26.0	(22.2)	RL 横→口縁部 RL 横→沈線	上部：横位ナデ・横位ミガキ、下部：縦位ナデ(下がりミガキミガキ良好)	粗砂多含、細砂多含	口縁部にぶい黄橙色(7.5YR7/6)、下半橙色(7.5YR7/6)、黒灰色(N2/0)	橙色(7.5YR7/6)、黒褐色(10YR3/1)	
19	19	A-2-1	第 2 貝層下	深鉢形 1 1 a 類・口縁部	31.0	(23.0)	RL 横→口縁部段作出→口縁部 RL 横→胸部突起・刺突	横位ナデ・横位ミガキ(上部ミガキ良)	粗砂多含、細砂多含	にぶい黄橙色(10YR7/3)、暗灰色(N3/0)	橙色(5YR7/6)、褐灰色(N3/0)	中空の刺突貝(径 4mm)、円く左まわりの後重下沈線(上から下へ)
19	20	A-2-2	貝層なし	深鉢形 1 1 a 類・口縁部		(10.5)	RL 横→口縁部段作出→口縁部 LR 横→沈線	横位ナデ・横位ミガキ	磯曽か含(2～3mm)、粗砂多含、細砂多含	にぶい黄橙色(10YR7/3)、下端褐灰色(N3/0)	浅褐橙色(5YR7/4)	口縁部横位ミガキ
19	21	A-2-1 拡張区	第 1 貝層と第 2 貝層の中間	深鉢形 1 1 a 類・口縁部			LR 横→口縁部 LR 横→沈線	最上部：横位ナデ・横位ミガキ、下部：縦位ナデ、右下がりナデ・ミガキ不明瞭	磯曽か含(4mm)、粗砂多含、細砂多含	黒色(10YR3/1)	にぶい褐色(7.5YR5/4)	口径部平坦に作出、焼成良好、直径 6mm 中空の刺突貝
19	22	A-1-1	中央貝層下 25～～45cm	深鉢形 1 1 a 類・口縁部			(備部鍛帯)→口縁部段作出→RL 横→沈線→刺突	横位ナデ・ミガキ不明瞭	骨針状物質含む(0.8mm)、磯曽か含(6mm)、粗砂多含、細砂多含	にぶい黄橙色(10YR7/3)～右半部にぶい黄橙色(10YR7/3)	橙色(7.5YR7/6)～右半にぶい黄橙色(10YR7/3)	口縁部平坦に作出、外面に上端施線部に覆いかぶさる

79

第 3 表　最花貝塚遺跡 A 地点出土土器観察表-2

図	No.	出土地点地区	層位	器種・部位	口径(底径)	器高(現存値)	外面	内面	胎土	外面色調	内面色調	備考
19	23	A-2-1	貝層及び土層	深鉢形Ⅰa'類・口縁部			LR 横→沈線、刺突	ナデ、ミガキ不明瞭	骨針状物質含む(~0.3mm)、礫含む(4mm)、粗砂多含、細砂多含	にぶい黄橙色(10YR7/4)	にぶい黄橙色(10YR7/4)	口縁部平坦に作出、内面上端部に覆いかぶさる、内面に2箇所指紋(指先を下に向けている)、1箇所にまさの上に口縁部平坦に作出時の粘土がかぶさる、器面は粗い
19	24	A-2-1 拡張区	第1貝層と第2貝層の中間	深鉢形Ⅰa類・胴部			RL 横→沈線	横位ナデ・横位ミガキ良好	骨針状物質僅かに含む(~0.5mm)、礫含む(~7mm)、粗砂多含、細砂多含	灰黄褐色(10YR4/2)	上部にぶい黄褐色(10YR5/3)、下部黒褐色(10YR3/1)	
19	25	A-1	貝層下土層	深鉢形Ⅰa類・胴部			RL 横→沈線、穿孔	横位ナデ・横位ミガキ	骨針状物質僅かに含む(~0.3mm)、礫含む(~3mm)、粗砂多含、細砂多含	下端褐色(7.5YR6/6)、ほか全体的に黒褐色(10YR3/1)	灰黄褐色(10YR5/2)	外面スス
19	26	A-1-Ⅰ/A-1	中央貝層下-25~-45cm/貝層下土層	深鉢形Ⅰa類・胴部			RL 横→沈線	横位ナデ・横位ミガキ	骨針状物質僅かに含む(~0.8mm)、礫含む(~6mm)、粗砂多含、細砂多含	上半褐色(10YR4/1)、下半橙褐色(7.5YR3/1)	外面に対応して上半黒褐色(10YR3/2)、下半橙色(7.5YR7/6)	外面スス
20	27	A-2-1 拡張区	第1貝層と第2貝層の中間	深鉢形Ⅰa類・胴部			RL 横→沈線、刺突	横位ナデ・横位ミガキ	骨針状物質僅かに含む(~0.8mm)、礫含む(~5mm)、粗砂多含、細砂多含	黒褐色(10YR3/1)、まだらににぶい黄橙色(10YR5/3)	にぶい黄橙色(10YR6/4)	中実の刺突具
20	28	A-1-1		深鉢形Ⅰa類・胴部			LR 横→沈線	横位ナデ・横位ミガキ	骨針状物質僅かに含む(~0.5mm)、礫含む(3mm)、粗砂多含、細砂多含	黒褐色(10YR3/1)、下半灰黄褐色(10YR5/2)	にぶい黄橙色(10YR7/4)	沈線鋭い(深さ2mm)
20	29	A-2-1 東拡張区/C	第2貝層下~第2貝層	深鉢形Ⅰa類・胴部		(14.0)	LR 横→口縁部段作出	横位ナデ・横位ミガキ	骨針状物質僅かに含む(~0.5mm)、礫含む(~4mm)、粗砂多含、細砂多含	にぶい黄橙色(10YR7/2)、黒褐色(10YR3/1)	外面にぶい黄橙色部分に対応して黒褐色(10YR3/1)、上部下端部にぶい黄橙色(10YR7/4)	
20	30	A-2-1 拡張区/A-2-2	第1貝層と第2貝層の中間/最下貝層	深鉢形Ⅰa類・胴部			RL 横→沈線	横位ナデ・縦位ミガキ	骨針状物質僅かに含む(~0.5mm)、礫含む(~4mm)、粗砂多含、細砂多含	上半黒褐色(10YR3/1)、下半にぶい橙色(7.5YR6/4)	暗黄色(N30)、上部までらに灰黄褐色(10YR4/2)	
20	31	A-1-1	第1貝層と第2貝層の中間/貝層なし	深鉢形Ⅰa類・胴部			RL 横→沈線、刺突	横位ナデ・縦位ミガキ	骨針状物質僅かに含む(~1mm)、礫含む(~4mm)、粗砂多含、細砂多含	にぶい橙色(10YR3/1)	にぶい橙色(7.5YR6/4)	中実の刺突具
20	32	A-2-1	中央貝層下-25~-45cm	深鉢形Ⅰa類・胴部			RL 横→沈線→斜位ミガキ	横位ナデ→斜位ミガキ	骨針状物質含む(~0.8mm)、礫含む(~4mm)、粗砂多含、細砂多含	浅黄橙色(10YR8/4)	浅黄橙色(10YR8/3)	
21	33	A-2-1/A-2-1 拡張区	最下貝層/第1貝層と第2貝層の中間	深鉢形Ⅰ7b類・口縁部	26.0		LR 横→口縁部段作出	横位ナデ・横位ミガキ	粗砂多含、細砂多含	口縁部一部橙色(5YR6/6)、にぶい褐色(7.5YR5/3)、黒褐色(10YR2/1)	橙色(5YR6/6)、黒褐色(10YR3/1)	原体未端形
21	34	A-1-1	貝層下-25~-45cm	深鉢形Ⅰ7b類・口縁部	27.0	(26.0)	RL 横→口縁部段作出	横位ナデ・横位ミガキ	骨針状物質僅かに含む(4~8mm)、粗砂多含、細砂多含	黄灰色(2.5Y4/1)	にぶい黄橙色(10YR7/4)、黄灰色(2.5Y4/1)	口縁部横位
21	35	A-2-1 拡張区/ノ	第1貝層と第2貝層の中間/第1貝層下-25~-80cm	深鉢形Ⅰ7b類・口縁部	24.0	(14.0)	RL 横→斜→口縁部段作出	上部:横位ナデ・横位ミガキ、下部:縦位ミガキ(弱く粗い)	礫僅か含む(2~4mm)、粗砂多含、細砂多含	明褐色(7.5YR5/6)、黒褐色(10YR3/1)	上部橙色(5YR6/6、一部にぶい黄橙色(10YR7/4)、黒色(N2/0)	口縁部横位
21	36	A-2-1	最下貝層	深鉢形Ⅰ7b類・口縁部	23.0	(13.0)	RL 横→口縁部段作出	上部:横位ナデ・横位ミガキ、下部:縦位ミガキ	骨針状物質含む(1mm)、粗砂多含、細砂多含	黒色(2.5Y)	上部橙色(7.5YR6/3)、灰色(10YR7/4)	口縁部横位
21	37	A-2-1	貝層下半-50~-80cm/貝層及び土層	深鉢形Ⅰ7b類・口縁部	16.0	(10.4)	RL 横→斜→口縁部段作出	上部:横位ナデ・横位ミガキ、下部:縦位ミガキ	骨針状物質僅かに含む(1mm)、粗砂多含、細砂多含	にぶい黄橙色(10YR7/3)、にぶい橙色(10YR4/1)	にぶい黄橙色(10YR6/3)、橙色(5YR6/6)、半黒色(10YR2/1)	口縁部横位
21	38	A-2-1	貝層下半-50~-80cm	深鉢形Ⅰb ⅱ類・口縁部	12.0	(6.7)	LR 横→口縁部段作出	上部:横位ナデ・横位ミガキ、下部:縦位ミガキ	骨針状物質含む(~3mm)、粗砂多含、細砂多含	橙色(7.5YR6/6)、黒褐色(10YR3/1)	上端橙色(7.5YR3/1)、中部黒褐色(10YR3/1)、下部灰黄褐色(10YR6/2)	口縁部横位
21	41	A-1~2 ?	貝層の左の部分	深鉢形Ⅰb ⅱ類・口縁部			RL 横→口縁部段作出	横位ミガキ	骨針状物質僅かに含む(~2mm)、粗砂多含、細砂多含	黒色(2.5Y)	黒褐色(10YR3/1)	口縁部横位
21	42	A-1~2 ?	貝層下の部分	深鉢形Ⅰb ⅱ類・口縁部			RL 横→口縁部段作出	横位ミガキ不明瞭	骨針状物質含む(~2mm)、粗砂多含、細砂多含	にぶい黄橙色(10YR6/3)	上端にぶい黄橙色(10YR7/3)、暗灰黄色(N3/0)	口縁部横位

第3章　青森県最花貝塚遺跡出土土器標本の整備と報告

第4表　最花貝塚遺跡A地点出土土器観察表-3

図	No.	出土地地区	層　位	器種・部位	口径(底径)	器高(残存高)	外　面	内　面	胎　土	外面色調	内面色調	備　考
21	43	A-2-1拡張区	第1貝層と第2貝層の中間	深鉢形Ib ii類・口縁部			縄紋？→口縁部段作出	横位ナデ・横位ミガキ	骨針状物質僅かに含む(〜1mm)、粗砂多含、細砂多含	にぶい黄橙色(10YR6/3)、橙(5YR6/6)	褐灰色(10YR4/1)	口縁部横位〜右下がりのミガキ
21	44	A-2-1拡張区	第1貝層と第2貝層の中間	深鉢形Ib ii類・口縁部			口縁部段作出	上部・横位ナデ、横位ミガキ細か、下部・横位ミガキが粗い(幅3mm程度)	骨針状物質僅かに含む(〜1mm)、粗砂多含、細砂多含	黒褐色(2.5Y3/1)	橙褐色(5YR6/6)	口縁部横位〜左下がりのミガキ
21	45	A-2-1拡張区	第1貝層	深鉢形Ib i類・口縁部	24.0	(11.9)	LR 横→口縁部LR 横	最上部・横位ナデ、上部・横位ナデ、右下がりのミガキ、下部・横位ミガキ	骨針状物質僅かに含む(〜1mm)、粗砂多含、細砂多含	浅黄橙色(10YR8/3)、灰黄褐色(10YR5/2)	浅黄橙色(10YR8/4)、褐灰色(10YR4/1)	
21	46	A-1〜2？	貝層及び上層	深鉢形Ib i類・口縁部			縄紋か→口縁部段作出→口縁部RL 横	横位ナデ・横位ミガキ	礫僅かに含む(2〜4mm)、粗砂多含、細砂多含	にぶい黄褐色(10YR5/3)	にぶい黄褐色(10YR5/3)	
21	47	A-1-1	貝層及び上層	深鉢形Ib i類・口縁部			RL 斜→口縁部段作出→口縁部RL 横	横位ナデ・横位ミガキ	骨針状物質僅かに含む(〜1mm)、粗砂多含、細砂多含	灰黄褐色(10YR6/2)	灰黄色(2.5Y7/2)	混和物多く器面はざらつく
21	48	A-1-1	中央貝層 下-25〜45cm	深鉢形Ib ii類・口縁部	30.0	(10.0)	上部・横位ナデ→口縁部段作出→口縁部RL 横、下部・横位ナデ、左下がり→左下がりのミガキ		粗砂多含、細砂多含	灰黄褐色(10YR5/2)	橙褐色(5YR6/6)	
21	49	A-2-1	第1貝層	深鉢形Ib ii類・口縁部	28.0	(9.9)	RL 横→口縁部段作出→口縁部LR 横	横位ナデ・横位ミガキ	礫僅か含む(2mm)、骨針状物質僅かに含む(4mm)、粗砂多含、細砂多含	にぶい黄橙色(10YR7/2)、褐灰色(10YR4/1)	にぶい黄橙色(10YR7/3)、黒色(N20)、上端黒色(10YR2/1)	
21	50	A-2-1拡張区	第1貝層と第2貝層の中間	深鉢形Ib i類・口縁部			LR 横→口縁部段作出→口縁部LR 横	横位ナデ・横位ミガキ	骨針状物質僅かに含む(〜1mm)、粗砂多含、細砂多含	にぶい黄橙色(10YR6/3)	にぶい黄橙色(10YR6/4)、黒褐色(2.5Y3/1)	
21	51	A-2-1	貝層下半-50〜80cm	深鉢形Ib i類・口縁部			LR 横→口縁部段作出→口縁部LR 横	横位ナデ・横位ミガキ	骨針状物質(1mm)、粗砂多含、細砂多含	にぶい黄橙色(10YR6/4)	にぶい黄橙色(10YR6/3)	
21	52	A-1〜2？	貝層の左の部分	深鉢形Ib i類・口縁部			LR 横→口縁部段作出→口縁部LR 横	横位ナデ・横位ミガキ(不明瞭)	骨針物質(〜1mm)、礫僅か含む(3mm)、粗砂多含、細砂多含	にぶい黄橙色(10YR6/4)	にぶい黄橙色(10YR7/4)	混和物多く内面はざらつく
22	53	A-2-1		深鉢形Ib ii類・口縁部	18.0	(6.8)	LR 横	上部・横位ナデ・横位ミガキ、下部・縦位ナデ(密)	骨針物質僅かに含む(〜1mm)、礫かに含む(3mm)、粗砂多含、細砂多含	口縁部一部橙色(5YR7/6)、灰褐色(10YR4/1)	橙色(5YR6/6)、黒褐色(10YR3/1)	施紋後法(右から左への回転を順次下から上へ)
22	54	A-1-1	最下層	深鉢形I7類・口縁部	17.0	(7.5)	LR 横	横位ナデ・横位ミガキ(粗い)	骨針物質僅かに含む(〜1mm)、粗砂多含、細砂多含	黒褐色(10YR3/1)	灰黄褐色(10YR6/2)、暗灰褐色(10YR4/1)	
22	55	A-2-1拡張区	第1貝層と第2貝層の中間	深鉢形I7c類・口縁部			LR 横	横位ナデ・横位ミガキ	骨針物質僅かに含む(〜1mm)、粗砂多含、細砂多含	灰褐色(10YR4/1)	灰黄褐色(10YR6/4)、半黒褐色(N30)	施紋後口唇部平出にした痕
22	56	A-2-2	貝層及び上層	深鉢形I7c類・口縁部			RL 横	横位ナデ・横位ミガキ	骨針物質僅かに含む(〜1mm)、粗砂多含、細砂多含	にぶい橙色(10YR6/3)、左半黄灰色(N30)	にぶい黄橙色(10YR7/3)	口唇部平出にした痕
22	57	A-2-2	貝層なし	深鉢形I7c類・口縁部			RL 横	不明	骨針物質僅かに含む(2.5mm)、粗砂多含、細砂多含	上部浅黄橙色(10YR8/4)、灰色(N30)	暗橙色(5YR7/6)〜左半浅黄橙色(10YR8/4)	
22	58	A-2-1	貝層なし	深鉢形I7c類・口縁部			LR 横	横位ナデ・横位ミガキ	骨針物質僅か含む(〜1mm)、粗砂多含、細砂多含	黒褐色(10YR3/1)	暗灰色(N30)	施紋後口唇部平出にした痕
22	59	A-1-1	中央貝層 下-25〜45cm	深鉢形I7c類・口縁部			LR 横	横位ナデ・横位ミガキ(弱い)	骨針物質僅か含む(〜0.5mm)、粗砂多含、細砂多含	にぶい橙色(10YR6/3)、左半黒灰色(N30)	にぶい橙色(7.5YR7/4)、左上半灰色(N30)	口唇部平出にした痕
22	60	A-2-1	貝層及び上層	深鉢形I7c類・口縁部			RL 横	横位ナデ・横位ミガキ	骨針物質僅かに含む(〜1mm)、粗砂多含、細砂多含	橙色(5YR7/6)	にぶい黄橙色(10YR7/3)	
22	61	A-2-2	貝層なし	深鉢形I7c類・口縁部			RL 横	横位ナデ・横位ミガキ	骨針物質僅かに含む(3mm)、粗砂多含、細砂多含	橙色(7.5YR7/6)	にぶい橙色(10YR6/3)	施紋後口唇部平出にした痕
22	62	A-1〜2？	貝層及び上層	深鉢形I7c類・口縁部			LR 横	横位ナデ・横位ミガキ	骨針物質僅かに含む(2.5mm)、粗砂多含、細砂多含	にぶい橙色(7.5YR7/4)	橙色(7.5YR7/6)	混和物多く器面はざらつく
22	63	A-2-1	貝層及び上層	深鉢形I7c類・口縁部			LR 横	横位ナデ・横位ミガキ	骨針物質僅かに含む(〜1mm)、粗砂多含、細砂多含	にぶい黄橙色(10YR6/3)	橙色(7.5YR7/6)	擬似口縁の可能性
22	64	A-1〜2？	貝層の左の部分	深鉢形I7c類・口縁部			LR 横	横位ナデ・横位ミガキ	骨針物質僅かに含む(2.5mm)、粗砂多含、細砂多含	にぶい黄橙色(10YR7/4)	橙色(5YR7/6)	混和物多く内面はざらつく
22	65	A-2-1	貝層及び上層	深鉢形I7c類・口縁部			LR 横	不明	粗砂多含、細砂多含	にぶい黄橙色(10YR7/2)	灰白色(10YR8/2)	施紋後口唇部平出にした痕
22	66	A-1〜2？	貝層の左の部分	深鉢形I7c類・口縁部			RL 横	縦位ナデ・横位ミガキ	骨針状物質僅かに含む(〜1mm)、粗砂多含、細砂多含	黄灰色(2.5Y4/1)	灰黄褐色(10YR6/2)	

81

第5表 最花貝塚遺跡A地点出土土器観察表-4

図	No.	出土地点地区	層位	器種・部位	口径(底径)	器高(残存高)	外面	内面	胎土	外面色調	内面色調	備考
22	67	A-2-1	貝層及び上層	深鉢形Ⅰc類・口縁部	31.0	(16.6)	LR横	上部：横位ナデ・横ミガキ(良好)→下部：縦位ナデ・縦位ミガキ(良好)	骨針状物質極かすかに含む(~1mm)、礫極僅か含む(2~3mm)、粗砂多含、細砂多含	にぶい黄橙色(10YR6/4)~赤褐色(5YR4/6)、褐灰色(10YR4/1)	明赤褐(2.5YR5/8)、下端暗赤褐色(5YR3/4)	内面に光沢あり
22	68	A-2-2	貝層なし	深鉢形Ⅰc類・口縁部	24.0	(26.1)	上部：LR縦、下部：LR横	横位ナデ・右下がりミガキ：3mm	骨針状物質含む(~1mm)、粗砂多含、細砂多含	口縁部やや下半にぶい黄橙色(10YR7/4)、黒色(10YR2/1)	にぶい黄橙色(10YR6/3)	外面に一度施紋後に上に輪積した痕跡法(上部：上から下への同痕を、順次左から右・右から左への同痕を繰り返す上に)
22	69	A-2-1 東拡張区／A東南隅	第2貝層下上層、暗褐色土層包含層最下	深鉢形Ⅰc類・口縁部	23.0	(10.6)	L横	横位ナデ・横ミガキ	骨針状物質含む(~1mm)、粗砂多含、細砂多含	口縁部一部にぶい黄橙色(10YR7/4)、灰黄褐色(10YR5/2)、黒色(10YR2/1)	灰黄褐色(10YR6/2)	
22	70		第1貝層	深鉢形Ⅰc類・口縁部	18.0	(9.7)	LR0段多条Ⅲ(またはLRL0段多条Ⅲか)横	横位ナデ・横ミガキ、指で上から押さえつけた痕	骨針状物質極かすかに含む(~1mm)、礫僅か含む(4mm)、粗砂多含、細砂多含	にぶい黄褐色(10YR5/3)、黒褐色(10YR3/1)	にぶい黄褐色(10YR5/3)、黒褐色(10YR3/1)	外面に粘土紐を上から下へ押さえつけた痕が繋ろられず残る、作りか粗く口縁部平坦でない
22	71	A-2-1	表土	深鉢形Ⅰc類・口縁部	21.0	(9.3)	RL横	横位ナデ・横ミガキ(不明瞭)	骨針状物質極かすかに含む(~1mm)、礫極僅か含む(2mm)、粗砂多含、細砂多含	にぶい黄褐色(10YR5/3)、黒褐色(10YR3/1)	にぶい黄褐色(10YR5/2)	
22	72	A-1~2 ?	貝層の左の部分	深鉢形Ⅰc類・口縁部	14.0	(8.1)	LR横	縦位ナデ・右下がりミガキ	骨針状物質含む(~1mm)、礫僅か含む(3mm)、粗砂多含、細砂多含	にぶい黄褐色(10YR6/4)、黒褐色(10YR3/1)	灰黄褐色(10YR6/4)	
22	73	A-2-1	最下層	深鉢形Ⅰc類・口縁部	12.0 (5.0)	13.8	LR横	上部：横位ナデ・横位ミガキ、下部：縦位ナデ・縦位ミガキ	粗砂多含、細砂多含	口縁部にぶい黄褐色(10YR7/3)、黒色(N2/0)	にぶい黄褐色(10YR7/3)、黒色(N2/0)	
22	74	A-2-1 拡張区	第1貝層と第2貝層の中間	深鉢形Ⅰc類・口縁部	8.0	(4.1)	RL横	横位ナデ・横ミガキ	骨針状物質含む(~1mm)、礫僅か含む(2.2mm)、粗砂多含、細砂多含	にぶい黄橙色(10YR6/8)、赤褐色(10YR4/4)	にぶい黄橙色(10YR5/3)	
22	75	A-2-1	最下層	深鉢形Ⅰc類・口縁部			RL横	横位ナデ・右下がりミガキ	骨針状物質含む(~1mm)、礫僅か含む(4mm)、粗砂多含、細砂多含	にぶい黄橙色(10YR7/4)、黒褐色(10YR3/1)	にぶい黄橙色(10YR6/4)	
22	76	A-2-1	最下層	深鉢形Ⅰc類・口縁部			RL横	横位ナデ・右下がりミガキ	骨針状物質含む(~1mm)、礫僅か含む(4mm)、粗砂多含、細砂多含	にぶい黄橙色(10YR7/4)、黒褐色(10YR4/2)	にぶい黄橙色(10YR6/4)	
22	77	A-2-1	最下層	深鉢形Ⅰc類・口縁部			RL横	横位ナデ・右下がりミガキ	骨針状物質含む(~1mm)、礫僅か含む(4mm)、粗砂多含、細砂多含	にぶい黄橙色(10YR7/4)、黒色(10YR3/1)	にぶい黄橙色(10YR6/4)	
22	78	A-2-1	貝層及び上層	深鉢形Ⅰc類・口縁部			LR横	横位ナデ・横ミガキ	骨針状物質かすかに含む(~1mm)、礫僅かに含む(3~4mm)、粗砂多含、細砂多含	にぶい橙色(7.5YR7/6)	にぶい黄橙色(10YR6/4)	
22	79	A-1-1		深鉢形Ⅰc類・口縁部			LR横	横位ナデ・縦位ミガキ、一部縦ミガキ	骨針状物質含む(~1mm)、礫僅かに含む(2~4mm)	にぶい橙色(7.5YR7/4)	にぶい黄橙色(10YR7/4)、橙色(5YR6/6)	器面が荒っていない段階で施紋、内面光沢あり
22	80	A-2-1 拡張区	第1貝層と第2貝層の中間	深鉢形Ⅰc類・口縁部			LR横	横位ナデ・右下がりミガキ(偏3mm)	骨針状物質含む(~1mm)、礫僅かに含む(7mm)、粗砂多含、細砂多含	浅黄橙色(10YR8/4)、上端灰黄橙色(10YR8/2)	にぶい黄橙色(10YR7/4)、橙色(5YR6/6)	
22	81	A-2-1	最下層	深鉢形Ⅰc類・口縁部			LR横	横位ナデ・右下がりミガキ	骨針状物質含む(~1mm)、礫僅かに含む(2~3mm)、粗砂多含	にぶい黄橙色(10YR7/4)、黄褐色(10YR5/2)	灰色(N4/0)	内面ナデ→ミガキ→口縁部平坦
22	82	A-2-2	第1貝層	深鉢形Ⅰc類・口縁部			LR横	左下がりナデ・左下がりミガキ	骨針状物質含む(~1mm)、粗砂多含、細砂多含	にぶい黄橙色(10YR7/4)	灰黄橙色(10YR6/2)、黒褐色(10YR3/1)	
22	83	A-2-2	貝層なし	深鉢形Ⅰc類・口縁部			LR横	横位ナデ・横ミガキ	骨針状物質含む(~0.5mm)、粗砂多含、細砂多含	にぶい黄橙色(10YR7/4)	浅黄橙色(10YR8/3)、下半灰黄橙色(N4/0)	
22	84	A-1-1	第1貝層	深鉢形Ⅰc類・口縁部			RL横	横位ナデ・横ミガキ	骨針状物質含む(~1mm)、礫僅かに含む(3mm)、粗砂多含、細砂多含	橙色(5YR7/6)	橙色(5YR6/6)	
22	85	A-2-1		深鉢形Ⅰc類・口縁部			LR横	横位ナデ・横ミガキ	骨針状物質かすかに含む(~1mm)、礫僅かに含む(2~3mm)、粗砂多含、細砂多含	黒褐色(2.5Y3/1)	にぶい黄橙色(10YR6/3)、暗灰色(N3/0)	
22	86	A-2-2	貝層なし	深鉢形Ⅰc類・口縁部			LR横	横位ナデ・右下がりミガキ	骨針状物質含む(~1mm)、礫僅かに含む(2~2.5mm)、粗砂多含、細砂多含	橙色(5YR7/6)	浅黄橙色(7.5YR8/6)	

第 3 章　青森県最花貝塚遺跡出土土器標本の整備と報告

第 6 表　最花貝塚遺跡 A 地点出土土器観察表-5

図	No.	出土地点地区	層位	器種・部位	口径(底径)	器高(残存高)	外面	内面	胎土	外面色調	内面色調	備考
22	87	A-2-1 拡張区	第1貝層と第2貝層の中間	深鉢形Ⅰc類・口縁部			LR横	横位ナデ、左ふりミガキ	粗砂を多に含む、細砂多含	台下灰黄褐色(10YR4/2)、暗灰色(N3/0)	暗灰(N3/0)	
22	88	A-2-1 拡張区	第1貝層	深鉢形Ⅰc類・口縁部			LR横	縦位ナデ、縦位ミガキ		黒色(5Y2/1)	灰黄褐色(10YR5/2)	内面に輪積痕明瞭
22	89	A-2-2		深鉢形Ⅰc類・口縁部			LR横	上部:横位ナデ・横位ミガキ、下部:縦位ナデ・縦位ミガキ	骨針状物質僅かに含む(~1mm)、粗砂多含、細砂多含	上端にぶい褐色(7.5YR6/3)、褐灰色(7.5YR4/1)	にぶい褐色(7.5YR7/4)	
22	90	A-2-1 拡張区	第1貝層と第2貝層の中間	深鉢形Ⅰc類・口縁部			LR横	縦位ナデ、縦位ミガキ	骨針状物質僅かに含む(~2mm)、粗砂多含、細砂多含	にぶい褐色(7.5YR5/4)	にぶい褐色(7.5YR5/4)	
22	91	A-2-1 拡張区	第1貝層	深鉢形Ⅰc類・口縁部			LR横	縦位ナデ、縦位ミガキか		橙色(5YR7/6)	橙色(5YR6/6)	
22	92	A-2-2	貝層なし	深鉢形Ⅰc類・口縁部			RL斜	上部:横位ミガキ・横位ナデ、下部:左下がりミガキか	骨針状物質僅かに含む(~1mm)、礫含む(2~4mm)、粗砂多含、細砂多含	にぶい橙色(7.5YR7/4)	にぶい橙色(7.5YR7/6)	器面は粗い、混和物多く内面はざらつく
22	93	A-2-1	貝層下半~50~80cm	深鉢形Ⅰc類・口縁部			LR横	横位ナデ・横位ミガキ	骨針状物質僅かに含む(~1mm)、礫含む(3~5mm)、粗砂多含、細砂多含	にぶい橙色(7.5YR7/4)	にぶい黄橙色(10YR6/3)	外面下端に焼成前の爪か、の痕跡
22	94	A-1-1		深鉢形Ⅰc類・口縁部			LR横	横位ナデ・横位ミガキ	骨針状物質僅かに含む(~1mm)、粗砂多含、細砂多含	にぶい橙色(10YR4/1)	にぶい黄橙色(10YR7/3)	混和物多く内面はざらつく
22	95	A-1~2?	貝層の左の部分	深鉢形Ⅰc類・口縁部			LR横	横位ナデ・横位ミガキ	骨針状物質僅かに含む(~1mm)、粗砂多含、細砂多含	橙色(7.5YR7/6)	橙色(7.5YR7/6)	
22	96	A-2-1 拡張区	第1貝層	深鉢形Ⅰc類・口縁部			LR横	ミガキ(良好)	礫含む、粗砂多含、細砂多含	褐灰色(10YR4/1)	浅黄橙色(10YR8/4)	
22	97	A-2-2	貝層下半~50~80cm	深鉢形Ⅰc類・口縁部			LR横	横位ナデ・縦位ミガキ	骨針状物質僅かに含む(~0.5mm)、礫含む(~5mm)、粗砂多含、細砂多含	にぶい橙色(7.5YR6/4)	褐灰色(10YR5/1)	
22	98	A-1~2?	貝層の左の部分	深鉢形Ⅰc類・口縁部			LR横	横位ナデ・縦位ミガキ	礫含む(2.1mm)、粗砂多含、細砂多含	にぶい橙色(7.5YR5/2)	灰色(N4/0)	
22	99	A-2-2	貝層及び上層	深鉢形Ⅰc類・口縁部			LR横	横位ナデ・縦位ミガキ	骨針状物質僅かに含む(~1mm)、粗砂多含、細砂多含	にぶい黄褐色(10YR6/2)	にぶい黄橙色(10YR7/3)	
22	100	A-2-1	貝層のみ	深鉢形Ⅰc類・口縁部			LR横	縦位ナデ・横位ミガキ	粗砂多含、細砂多含	灰黄褐色(10YR6/2)	褐灰色(7.5YR5/1)	
22	101	A-2-1	第1貝層と第2貝層の中間	深鉢形Ⅰc類・口縁部			LR横	上部:横位ナデ・縦位ミガキ、下部:右下がりミガキ	骨針状物質僅かに含む(~5mm)、粗砂多含、細砂多含	にぶい黄橙色(10YR6/3)、灰黄褐色(10YR5/2)	橙色(7.5YR7/6)	
22	102	A-2-1 拡張区	貝層なし	深鉢形Ⅰc類・口縁部			LR横	最上部:横位ナデ・横位ミガキ→下部:縦位ナデ・横位ミガキ	骨針状物質僅かに含む(~1.1mm)、粗砂多含、細砂多含	にぶい黄橙色(10YR6/3)	橙色(7.5YR7/6)	
23	103	A-2-1/A-1~2?	表土/貝層の左の部分	深鉢形Ⅰc類・口縁部	28.0	(23.0)	LR斜→口縁部横位ナデ、横位ミガキ	上部:横位ナデ・横位ミガキ(細密)→下部:横位ナデ(細め)	骨針状物質僅かに含む(~2mm)、粗砂多含、細砂多含	にぶい黄橙色(10YR6/4)~にぶい橙色(2.5YR6/8)、黒褐色(10YR3/1)	橙色(5YR6/8)~にぶい黄褐色(10YR5/4)	口縁部平坦にした類
23	104	A-2-2	貝層なし	深鉢形Ⅰc類・口縁部	16.0	(4.9)	RL横→口縁部横位ナデ、横位ミガキ	上部:横位ナデ・横位ミガキ→下部:縦位ナデ・横位ミガキ(幅4mm程度)	粗砂多含、細砂多含	暗灰色(N3/0)	黒褐色(10YR3/2)~黒褐色(10YR3/1)	
23	105	A-2-1	貝層及び上層	深鉢形Ⅰc類・口縁部			LR横→口縁部横位ナデ、横位ミガキ	上部:横位ナデ・縦位ミガキ(細)→下部縦位ナデ(横一貫ミガキ)	骨針状物質僅かに含む(1mm)、粗砂多含、細砂多含	にぶい黄橙色(10YR8/3)	浅黄橙色(10YR8/4)	焼成良好、施紋、口縁部横位に磨消
23	106	A-2-2	貝層のみ	深鉢形Ⅰc類・口縁部			RL横→口縁部横位ナデ、横位ミガキ	上部:横位ナデ・横位ミガキ(備か)→下部:縦位ナデ・横位ミガキ	粗砂多含、細砂多含	にぶい黄橙色(10YR7/3)、灰黄褐色(10YR5/2)	にぶい黄橙色(10YR6/3)	焼成良好、施紋、口縁部横位に磨消
23	107	A-2-1	第1貝層と第2貝層の中間	深鉢形Ⅰc類・口縁部			LR横→口縁部横位ナデ	上部:横位ナデ・縦位ミガキ、下部:右下がり・横位ミガキ	骨針状物質僅かに含む(~5mm)、粗砂多含、細砂多含	にぶい黄橙色(10YR6/3)、灰黄褐色(10YR5/2)	灰黄褐色(10YR6/2)	
23	108	A-2-1	貝層のみ	深鉢形Ⅰc類・口縁部			縄紋ナデ→口縁部横位ナデ	ナデ・ミガキ不明瞭	骨針状物質僅かに含む(0.8mm)、粗砂多含、細砂多含	にぶい黄橙色(10YR6/3)、にぶい黄褐色(10YR5/4)	上部褐灰色(10YR4/1)、下部灰黄褐色(10YR6/2)	
23	109	A-2-1拡張区/A-2-1	第1貝層と第2貝層の中間(月層半~50~80cm)	深鉢形Ⅰb類・口縁~胴部			RL斜	横位ナデ→下半口縁部付近横位ミガキ	骨針状物質僅かに含む(~3mm)、粗砂多含、細砂多含	上半黒褐色(10YR3/1)、にぶい黄橙色(10YR7/3)	上半黒褐色(10YR3/1)、下半黒色(10YR2/1)	胴部形成途中に細紋、その上に輪積かかぶさる部分あり
23	110	A-2-1拡張区	第1貝層と第2貝層の中間	深鉢形Ⅰb類・胴部			LR横~斜、原体不明瞭→口縁部	縦位ナデ、縦位ミガキ	粗砂多に含む(4mm)、細砂多含	橙色(5YR6/6)	灰黄褐色(7.5YR6/2)、台半は黒色(7.5YR2/1)	

第7表　最花貝塚遺跡A地点出土土器観察表-6

図	No.	出土地点地区	層位	器種・部位	口径 (復元)	器高 (残存高)	外面	内面	胎土	外面色調	内面色調	備考
23	111	A東南隅	暗褐色土層包含最下層	深鉢形Ⅰ? d 類・口縁部			RL縦→沈線	横位ナデ・横位ミガキ	骨針状物質僅かに含む(～0.9mm)、粗砂多含、細砂多含	にぶい黄橙色(10YR7/3)	にぶい黄橙色(10YR7/3)	縦位沈線施文後上端を弧状に閉じる
23	112	A-2-1監視区	貝層下半50～80cm	深鉢形Ⅰd類・口縁部			RL横→沈線	横位ナデ・横位ミガキ	礫僅かに含む(4mm)、粗砂多含、細砂多含	にぶい黄橙色(10YR7/4)	にぶい黄橙色(10YR7/4)	口縁部平坦に作出
23	113	A-2-1監視区	貝層及び上層	深鉢形Ⅰd類・口縁部			LR横→沈線	横位ナデ・右下がり・横位ミガキ	骨針状物質僅かに含む(～1.2mm)、粗砂多含、細砂多含	橙色(7.5YR6/6)	橙色(7.5YR7/6)～左・下にぶい黄橙色(10YR7/4)	左沈線、中央から下端へ台下がりの逆行沈線
24	114	A-2-1監視区	第1貝層と第2貝層の中間/一	深鉢形Ⅱ類・口縁部	23.0	(17.5)	上部＝横→縦位沈線、胴部に手描み波線、胴部底に下・乱雑	横位ナデ・横位ミガキ	骨針状物質僅かに含む(～1mm)、粗砂多含、細砂多含	にぶい黄橙色(10YR7/4)、無敷部下半暗灰色(N30)、赤彩部赤色(10R5/8)	灰黄褐色(10YR5/2)～褐灰色(10YR4/1)	赤彩、内面に輪積痕
24	115	A-2-1拡張区	第1貝層と第2貝層の中間/第1貝層下	深鉢形Ⅱ類・口縁部	18.0	(12.2)	上部：横位ナデ→横位沈線・下部：RL横→沈線・円形突起状RL	横位ナデ・横位ミガキ	礫僅かに含む(3mm)、粗砂多含、細砂多含	橙色(7.5YR7/6)、左端暗灰色(10YR3/1)	橙色(7.5YR7/6)、左端暗灰色(N30)	半成した管状のものにより口縁から右へ沈線、2度描き部分あり
24	116	A-2-1拡張区	第1貝層	深鉢形Ⅱ類・口縁部	30.0	(13.9)	上部：横位ナデ→横位ミガキ、中央：LR原体圧痕、下部：LR横・階段線(良好)	横位ナデ・横位ミガキ	骨針状物質僅かに含む(～0.5mm)、粗砂多含、細砂多含	にぶい黄橙色(10YR6/3)	上部一部にぶい黄橙色(10YR7/4)、にぶい黄褐色(10YR5/3)、石端暗灰色(10YR3/1)、(N30)	
24	117	A-1-1	中央貝層下～45cm	深鉢形Ⅱ類・口縁部	11.0	(6.0)	横位ナデ→横位ミガキ、中央：LR原体圧痕、中央下部：LR横	横位ナデ・横位ミガキ	骨針状物質僅かに含む(～1mm)、粗砂多含、細砂多含	にぶい黄橙色(10YR6/3)	上半褐灰色(7.5YR4/1)、下半一部橙色(7.5YR7/6)	内外面共に光沢あり
24	118	A-2-1拡張区	第1貝層	深鉢形Ⅱ類・口縁部	11.0	(5.4)	横位ナデ・横位ミガキ(良好)、中央：階段線	横位ナデ・横位ミガキ	礫僅かに含む(3mm)、粗砂多含、細砂多含	褐灰色(N30)	橙色(5YR6/6)	
24	119	A-2-2	貝層なし	深鉢形Ⅱ類・口縁部			横位ナデ・横位ミガキ	横位ナデ・横位ミガキ	骨針状物質僅かに含む(～4mm)、粗砂多含、細砂多含	上端などにぶい黄橙色(10YR6/3)～下部暗灰色(7.5YR4/1)	橙色(5YR6/6)	
24	120	A-1-1	中央貝層下～45cm	深鉢形Ⅱ類・口縁部			横位ナデ・横位ミガキ(良好)	横位ナデ・左下がり・横位ミガキ	骨針状物質僅かに含む(～0.8mm)、僅かに含む(～5mm)、粗砂多含、細砂多含	明赤褐色(2.5YR5/6)	にぶい黄橙(10YR7/3)	口縁部平坦に作出
24	121	A-1～2?	貝層の左の部分	深鉢形Ⅱ類・口縁部			横位ナデ・横位ミガキ(良好)	横位ナデ・横位ミガキ	骨針状物質僅かに含む(～0.9mm)、粗砂僅かに含む(2.2mm)、粗砂多含、細砂多含	左端橙色(5YR6/6)、右にぶい黄橙色(10YR6/3)～褐灰色(7.5YR4/1)	上部橙色(5YR6/6)、下部黒褐色(5YR3/1)	
24	122	A-1-1	中央貝層下～45cm	深鉢形Ⅱ類・口縁部			横位ナデ・横位ミガキ、縦位、下がりミガキ	不明	骨針物質僅かに含む(2.2mm)、礫僅かに含む(5mm)、粗砂多含、細砂多含	橙色(7.5YR6/6)～下部黄灰色(2.5YR5/1)	橙色(7.5YR7/6)	焼成良好
24	123	A-2-1拡張区	第1貝層と第2貝層の中間	深鉢形Ⅱ類・口縁部			横位条線	不明	粗砂多含、細砂多含	にぶい黄橙色(10YR7/4)	にぶい黄橙色(10YR7/3)	器面は粗い、混和物多くとくに内面はさらつく、内面に輪積痕明瞭
24	124	A-2-1拡張区	貝層の左の部分	深鉢形Ⅲ類・口縁部			横位ナデ・横位ミガキ	横位ナデ・横位ミガキ	骨針状物質含む(～1.2mm)、礫僅かに含む(～0.5mm)、粗砂多含、細砂多含	灰黄橙色(10YR7/2)	黄灰色(2.5Y4/1)	ミガキ深い(～1mm)
24	125	A-2-1	最下層	深鉢形Ⅱ類・口縁部			横位ナデ・横位ミガキ	横位ナデ・横位ミガキ	骨針状物質含む(～1.2mm)、礫僅かに含む(2.1mm)、粗砂多含、細砂多含	にぶい黄橙色(10YR7/4)	にぶい黄橙色(10YR7/4)	
24	126	A-2-1	第1貝層	深鉢形Ⅱ類・口縁部			横位ナデ・横位ミガキ	横位ナデ・横位ミガキ	骨針状物質僅かに含む(～0.5mm)、粗砂多含、細砂多含	にぶい黄橙色(10YR6/2)	上端黄橙色(10YR8/3)、橙色(5YR6/6)	混和物多くとくに内面はややざらつく
24	127	A-2-1	最下層	深鉢形Ⅱ類・口縁部			未穿孔か・横位ミガキ	横位ナデ・横位ミガキ	骨針状物質僅かに含む(～0.2mm)、粗砂多含、細砂多含	にぶい黄橙色(10YR6/3)	にぶい黄褐色(10YR5/3)	
24	128	A-2-1	第1貝層	深鉢形Ⅱ類・口縁部			横位ナデ・横位ミガキ	横位ナデ・横位ミガキ	骨針状物質僅かに含む(～1mm)、粗砂多含、細砂多含	にぶい黄橙色(10YR6/3)	にぶい黄橙色(10YR7/3)	
24	129	A-2-1	最下層	深鉢形Ⅱ類・口縁部			横位ナデ・横位ミガキ	横位ナデ・横位ミガキ	粗砂多含(～1mm)、粗砂多含、細砂多含	にぶい黄橙色(10YR5/2)	にぶい黄橙色(10YR7/3)	
24	130	A-2-1	第1貝層と第2貝層の中間	深鉢形Ⅱ類・口縁部			横位ナデ・横位ミガキ	横位ナデ・横位ミガキ	粗砂多含(～0.5mm)、粗砂多含、細砂多含	にぶい黄橙色(10YR4/2)	黄灰色(2.5Y5/2)	混和物多く内面はややざらつく
24	131	A-2-1拡張区	第1貝層と第2貝層の中間	深鉢形Ⅱ類・口縁部			横位ナデ・横位ミガキ	横位ナデ・横位ミガキ	骨針状物質僅かに含む(～0.8mm)、粗砂多含、細砂多含	にぶい黄橙色(10YR6/3)	にぶい黄褐色(10YR5/3)	
24	132	A-1-2?	貝層の左の部分	深鉢形Ⅱ類・口縁部			横位ナデ・縦位ミガキ	横位ナデ・横位ミガキ	粗砂多含、細砂多含	黒褐色(10YR3/1)	黒褐色(10YR3/1)	
24	133	A-2-1拡張区	表土	深鉢形Ⅱ類・口縁部			横位ナデ・縦位ミガキ	横位ナデ・横位ミガキ	骨針状物質僅かに含む(4mm)、粗砂多含、細砂多含	にぶい黄橙色(10YR5/3)	にぶい黄褐色(10YR5/3)	
24	134	A-2-1拡張区	第1貝層	深鉢形Ⅱ類・口縁部			横位ナデ・横位ミガキ	横位ナデ・横位ミガキ		黒褐色(10YR3/1)	灰黄褐色(10YR4/2)	

第 3 章　青森県最花貝塚遺跡出土土器標本の整備と報告

第 8 表　最花貝塚遺跡 A 地点出土土器観察表-7

図	No.	出土地区	層位	器種・部位	口径（底径）	器高（残存高）	外面	内面	胎土	外面色調	内面色調	備考
24	135	A-1〜2？	貝層の上の部分	深鉢形Ⅱ類・口縁部			円形突起貼付・横位ナデ・横位ミガキ		礫楔物かに含む(3mm)、粗砂多含、細砂多含	にぶい黄橙色(10YR7/4)	橙色(7.5YR7/6)	
24	136	A-1-1	中央貝層下-25〜-45cm	深鉢形Ⅱ類・胴部			RL横・沈線、刺突	横位ナデ・横位ミガキ	礫楔かに含む(5mm)、粗砂多含、細砂多含	褐灰色(10YR4/1)	にぶい黄橙色(10YR6/4)、黒褐色(10YR3/1)	
24	137		第1貝層	深鉢形Ⅱ類・胴部			RL横・沈線	横位ナデ・横位ミガキ良好	骨針状物質含む(〜1.5mm)、細砂多含	橙色(7.5YR6/6)、まだらに黒褐色(7.5YR3/1)	橙色(7.5YR6/6)、バンド状に黒褐色(7.5YR3/1)	
24	138	A-2-1/B-1-2	貝層下半-50〜-80cm/-20〜-40cm	深鉢形Ⅱ類・胴部			RL横・沈線	横位ナデ・横位ミガキ良好	骨針状物質含む(〜1mm)、粗砂多含、細砂多含	上部にぶい黄橙色(10YR6/3)、黒褐色(10YR3/1)	黒褐色(10YR3/1)	
24	139	A-2-1拡張		深鉢形Ⅱ類・胴部			RL横・沈線	横位ナデ・横位ミガキ良好	骨針状物質含む(〜1mm)、粗砂多含、細砂多含	にぶい橙色(7.5YR6/4)、下部黒褐色(7.5YR3/1)	黒色(10YR2/1)	
24	140	A-2-1	貝層下半-50〜-80cm	深鉢形Ⅱ類・胴部			横位ナデ・横位ミガキ(良好)、LR斜→横位沈線列		粗砂多含、細砂多含	橙色(5YR6/6)〜灰黄褐色(10YR5/2)	橙色(5YR6/6)〜灰黄褐色(10YR5/2)	
24	141	A-2-1	最下層	深鉢形Ⅱ類・胴部			横位ナデ・横位ミガキ(良好)、横位沈線列		粗砂多含、細砂多含	にぶい褐色(7.5YR5/3)	灰褐色(7.5YR5/2)	右方向に刺突貝倒す
24	142	A-1〜2？	貝層の左の部分	深鉢形Ⅱ類・胴部			RL斜→刺突列	横位ナデ	骨針状物質含む(〜1.5mm)、粗砂多含	褐灰色(10YR4/1)	にぶい黄橙色(10YR7/4)	
24	143	A-2-1	貝層及び上層	深鉢形Ⅱ類・胴部			LR横か→沈線→横位刺突列→円形貼付	横位ナデ	粗砂多含、細砂多含	褐灰色(10YR4/1)	褐灰色(10YR4/1)	中空の刺突貝具、円形貼付内側突
25	144			深鉢形・底部	(12.0)		RL横、底面網代痕		礫楔物かに含む(3mm)、粗砂多含、細砂多含	にぶい褐橙色(5YR4/4～橙色(5YR7/6)/底面にぶい橙色(5YR6/4、残痕混ざって3mm間隔連続網代(NX/0)	橙色(7.5YR7/6)	
25	145	A 東側網	暗褐色土層包含最下層	深鉢形・底部	(11.0)		RL横、底面網代痕		骨針状物質含む(〜1mm)、礫含む(2〜3mm)、粗砂多含、細砂多含	黄橙色(7.5YR7/8)〜黄白色(7.5YR8/2)/底面黄橙色(7.5YR7/8)	橙色(7.5YR6/6)〜明褐灰色(7.5YR7/2)	
25	146	A-1-1	中央貝層下-25〜-45cm	深鉢形・底部	(9.0)		LR横、底面網代痕		骨針状物質含む(〜2mm)、粗砂多含、細砂多含	にぶい黄橙色(10YR7/2)/底面にぶい橙色(7.5YR7/4)〜灰黄色(7.5YR5/2)	浅黄橙色(10YR8/4)	
25	147	A-2-2	貝層なし	深鉢形・底部	(8.0)		LR横、底面網代痕		骨針状物質含む(〜1mm)、粗砂多含、細砂多含	橙色(5YR6/6)/底面褐灰色(5YR5/1)	にぶい黄橙色(10YR7/3)、一部灰色(N4/0)	
25	148	A-2-1拡張区	第1貝層と第2貝層の中間	深鉢形・底部	(8.0)		RL横、底面網代痕		礫楔かに含む(3mm)、粗砂多含、細砂多含	にぶい橙色(10YR7/4)/底面褐灰色(7.5YR5/1)	褐灰色(10YR5/1)〜にぶい黄橙色(10YR7/3)	
25	149	A-2-1拡張区	第1貝層と第2貝層の中間	深鉢形・底部	(5.0)		RL横、底面網代痕		骨針状物質含む(〜0.3mm)、粗砂多含、細砂多含	橙色(2.5YR6/6)/底面灰色(N4/0)	にぶい黄橙色(10YR7/4)	
25	150	A-1-1		深鉢形・底部	(8.0)		RL横		礫含む(2〜4mm)、粗砂多含、細砂多含	橙色(5YR6/6)〜にぶい黄橙色(10YR6/3)/底面橙色(10YR3/3)までにぶい黄橙色(7.5YR6/4)	にぶい黄橙色(10YR7/3)	
25	151	A-2-1拡張区		深鉢形・底部	(7.0)		LR横		骨針状物質含む(〜0.5mm)、礫含む(2〜5mm)、粗砂多含、細砂多含	橙色(2.5YR5/3)/底面橙色(7.5YR6/8)	にぶい橙色(7.5YR7/3)	
25	152	A-2-1拡張区	第1貝層と第2貝層の中間	深鉢形・底部	(7.0)		LR横		骨針状物質含む(〜2mm)、礫含む(2〜6mm)、粗砂多含、細砂多含	橙色(7.5YR6/6)〜橙色(5YR6/6)/底面橙色(5YR6/4)〜褐灰色(5YR5/1)	橙色(7.5YR6/6)〜橙色(5YR6/6)/底面橙色(5YR6/4)〜褐灰色(5YR5/1)	
25	153	A-1〜2？	貝層の左の部分	深鉢形・底部	(7.0)		LR横		骨針状物質含む(〜2mm)、礫含む(2〜6mm)、粗砂多含、細砂多含	橙色(5YR6/6)〜にぶい橙色(10YR7/3)/底面にぶい橙色(10YR6/2)	灰黄褐色(10YR6/2)	
25	154	A-2-1	貝層及び上層	深鉢形・底部	(4.0)		LR横		骨針状物質含む(〜0.5mm)、粗砂多含、細砂多含	にぶい黄橙色(10YR7/4)/底面にぶい橙色(10YR7/3)	にぶい黄橙色(10YR7/3)	
25	155	A-2-1	貝層下半-50〜-80cm	深鉢形・底部	(4.0)		LR横		粗砂多含、細砂多含	にぶい黄橙色(10YR7/4)、褐灰色(10YR4/1)	橙色(5YR6/6)	

第9表 最花貝塚遺跡A地点出土土器観察表-8

図	No.	出土地点地区	層位	器種・部位	口径(底径)	器高(現存高)	外面	内面	胎土	外面色調	内面色調	備考
25	156	A-1-1	第三号土層 75cm	深鉢形・底部			LR横		骨針状物質かに含む(~0.8mm)、礫痕かに含む(2~3mm)、粗砂多含、細砂多含	上部橙色(2.5YR8/8)、下部暗灰色(N3/0)、下部(10YR6/2)/底面灰黄褐色(10YR5/2)	上部暗灰色(N3/0)、下部にぶい黄橙色(10YR7/4)	
25	157	A-1-1	中央貝層下~25~45cm	深鉢形・底部			LR横		礫痕かに含む(2~3mm)、粗砂多含、細砂多含	橙色(5YR6/6)	橙色(5YR7/6)	
25	158	A-1-1		深鉢形・底部			LR横		礫痕かに含む(3mm)、粗砂多含、細砂多含	にぶい橙色(7.5YR6/4)、褐灰色(N3/0)	上部にぶい黄橙色(10YR6/3)、下部にぶい黄橙色(10YR7/4)	
25	159	A-1-1	第1貝層と第2貝層の中間	深鉢形・底部			LR横		骨針状物質含む(~0.8mm)、粗砂多含、細砂多含	にぶい橙色(7.5YR6/3)	にぶい黄橙色(10YR6/3)	
25	160	A-2-1	貝層及び上層	深鉢形・底部			RL横		骨針状輪痕かに含む(~0.5mm)、礫痕かに含む(3mm)、粗砂多含、細砂多含	にぶい黄橙色(10YR6/3)	にぶい橙色(10YR6/3)	
25	161	A-2-1	貝層及び上層	深鉢形・底部			LR横		骨針状物質かに含む(~0.8mm)、粗砂多含、細砂多含	にぶい黄橙色(10YR6/3)	橙色(5YR7/6)	
25	162	A-2-1拡張区	第1貝層と第2貝層の中間	深鉢形・底部			LR横		粗砂多含(4mm)、粗砂多含、細砂多含	上部褐灰色(10YR4/1)、下部橙色(5YR7/6)	橙色(5YR6/6)	
25	163	A-2-1拡張区	第1貝層と第2貝層の中間	深鉢形・底部			LR横		骨針状物質かに含む(~1.8mm)、礫痕かに含む(2~4mm)、粗砂多含、細砂多含	橙色(5YR6/6)~暗灰色(N3/0)/底面暗灰色(N4/0)	灰黄褐色(10YR5/2)	
25	164	A東四隅	最下層	深鉢形・底部	(4.5)		RL横		骨針状物質含む(~1mm)、粗砂多含、細砂多含	にぶい黄橙色(10YR6/4)/底面にぶい黄橙色(10YR6/4)	灰黄褐色(10YR6/4)	
25	165	A-2-1	暗褐色土層包含最下層	深鉢形・底部	(4.5)				骨針状物質かに含む(~1mm)、粗砂多含、細砂多含	にぶい黄橙色(10YR6/4)/底面にぶい黄褐色(10YR6/3)	にぶい黄橙色(10YR6/3)	
25	166	A-2-1	貝層及び上層	深鉢形・底部	(5.0)				骨針状物質かに含む(~0.7mm)、粗砂多含、細砂多含	にぶい橙色(7.5YR6/6)/底面にぶい黄橙色(10YR7/4)	褐灰色(10YR4/1)	
25	167	A-1-1	中央貝層下~25~45cm	深鉢形・底部					骨針状物質かに含む(~1mm)、粗砂多含、細砂多含			
25	168	A-2-1拡張区	第1貝層	深鉢形・底部	(8.5)				骨針状物質かに含む(~1.5mm)、粗砂多含、細砂多含	底面にぶい黄橙色(10YR7/4)、褐灰色(10YR4/1)	にぶい黄橙色(10YR7/4)	
25	169	A-2-1拡張区	第1貝層と第2貝層の中間	深鉢形・底部	(5.0)				骨針状物質含む(~0.5mm)、粗砂多含、細砂多含	にぶい黄褐色(10YR5/2)	浅黄橙色(10YR8/4)	
25	170	A-2-1		深鉢形・底部	(4.0)				骨針状物質含む(~0.8mm)、粗砂多含	底面灰黄褐色(7.5YR6/6)	にぶい黄橙色(10YR6/4)	
25	171	A-1-1		深鉢形・口縁部			ナデ、ミガキ不明瞭			にぶい黄橙色(7.5YR7/4)~褐灰色(7.5YR4/1)	浅黄橙色(10YR8/3)~灰黄橙色(10YR5/2)	
25	172	A-2-1	貝層及び上層	深鉢形・口縁部			LR原体圧痕、下部:不明瞭、横位ナデ、右下からミガキ		骨針状物質含む(~0.8mm)、濃種痕かに含む(2.2mm)、粗砂多含	黒褐色(10YR3/1)、一部にぶい褐色(7.5YR5/4)	灰黄色(2.5Y6/2)	粘土組織合具外面無紋部に残る
25	173	A-2-1	貝層及び上層	深鉢形・口縁部			LR原体圧痕、下部:右下からミガキ		骨針状物質含む(~0.9mm)、礫痕かに含む(2~2.9mm)	橙色(5YR6/6)	左下にぶい黄橙色(10YR7/4)	
25	174	A-1-1	第三号土層 75cm	深鉢形・胴部			横位ナデ、横位ミガキ、LR原体圧痕、RL縦			灰黄褐色(10YR4/2)	灰黄褐色(10YR6/2)	
25	175	A-2-1拡張区	第1貝層	深鉢形・胴部			横位ナデ、横位ミガキ、縦位圧痕2条、LR縦			にぶい橙色(7.5YR6/4)	にぶい橙色(7.5YR6/4)	
25	176	A-2-1拡張区	第1貝層と第2貝層の中間	深鉢形・底部			横位ナデ、横位ミガキ、RL横→沈線		骨針状物質含む(~0.8mm)、粗砂多含、細砂多含	にぶい黄橙色(10YR7/3)	灰黄褐色(10YR5/2)	
25	177	A-2-1	貝層及び上層	深鉢形・胴部			横位ナデ、横位ミガキ、縦位ミガキ、RL横→沈線		骨針状物質含む(~1.2mm)、礫痕かに含む(3mm)、粗砂多含、細砂多含	黒褐色(10YR3/1)	黒褐色(10YR3/2)	

注) 出土地点・地区:層位が不明のものは、目誌より。「出土地点、地区が不明」では出土地点、地区が不明のものは、目誌より。「A-2-1」または「A-2-1拡張区」
胎土:「礫」(>2mm) 「粗砂」(2mm~0.2mm) 「細砂」(0.2mm~0.02mm) 「含む」(1%未満) 「多少」(1%以上1.5%未満) 「多含」(5%以上)

第4章　縄紋土器の技法と型式——分類指標としての製作工程——[1]

1　最花貝塚遺跡A地点出土土器の製作工程を含めた技法・形態・装飾の分析

（1）最花貝塚遺跡A地点出土土器

　最花貝塚遺跡A地点出土土器（第26図）は、A-2-1拡張区の「第1貝層と第2貝層の中間」出土のものが最も多い。出土層位の特定できる土器の大半は、これと同区「第1貝層」あるいは「第2貝層」出土のものである。他には概ねA-2-1区「貝層下半−50〜−80cm」、A-1区「貝層下土層」、A-1-1区で「中央貝層下−25〜−45cm」出土のものであり、セクション図や日誌によれば、これらの層序はいずれもA-2-1拡張区の「第1貝層と第2貝層の中間」に対応するものと考えられる。最花貝塚遺跡A地点出土土器は概ね、約6㎡のA地点の「第1貝層」から「第2貝層」にかけて出土したとみてよい。

　他に出土したもののうち、1破片の榎林式土器の層位は不明であるが、数破片の中期末〜後期初頭の土器はA-2-1区「貝層及び上層」出土のものが多く、「第1貝層」及びより上層にかけて出土したことがわかる。また、円筒下層式・上層式土器については、調査日誌にA-2-1拡張区「円筒上層A式土器」が「第2貝層」の下の層から出土したと記述されていることから、「第2貝層」よりも下層から出土したことがわかる。

　セクション図や調査日誌によれば、「第1貝層」と「第2貝層」とのあいだには、「淡褐色土層」が位置し、その直上や内部に部分的に「灰層」が拡がっていたようである（安藤 2009a、7頁）。日誌によれば、A-2-1拡張区では「第1貝層」直下の「灰層」から「淡褐色土層（下層）」まで「最花式が発見され」たと記述されている。「A-1」区でも「貝層直下〔「灰」層に対応〕及び貝層〔「第1貝層」に対応〕下土層〔「淡褐色土層」に対応〕に大形破片が多く」出土し、「形式は上下の位置で変化しているとは見られなかった」と記述されている。

　したがって、最花貝塚遺跡A地点出土土器は、約6㎡のA地点の「第1貝層」と「第2貝層」に挟まれた「淡褐色土層」を中心とする部分から、他に出土した円筒下・上層式土器よりも上部、中期末〜後期初頭の土器よりも下部でまとまって出土していたと考えられる。

　ⅰ）形態・装飾　はじめに、A地点出土土器の形態について分析する。すべて平縁であり、

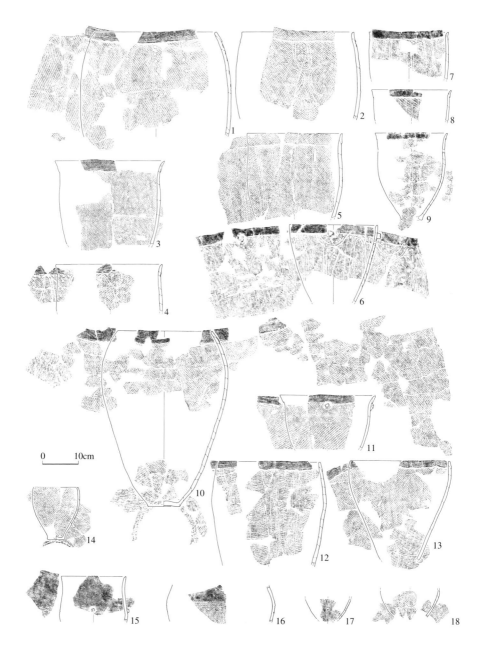

第26図　最花貝塚遺跡A地点出土（ⅠA類:1〜12、ⅠB類:13、ⅠC類:14、Ⅱ類:15〜18）土器

第 4 章　縄紋土器の技法と型式——分類指標としての製作工程——

波状縁はない。すべて平底をもつ深鉢形であり、口径が 5cm 程度のものから 30cm を超えるものまである。

　これらは、器形により、胴部に屈曲のない I 類土器と胴部中位に屈曲のある II 類土器とに分類できる（第 27 図）。I 類土器の口縁部は、外反するものと内弯するものとがあり、II 類土器の口縁部も、外反するものと内傾するものとがある。口縁部を含む A 地点出土土器 130 個体のうち、I 類土器が 108 個体と主体を占め、II 類土器は 22 個体である。

　A 地点出土土器の装飾は、いずれも外面に加えられている。つぎに、まず I 類土器の装飾について分析する。I 類土器は、口縁部に段のあるものと、ないものとに分類できる。段のあるもののうち、段部より下に沈線文のあるものを I A 類土器（第 26 図 1～12、第 28 図）、沈線文のないものを I B 類土器とする（第 26 図 13、第 28 図）。一方、段のないものには、沈線文もない（第 26 図 14）。これを I C 類土器（第 28 図）とする。

　I A、I B 類土器は段部より下全体に縄紋が施され、そのうちいくつかは段部にも縄紋が加えられている。I C 類土器は器面全体に縄紋が認められる。

　I A 類土器の沈線の幅は 2～3mm である。沈線文様は、縦位の単位文様によって構成されている。単位文様には、いくつかの文様要素が縦に組み合わさる場合と単独の文様要素のみの場合とがある。

　単位文様には、（α）弧状あるいは U 字状あるいは楕円形文の下に Y 字状あるいは垂下文が配置されたもの（第 26 図 6、9、11、12）があり、その間に左右対向弧状文や円形文が配置される場合がある（同 2）。他に、（β）単独で縦に長い逆 U 字状文や（同 6、12）、（γ）U 字状あるいは楕円形文の下に逆 U 字状文が配置されたものがある（同 5）。

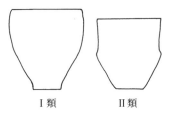

第 27 図　最花貝塚遺跡 A 地点出土土器の器形分類模式図

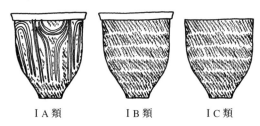

第 28 図　最花貝塚遺跡 A 地点出土 I 類土器の装飾分類模式図

これらの文様は基本的に並行沈線で描かれている。ただし、U字状あるいは楕円形文や、逆U字状文は、幅が狭く1条の沈線で描かれている場合があり、それらにはその中心にさらに1条の沈線が加わる場合も多い（第26図3、5、10）。また、単位文様（α）や（γ）の両側に1条の縦位の沈線が配される場合もある（同6、7、12）。とくに（γ）の場合、左右の縦位の沈線と組み合わさってH字状の意匠となる。

　単位文様（α）にはその他いくつかのヴァリエーションがあるが（第26図1）、ⅠA類土器の沈線文様は、基本的に以上の（α）、（β）、（γ）といった縦位の単位文様を組み合わせ、横方向に並列させる文様である。単位文様が個別に配置される土器（同2、6、10、12）と、口縁直下で逆U字状（同1、3、4、7、8）や直線状（同5）に連結する土器とがあり、そのような連結が部分的におこなわれる土器もある（同11）。

　また、（α）、（γ）の上半の文様要素の内部や端部、（β）の上半の内部を中心に、直径5mm程度の円形の刺突文が加えられている土器も多い（第26図1〜4、6、9、11）。また、（α）の上部の、口縁部直下にボタン状突起が認められる土器もある（同6、11）。

　一方、Ⅱ類土器は（第26図15〜18）、基本的に屈曲部を含め、それより下に縄紋が施されている。屈曲部を横位に並行沈線文や円形刺突文で区画し、その下に沈線文様が加えられている。沈線の幅は2mm前後である。屈曲部より下の沈線文様は、縦位の単位文様によって構成されている。文様は、幅が狭く1条の沈線で描かれている例もあるが（同17）、基本的には並行沈線で描出されている。

　単位文様には、下半部は不明であるが上半部がU字状文となるもの（第26図16）、U字状文と逆U字状文とが上下に配置されたもの（同17）、幅が狭く1条の沈線で描かれている縦に長い逆U字状文の中心にさらに1条の沈線が加わるもの（同18）がある。順に、ⅠA類土器の単位文様のうち（α）あるいは（γ）の上半部、（β）、（γ）と同様のモチーフである。Ⅱ類土器の沈線文様は、ⅠA類土器と同様に、縦位の単位文様を組み合わせ、横方向に並列させる文様である。

　単位文様は、屈曲部の横位沈線文直下で、逆U字状に連結するものや（第26図16、17）、直線状に連結するものが含まれている（同18）。また、文様単位の上半のU字状文の内部を中心に円形刺突文が加えられている（同16、17）。

　このように、ⅠA類土器の胴部とⅡ類土器の屈曲部以下の装飾は、基本的に並行沈線で描く縦位の単位文様、その配置や連結方法、刺突文の形状や位置、突起の形状など多くの要素に共通点が認められる。

　ⅱ）技法　ここからは、最花貝塚遺跡A地点出土Ⅰ類土器のうち、口径の判明する33個体を対象とする（第10表）。ⅠA類が12個体（同1〜12）、ⅠB類が9個体（同13〜21）、ⅠC類が12個体（同22〜33）である[2]。

　第26図のⅠ類土器（1〜14）の断面図には、粘土紐の接合痕を、可能な限り示してある。例

第4章 縄紋土器の技法と型式——分類指標としての製作工程——

えば、10のⅠA類土器の断面図からは、円盤状の平底を土台に、その外周から粘土紐の外傾接合で輪積みがおこなわれていることがわかる。他にも、5、6、9、12のⅠA類土器、13のⅠB類土器、14のⅠC類土器などの断面図からもわかるように、各個体2〜3cm程度で、概ね同一の高さになる粘土紐の、外傾接合がおこなわれ、胴部に屈曲のない平縁深鉢形の器体を成形している。

ⅠA、ⅠB類土器では、口縁部の粘土紐外面の接合痕による段が作出されている（第26図1〜12、13の断面図など）。

また、第10表「胴部縄紋（原体の種類と回転方向）」に示したように、原体の種類で分類すると、Ⅰ類土器33個体のうち18個体がRL縄紋で、いずれも横位に原体を回転させている。LR縄紋は12個体に認められ、うち横位が9個体、斜位が2個体、上部縦位・下部横位が1個体ある。また、LR縄紋の0段多条、L縄紋が各1個体あり、横位回転である。その他に、胴

第10表 最花貝塚遺跡A地点出土Ⅰ類土器の装飾のうちわけ

No.	口径(cm)	ⅰ胴部縄紋	（原体の種類と回転方向）	ⅱ口縁部段	ⅲ胴部沈線文	分類	報告No.	第26図No.	第29図No.
1	33		（RL横）				12	1	1
2	31		（RL横）				19	2	11
3	30		（RL横）				1	3	2
4	29		（RL横）				2	4	3
5	26		（RL横）				18	5	
6	24		（RL横）				14	6	4
7	22	あり	（RL横）	あり	あり	ⅠA	4	7	5
8	22		（RL横）				5	8	6
9	26		（RL横）				13	9	7・15
10	20		（RL横）				6	10	8・16
11	26		（RL横・LR横）				3	11	9
12	28		（LR斜）				15	12	10
13	30		（RL横）				48		
14	28		（RL横）				49		
15	23		（RL横）				39		
16	24		（RL横）				38		
17	16	あり	（RL横）	あり	—	ⅠB	40		
18	27		（LR横）				37	13	
19	26		（LR横）				33		
20	24		（LR横）				45		
21	12		（LR横）				41		
22	21		（RL横）				71		
23	16		（RL横）				104		
24	8		（RL横）				74		
25	31		（LR横）				67		
26	18		（LR横）				53		
27	17	あり	（LR横）	—	—	ⅠC	54		
28	14		（LR横）				72		
29	12		（LR横）				73	14	
30	23		（L横）				69		
31	18		（RL(111)横）				70		
32	28		（LR斜）				103		
33	24		（LR縦・LR横）				68		

部上半にRL縄紋・下半にLR縄紋の2種を用いたものが1個体あり、ともに横位回転である。つまり、33個体中32個体が各個体1種類の縄紋原体を用いており、30個体の原体の回転方向が横位ということになる。段部に縄紋が加えられる場合も、胴部と同一の原体が横位に回転押捺されている（第10表2、5、13、14、20）。

なお、Ⅰ類土器の底部27個体分のうち23個体には、胴部下端まで明瞭な縄紋が認められた（第26図9、10、14の底部拓本、第29図15、16の底部写真など）。下端まで丁寧に縄紋を施すことが原則であったことがうかがわれる。

先述のように、ⅠA類土器の文様単位（α）、（β）、（γ）の文様要素は、概ね並行沈線により描かれるが、これは2本同時にではなく、1本ずつ描かれたものと考えられる。例えば、第26図2の器体上部の楕円文は、内側は楕円文であるが外側はU字状文となる（第29図11）。第26図12も、器体上部のU字状文の内側の沈線が、右側の垂下文につづいている。同1、3、5、6、7、10などの一見2本揃って描かれたようにみえるものも、端部が揃っておらず、1本ずつ描かれたと考えられる。

ⅲ）製作工程　まず、口縁部段と縄紋との関係をみてみると、第29図1～12からわかるように、ⅠA、ⅠB類土器の口縁部の段はいずれも、胴部の縄紋を覆っている。それらのなかには、同3の口縁部右端のように、段の一部が焼成後にはがれ、覆われていた縄紋があらわになっているものもある。逆に、胴部の縄紋が、口縁部の段上にまで及ぶ例はない。したがって「口縁部段」は、「胴部縄紋」の後に加えられたものと考えてよい。

一方、口縁部段と沈線文との関係をみると、第29図9の右側の沈線文と刺突文の上端は、口縁部の段部に及んでいる。同4の右側の沈線の上端も、口縁部の段部まで及ぶ。ⅠA類土器では、このように胴部の沈線文が、口縁部の段部にまで及ぶ例が認められる反面、段が沈線文を覆う例はない。したがって「胴部沈線文」は、「口縁部段」の後に加えられていた可能性が高い。

なお、段部に縄紋が加えられる資料も、第29図11のように、胴部の縄紋は段に覆われており、胴部縄紋の後に段が形成されていたことがわかる。

また、ⅠA類土器の一部には、胴部の刺突文や口縁部直下のボタン状突起が加えられていた。刺突文は、第29図2、9のように、口縁部の段や胴部の沈線文に重なる場合があり、「胴部沈線文」の後に加えられたものと考えられる。一方、ボタン状突起は、同4、9のように段部に重なる例や同4のように刺突文に切られる例が認められる。「口縁部段」の後、施文の目印として「胴部沈線文」の直前に加えられたものと考えられる。

まとめると、Ⅰ類土器の器体成形後の最初の装飾は「胴部（器面）縄紋」である。この工程だけで完成するのがⅠC類土器である。つぎの装飾が「口縁部段」である。なおこの工程の直後に段部への縄紋が加えられる場合がある。以上の工程で完成するのがⅠB類土器である。最後に加えられる装飾が「胴部沈線文」である。なおこの工程の直前に突起、直後に刺突文が

第4章　縄紋土器の技法と型式――分類指標としての製作工程――

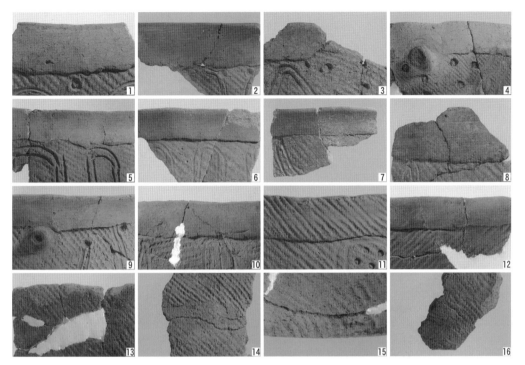

第29図　最花貝塚遺跡A地点出土土器の技法を示す部分写真（1: 第26図 1、2: 同 3、3: 同 4、4〜10: 同 6〜12、11: 同 2、12: 同 13、15: 同 9、16: 同 10、13・14: 第23図 109）

加えられる場合がある。以上の工程で完成するのがＩＡ類土器である。

　言い換えれば、ＩＡ類土器は1「胴部縄紋」、2「口縁部段」、3「胴部沈線文」の工程で、ＩＢ類土器は1「胴部縄紋」、2「口縁部段」の工程で、ＩＣ類土器は1「器面縄紋」の工程で装飾が加えられたものということになる（第30図）。

　ここで胴部の縄紋に着目すると、ＩＢあるいはＩＣ類土器の粘土紐接合部分で、上の粘土帯が、下の粘土帯の縄紋を覆っている例や（第29図13）、上の粘土帯が焼成後にはがれ、覆われていた下の粘土帯上端の縄紋が器面とは異なる色調であらわれている例が認められた（同14）。本書の製作工程模式図には反映していないが、粘土紐の輪積みによる成形と縄紋の装飾とがくりかえされる場合があったようである。先述の胴部下端まで横回転で縄紋を加える特徴は、このような装飾手法[3]と関係していた可能性が考えられる。

ⅳ）器体のサイズ　つぎに、器体のサイズの分析をおこなう。完形のものが少ないため、ここでは、口径によって土器の大きさを分類する[4]。

　第10表の「口径」の一覧に示したＩＡ、ＩＢ、ＩＣ類土器の口径をグラフ化したのが第31図である。なお、各類の平均値、標準偏差とレンジ（最大値と最小値の差）は、第11表に示したとおりである。ＩＡ類土器の口径は20cmから33cmに集中しているが、ＩＢ類土器の口径は

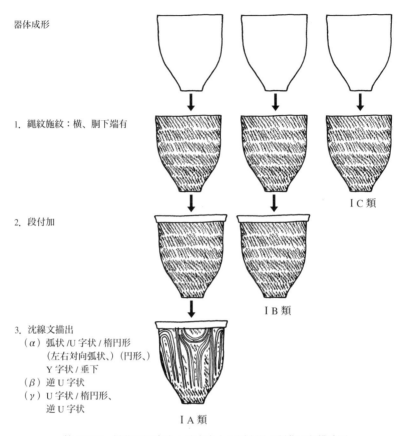

第30図 最花貝塚遺跡A地点出土Ⅰ類土器の製作工程模式図

12cmから30cm、ⅠC類土器の口径は8cmから31cmと幅がある。20cm未満の口径のものは、ⅠB類土器では少なく、ⅠA類土器にはみられない。

ⅴ）**縄紋原体の種類**　縄紋原体の種類についてみてみると、第10表の「胴部縄紋（原体の種類と回転方向）」に記したとおり、Ⅰ類土器には、RL、LR、LR（Ⅲ）、Lの縄紋原体が用いられていることがわかる。ⅠA、ⅠB、ⅠC類土器の原体の種類のうちわけは（第12表）、ⅠA類土器ではRL縄紋原体が主体となる。これに対し、ⅠB類土器はRLとLRが半々に用いられ、ⅠC類土器ではLRのほうが多くなるほか、LR（Ⅲ）、Lも認められる。

一種類の原体を横位に回転押捺した場合、縄紋の条は、RL縄紋では右下がり、LR、LR（Ⅲ）、L縄紋では左下がりの方向に走ってみえる。つまり、ⅠA類土器には左下がりの条はなく、ⅠB類、ⅠC類と左下がりの条が増加するわけである。

（2）**小結**

ⅰ）**最花貝塚遺跡A地点出土Ⅰ類土器**　これまでの分析結果から、最花貝塚遺跡A地点出

第4章　縄紋土器の技法と型式——分類指標としての製作工程——

第11表　最花貝塚遺跡A地点出土Ⅰ類土器の口径基礎統計量

	ⅠA類	ⅠB類	ⅠC類	全体
平均値	26.4	23.3	19.2	22.9
標準偏差	4.0	5.8	6.6	6.2
レンジ	13	18	23	25

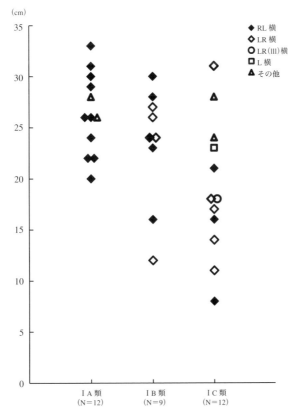

第31図　最花貝塚遺跡A地点出土Ⅰ類土器の口径のばらつきと縄紋（N=33）

第12表　最花貝塚遺跡A地点出土Ⅰ類土器の縄紋原体のうちわけ（N=33）

	ⅠA類	ⅠB類	ⅠC類
RL横	10	5	3
LR横	—	4	5
LR(Ⅲ)横	—	—	1
L横	—	—	1
その他	2	—	2

土Ⅰ類土器の特徴は、以下のようにまとめることができる。

①Ⅰ類土器は、平縁深鉢形の器形であり、口縁部段、胴部縄紋、胴部沈線文をもつⅠA類、口縁部段、胴部縄紋をもつⅠB類、器面縄紋のみのⅠC類の3種にわけられる。

②ⅠA類土器の成形と加飾には、以下のような技法が用いられている。
・成形
「平縁深鉢形」：粘土紐を外傾接合で輪積みし、胴部に屈曲のない平底平縁の深鉢形の器体を成形する。
・加飾
「胴部（器面）縄紋」：胴部全体に、基本的に1種類の縄紋原体を横位に回転押捺する。
「口縁部段」：粘土紐を外傾接合で輪積みし、外面の接合痕を段として残す。
「胴部沈線文」：幅2〜3mmの沈線を主に2条並行させて、縦位の単位文様を横に組み合わせた文様を描く。
③装飾の工程をみると、ⅠA類土器は、1「胴部縄紋」、2「口縁部段」、3「胴部沈線文」の工程となり、ⅠB類土器は、1「胴部縄紋」、2「口縁部段」、ⅠC類土器は、1「器面縄紋」のみの工程となる。
④ⅠA類土器の口径は20〜33cmに集中する。ⅠB類土器の口径は12〜30cmで、中間のサイズといえる。ⅠC類土器の口径は8〜31cmで小さいものを含み幅がある。
⑤ⅠA類土器には基本的にRL縄紋原体が用いられ、ⅠB類にはRLまたはLRが、ⅠC類土器にはLRが多く、ほかにRLやその他の縄紋原体が用いられている。

ⅠA、ⅠB、ⅠC各類土器は、形態・装飾、製作工程を含めた技法の特徴が一致している。また、工程数の多いⅠA類土器において、サイズや縄紋原体の種類にまとまりがあることがわかる（第31図）。つまり、大きなサイズで、RL縄紋原体による「胴部縄紋」、「口縁部段」、「胴部沈線文」の工程のⅠA類と、中間のサイズで、RLまたはLR縄紋原体による「胴部縄紋」、「口縁部段」の工程のⅠB類と、小さいものを含む幅のあるサイズで、LRやRLなどの比較的ヴァラエティに富む縄紋原体による「器面縄紋」のみのⅠC類との3種の土器がつくり分けられていることになる。

ⅱ）最花貝塚遺跡A地点出土土器 　ここで、量的に少ないⅡ類土器を取りあげ、技法について確認しておきたい[5]。各個体粘土紐の外傾接合がおこなわれ（第26図15〜18）、胴部に屈曲のある平縁深鉢形の器体が成形されている。外面全体は横位に磨かれている。

屈曲部以下を含む11個体を原体の種類により分類すると、RL縄紋は8個体、LR縄紋は3個体である。その回転方向について、RL縄紋の7個体は横位、1個体は斜位であり、LR縄紋はいずれも横位である。つまり11個体中全個体が各個体1種類の縄紋原体を用いており、10個体の原体の回転方向が横位ということになる。

Ⅱ類土器の成形と加飾の技法は、つぎのようにまとめられる[6]。「平縁深鉢形」：粘土紐を外傾接合で輪積みし、胴部に屈曲のある平底平縁の深鉢形の器体を成形する。「縄紋」：基本的に屈曲部を含め、それより下に1種類の縄紋原体を横位に回転押捺する。「沈線文」：屈曲部を横

位に並行沈線（幅約2mm）文や円形刺突文で区画し、その下に同様の沈線を主に2条並行させて、縦位の単位文様を横に組み合わせた文様を描く。このようにⅡ類土器は、形態・装飾、技法に一致した特徴をもつ[7]。

Ⅰ類とⅡ類土器とは、形態の平縁・平底や、先述した装飾の多くの要素が共通しているのみならず、技法においても粘土紐の外傾接合による成形、1種類の原体の横位回転による、磨り消し手法をとらない縄紋装飾などで共通している。Ⅰ類、Ⅱ類土器の出土層位に差は認められず、ともにまとまって出土したと考えられる。したがってⅡ類土器は、Ⅰ類土器とセットになると考えていい。つまり、最花貝塚遺跡A地点出土土器には、ⅠA、ⅠB、ⅠC、Ⅱ類の四とおりの土器をつくり分ける製作システムがあったことになる。

2　中の平遺跡出土第Ⅲ群土器の製作工程を含めた技法・形態・装飾の分析

つぎに、現在「最花式」（あるいは「中の平3式」）土器に含めて考えられることの多い、中の平遺跡出土第Ⅲ群土器（鈴木克1975a）。を検討したい。これらは、鈴木克彦によると、「榎林式や中の平Ⅱ式とは若干混在して出土しながらも、榎林式と若干層位を異にしてより上層より出土した」（鈴木克1975a、109頁）という。報告書の「土器の層位的概況図」をみると、2m×2mグリッドの「A9」〜「B9」、「D9」区において「第Ⅱ文化層」（「Ⅴ〜Ⅶ層」）からまとまって出土したことがわかる。上層の「第Ⅰ文化層」（「Ⅰ〜Ⅴ層」）からは十腰内Ⅰ式、下層の「第Ⅲ文化層」（「Ⅶ〜Ⅷ層」）からは円筒上層式がそれぞれまとまって出土している。「F9」地区においては「第Ⅱ文化層」のうち上部からこれらが出土し、下部から榎林式が出土したようである（松山・市川1975、201-202頁）。

報告書のなかで「中の平Ⅲ式」として明示されているもののうち、ここでは胴部懸垂文をもつ3個体の完形資料（鈴木克1975a、図版10-45、46、48）及び口縁部を含む19破片（鈴木克1975a、119頁、第50図130〜148)[8]を対象とする。これらのうち、完形資料及び完形に近い破片を第32図に提示した。

　ⅰ) 形態・装飾　口縁部は緩やかな波状縁であり、一部平縁に近いものもある。すべて平底と外反する口縁をもつ、胴部に屈曲のない深鉢形である。

口縁部には、口唇の波状に沿った一定幅の無紋帯があり、それより下に縄紋が加えられてい

第32図　中の平遺跡出土第Ⅲ群土器（鈴木克1975aより一部変更）

る。無紋帯の下端は、沈線や押引による刺突列で区画されるものと、粘土紐の輪積み痕による弱い段になるものが認められる。

　口縁部の無紋帯より下には、縄紋が施され、沈線文様が加えられているものが多い。沈線の幅は、4～5mm程度である。沈線文様は、2、3条の懸垂文を、器面に間隔をあけて配置させた単純なものである。

ⅱ）技法（とくに製作工程）　筆者が実見し得た資料は10個体であるが、これらのうち、7個体は縄紋原体の縦位回転押捺、2個体が横位、1個体が斜位であった。その他の個体も、報告書の図をみる限り、概ね縦位回転と考えられる。また、第32図1・2のように、縄紋が胴部下端まで施されていないものが目立つ（第33図2）。

　第32図2の土器の上半部写真（第33図1）のように、縄紋が段部に及んでいるものがあり、段を含めた器体の成形後に、縄紋を施していることがわかる。つぎに沈線文様を加えるという工程になる。

　なお、鈴木による中の平遺跡出土第Ⅲ群土器には、「縄文のみを施文する多量な土器」（鈴木克1975a、109頁）が「伴出」したとされているが、これらにも、第Ⅲ群土器と共通した口縁部の弱い段状の無紋帯をもつものが多く含まれている。これらの縄紋も、縦位の回転押捺によるものが多く、口縁部の段部にまで縄紋が及ぶものがある一方、段の作出前に縄紋を施したと思われるものはない。

　中の平遺跡からは、波状縁深鉢形の器体を成形後、1「口縁部の弱い段」、2「胴部縄紋」3「胴部沈線文」の工程のものと、1「口縁部の弱い段」、2「胴部縄紋」の工程のものと、二つの工程のものがまとまって出土したようである。そこで、ここでは前者をA類、後者をB類とし、両者を合わせて、中の平遺跡出土第Ⅲ群土器と呼ぶ。つまり、中の平遺跡出土第Ⅲ群土器には、A類とB類とをつくり分ける製作システムがあったことになる（第34図）。

第33図　中の平遺跡出土第Ⅲ群土器の技法を示す部分写真（1・2：第32図2）

第 4 章　縄紋土器の技法と型式——分類指標としての製作工程——

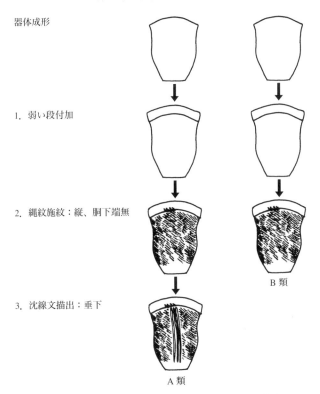

第 34 図　中の平遺跡出土第Ⅲ群土器の製作工程模式図

3　最花貝塚遺跡 A 地点出土土器と中の平遺跡出土第Ⅲ群土器との比較

　最花貝塚遺跡 A 地点出土土器と中の平遺跡出土第Ⅲ群土器とは、平縁と波状縁といった器形の特徴をはじめ、沈線の太さ、刺突の形状、沈線文様[9]などの様々な点に相違が認められる。
　それだけでなく、最花貝塚遺跡 A 地点出土土器では、縄紋原体の横位回転により胴部下端まで縄紋を加えるのに対し、中の平遺跡出土土器では、縦位回転により、胴部下端までは縄紋を施さない。また、最花貝塚遺跡 A 地点出土土器では、器面に縄紋が加えられた後に、口縁部の段が作出されているのに対し、中の平遺跡出土土器では、段部まで輪積みが完了してから、縄紋が加えられている[10]。つまり、両者は、形態・装飾だけでなく技法、とくに製作工程に、大きな差異が認められることになる（第 35 図）。
　以上のような特徴をもった中の平遺跡出土第Ⅲ群土器と一致する特徴をもつ土器は、最花貝塚遺跡 A 地点から出土していない。逆に、最花貝塚遺跡 A 地点出土土器と一致する特徴をもつ土器は、中の平遺跡から出土していない。最花貝塚遺跡 A 地点出土土器と中の平遺跡出土第Ⅲ群土器とは、それぞれ異なる製作システムでつくられた土器なのである。

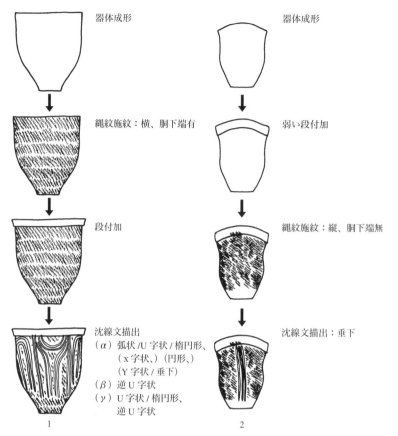

第35図 最花貝塚遺跡A地点出土ⅠA類土器(1)と中の平遺跡出土第Ⅲ群A類土器(2)の製作工程の比較模式図

4 仮称最花A式と仮称中の平Ⅲ式

　本書で論じてきた最花貝塚遺跡A地点出土土器と共通した特徴をもつ土器、あるいは中の平遺跡出土第Ⅲ群土器と同様の特徴をもつ土器は、数は限られるものの他にも複数の遺跡から出土している。筆者はその多くを実見したが、その結果、それぞれ最花貝塚遺跡A地点出土土器、中の平遺跡出土第Ⅲ群土器と共通した技法、とくに製作工程でつくられていることがわかってきた（第30図、第34図）。

　最花貝塚遺跡A地点出土土器と共通した特徴をもつ土器は、上北郡六ヶ所村富ノ沢（2）遺跡（成田・他1992）、青森市三内丸山遺跡（成田・他1995）でまとまって、さらに黒石市花巻遺跡（鈴木徹1988）、三戸郡階上町野場（5）遺跡（畠山・他1993）、秋田県鹿角市天戸森遺跡（秋元1984、1990）などからも複数個体出土が認められる。

　ⅠA類と共通した特徴を持つ土器をみてみると（第36図1〜6）、いずれも平縁、平底であり、口縁部に段をもっている。段部より下全体に下端まで1種類の原体の横位回転押捺による縄紋

第4章 縄紋土器の技法と型式——分類指標としての製作工程——

が加えられている。段部より下には、沈線文様が加えられており、いずれも基本的に、ⅠA類でみた（α）、（β）、（γ）といった縦位の単位文様を横位に組み合わせて、並列させたものである。

装飾の工程をみると、第37図1～5のように「胴部縄紋」、「口縁部段」の装飾順が確かめられた。このうち2,4から「口縁部段」直後に段部縄紋が加えられたことが確認できる。4は「胴部縄紋」、「口縁部段」と直後の段部縄紋、「胴部沈線文」の一連の工程が確認できる好例である。また5のように「胴部縄紋」、「口縁部段」の直後にボタン状突起が加えられたことがわかる例もあり、突起を基準にその後「胴部沈線文」が加えられたと考えられる。3は「胴部沈線文」の直後に円形刺突文が加えられたことを示すものである。

一方、中の平遺跡出土第Ⅲ群土器と共通した特徴をもつ土器は、上北郡野辺地町槻ノ木（1）遺跡から複数個体出土している（白鳥1995）。A類と同様の特徴をもつ土器（白鳥1995、148頁、第107図224など）から、A類と同様に段部まで器体成形完了後に「縄紋」、「沈線文」が加えられたことが確認できる。

こうした遺跡のなかで、最花貝塚遺跡A地点は、ⅠA類、ⅠB類、ⅠC類、Ⅱ類の土器が

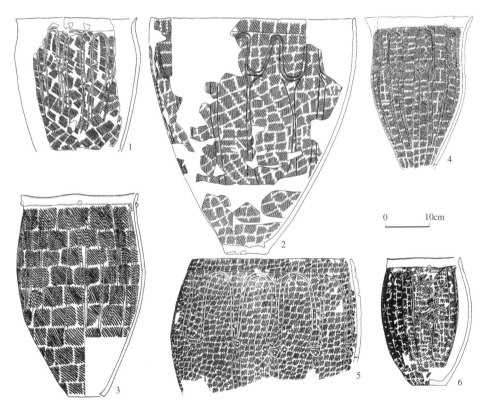

第36図 最花貝塚遺跡A地点出土ⅠA類土器と同様の特徴をもつ土器例（1：成田・他1992、2：成田・他1995、3：鈴木徹1988、4：畠山・他1993、5・6：秋元1984、1990より一部変更）

101

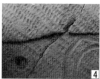

第 37 図 最花貝塚遺跡 A 地点出土 I A 類土器と同様の特徴をもつ土器の技法を示す部分写真（1：第 11 図 1、2：同 2、3〜5：同 4〜6）

もっともまとまって出土している遺跡である。そこでここでは、最花貝塚遺跡 A 地点出土土器（I A 類、I B 類、I C 類、II 類）を基準とする型式を、仮に最花 A 式と呼びたいと思う。一方、中の平遺跡は、第 III 群 A 類、B 類土器が最もまとまって出土している遺跡である。したがって、中の平遺跡出土第 III 群土器（A 類、B 類）を基準とする型式を仮に中の平 III 式と呼んでおきたい[11]。

ここで仮称最花 A 式と仮称中の平 III 式の文様を比較してみると、仮称最花 A 式にみられる（α）弧状、左右対称弧状・円形、Y 字状文などの縦位の配置は、たとえば三内丸山遺跡（小笠原・他 2009）出土土器（第 36 図 1）にみられるような榎林式の新しい段階の文様に系譜をたどることができる。一方、（α）の横に並列させることの多い（β）逆 U 字状文や、（γ）U 字、逆 U 字状文の上下の配置は、大木 9 式の文様が浸透して成立したと考えられる。つまり仮称最花 A 式の沈線文様は、榎林式と大木 9 式との文様要素・組み合わせが交錯することで成立したと解釈できる。

一方、仮称中の平 III 式の文様は、垂下文を間隔をおいて配置する単純なものであった。榎林式の新しい段階には、富ノ沢（2）遺跡出土土器（第 38 図 2）のように、垂下文のみをもつものが存在する。仮称中の平 III 式の沈線文様は、このような榎林式の垂下文に系譜をたどることができる。

つまり、榎林式の新しい段階には、仮称最花 A 式の胴部沈線文様につながる要素をもつものと、仮称中の平 III 式の胴部沈線文様につながる要素をもつものの二者が含まれていることになる。近年の編年研究では、仮称中の平 III 式の後に仮称最花 A 式を置く意見が強いようであるが、文様の系統からみて、仮称中の平 III 式の文様の後に仮称最花 A 式の文様が成立することはあり得ず、仮称最花 A 式の文様の後に仮称中の平 III 式の文様を置くこともできないのである。

これまで述べてきたとおり、仮称最花 A 式と仮称中の平 III 式とは、製作工程を含めた技法、形態・装飾の特徴に大きな違いが認められるものであった。一方で、これらの文様は、ともに榎林式の新しい段階に系譜をたどることのできる、それぞれ異なる文様要素をもっていたことになる。つまり、仮称最花 A 式と仮称中の平 III 式とは、榎林式から分かれた二つの型式として理解すべきであり、少なくともひとつの系統の前後関係に配列できるものではないのである（安達 2011b）。

残念ながら、現状では東北地方北部における中期後葉の遺跡の調査事例は多くなく、二つの

第 4 章　縄紋土器の技法と型式——分類指標としての製作工程——

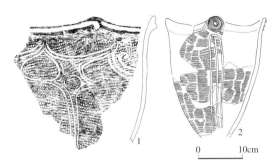

第 38 図　仮称最花 A 式への胴部文様をもつ榎林式（1）と仮称中の平Ⅲ式への胴部文様をもつ榎林式（2）
（1: 小笠原・他 2009、2: 成田・他 1992 より一部変更）

型式の分布についての詳細な議論は保留せざるを得ない。しかしながら、仮称最花 A 式に関して言えば、先述したいくつかの代表的な出土遺跡の分布から、下北半島から小川原湖周辺、陸奥湾南岸、岩木川上流部周辺、さらに馬淵川・新井田川流域、米代川流域に分布する傾向をみてとることができる（第 39 図）。

一方、仮称中の平Ⅲ式がまとまって出土した遺跡はわずかであり、槻ノ木（1）遺跡のある陸奥湾南岸は仮称最花 A 式の分布と重なるが、仮称中の平Ⅲ式は、仮称最花 A 式と重なる部分がありながら、津軽半島北端部を中心に分布すると考えることができる（第 40 図）。いずれにせよ、現状では分布についての細かな議論をするのは危険であり、資料の増加を待ちつつ分析を重ねていくことにしたい。

以上のように、仮称最花 A 式と仮称中の平Ⅲ式とは、榎林式土器の系譜を引きながらも、その形態や装飾のみならず製作工程を含めた技法にも明瞭な違いが認められる、二つの土器型式として理解すべきであることが明らかになった。これまで「最花式」あるいは「中の平 3 式」

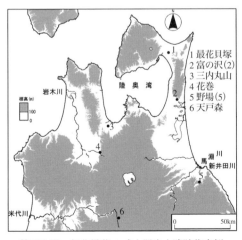

第 39 図　仮称最花 A 式土器出土遺跡代表例

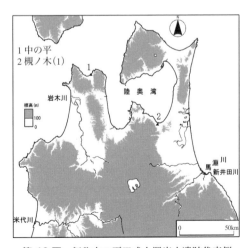

第 40 図　仮称中の平Ⅲ式土器出土遺跡代表例

103

とされていた土器には、仮称最花A式、仮称中の平Ⅲ式とは異なる土器も含まれており、これらの土器の型式学的研究も課題のひとつとなる。今後は、これらの土器を含めた東北地方北部における中期後葉の土器の技法、形態・装飾などについて、先行する榎林式、東北中南部の大木9式、さらに北海道南部の諸型式などとの関係を含めた大きな枠組みのなかで、より細かく分析を積み重ねていく必要がある。

　縄紋原体の回転方向についてみてみると、周知のとおり円筒上層a式からe式では、横位が基本である。つづく榎林式では、縦・斜・横位のほか一定しないものも多く（第38図1、2）、まとまりがない。一方、大木7a式から大木8b式では、縦位が基本であり（中野2008）、大木9式においても胴部沈線文内部の縄紋をみれば、縦位が特徴的である。

　仮称最花A式と仮称中の平Ⅲ式ではともに、磨り消し縄紋をとらないという榎林式の原則がつづきながらも、前者では横位回転が、後者では縦位回転が主体になる。仮称中の平Ⅲ式の縄紋原体の回転方向は、東北地方中南部との関係で成立したと解釈できる。一方、仮称最花A式は、大木9式や仮称中の平Ⅲ式とは異なる方向にまとまって成立したといえそうである。

　製作工程からみても、仮称中の平Ⅲ式の器体成形完了後の、縄紋原体の縦位回転押捺と沈線文装飾は、東北地方中南部の技法とそれ程差異はないといえる。一方、仮称最花A式の「胴部縄紋」、「口縁部段」、「胴部沈線文」の加飾は、下端を含め胴部「全体」への原体の「横」位回転という行為だけでなく、その後に「段」を作出する行為から、大木9式の技法とは大きな差異が認められる。

　胴部沈線文様についてみてみると、仮称中の平Ⅲ式は、榎林式からつづく、大木式の文様に近似する単純な文様のみに偏り成立したと解釈できる。これに対して仮称最花A式は、榎林式からつづくいくつかの文様と、大木9式から入り込んだいくつかの文様とが、独自の構成で配置されている。

　仮称最花A式と仮称中の平Ⅲ式との相違は、東北地方中南部の型式の要素の入り込み方の違いが表れたものといえそうである。仮称中の平Ⅲ式には、沈線文様、製作工程ともに中南部型式の要素の一部が単純化して入り込み、定着している。仮称最花A式の装飾では在地の型式の系統のいくつかの文様がつづくとともに中南部型式の系統のいくつかの文様が入り込み、両者が独自に組み合わさる一方で、技法では中南部型式と顕著に異なる固有の製作工程が確立している。

　このように、技法の分析からは、形態・装飾の分析のみでは明らかにしえない型式間の関係が確認できる。「製作」の分析が、山内清男により型式設定方法の第一にあげられ、佐原真により「相同」と「相似」との区別を可能にすると定義されたように、本書でおこなってきた技法の分析が、型式学的研究において大きな意味をもつことは疑いない。今後、東北地方北部の中期後半の土器型式編年を整備していくためには、形態・装飾のみならず製作工程を加味した技法の分析が重要な視点になるものと確信している。

第4章　縄紋土器の技法と型式──分類指標としての製作工程──

5　結語

　以上、縄紋土器型式の設定と編年には、形態や装飾だけでなく、技法の分析も有効である。本章では、東北地方北部中期後半の編年の再構築を目的に、青森県最花貝塚遺跡A地点出土土器の技法に着目した分析をおこなった。

　最花貝塚遺跡A地点出土土器は、形態・装飾、技法に明確な特徴がある。器形からⅠ、Ⅱ類にわけられ、主体となるⅠ類は、装飾からⅠA、ⅠB、ⅠC類にわけられる。製作工程を分析したところ、ⅠA、ⅠB、ⅠC類は、それぞれ一定の成形・加飾の工程でつくられていた。Ⅱ類もあわせて、4とおりにつくり分ける特徴的な製作システムでつくられたと考えられる。

　一方従来「最花式」と同一の型式とされることの多かった中の平遺跡出土第Ⅲ群土器についても同様の分析をおこなった結果、この一群は、最花貝塚遺跡A地点出土土器とは区別できる特徴をもっており、異なる製作システムでつくられたことが明らかになった。

　ここでは前者、後者を基準とする型式を順に最花A式、中の平Ⅲ式と仮に呼ぶことにした。製作工程を含めた技法、形態・装飾の特徴が異なるだけでなく、文様の系統も二つに分かれていることから、二者は、従来のように同一系統の連続するものとしてではなく、概ね並行期の、系統を異にする二つの型式として理解できる。製作工程は、型式の重要な分類指標となり得るのであり、型式学的研究に工程という観点を含めた技法の分析を積極的に組み込むことが有用である。

註
1)　本章は、安達2013bを加筆修正して成稿したものである。
2)　製土と焼成の技法を用いた結果である胎土の性質や焼成の具合についても、Ⅰ類土器の間に大きな差異は観察されなかった。
3)　これまでにも、とくに器体のサイズの大きい土器に、輪積みの中断があることが指摘されてきた。佐原真は、弥生土器には、粘土の重みによりかたちを崩さないために、器体成形途中でいちど乾燥させる「断続積み上げ」がとられる場合があるという（佐原1987）。また小林達雄は、縄紋土器には、下半部が乾燥して加飾できなくなることを防ぐために、器体成形途中で装飾が加えられ、乾燥後に成形された上半部に再び装飾が加えられる場合があるという（小林達1988）。
4)　Ⅰ類土器は、口縁部付近に最大径をもつ一定した単純な器形である。よって口径の法量による大きさの検討が妥当であると考えた。なお口縁部に段が追加されても、その口径は数mm～1cm増減する程度である。このためⅠC類土器と、ⅠB類およびⅠA類土器との間の口径のばらつきの差は、段が付加されることを原因とするものではない。
5)　胎土の性質や焼成の具合についても、Ⅱ類土器のあいだに大きな差異は観察されず、Ⅰ類土器と概ね同様であった（註2参照）。
6)　なおⅡ類土器には、口径が11cmから30cmのものまである。しかし計測可能土器は5個体と少なく、いずれも屈曲部より下部が欠損しているため、大きさによる分析はしない。
7)　Ⅱ類土器には、縄紋に粘土紐の輪積み痕が被る例はなく、器体成形完了後に、外面に装飾が加えられたといえる。縄紋は沈線に切られており（第26図16）、縄紋の後に沈線文が加えられたといえる。Ⅱ類土器には、「平縁深鉢形」成形後、1「屈曲部以下縄紋」、2「屈曲部以下沈線文」の順に装飾が加えら

8) なお『中の平遺跡発掘調査報告書』掲載の、図版10-47と第50図135とは同一個体である。
9) 第26図10の最花貝塚遺跡A地点出土ⅠA類土器の沈線文様も、幅の狭いU字状と逆U字状の文様を上下に組み合わせた文様単位が含まれており、細い逆U字状文のみの構成ではない。
10) 中の平遺跡出土第Ⅲ群土器には、最花貝塚遺跡A地点出土器に比して、器体のサイズの小さいものが多く見受けられる。これは、輪積みの中断がなく、口縁部まで成形を完了した後に、縄紋原体を縦回転で押捺するという製作工程をとることと関係していたとも考えられる（註3参照）。
11) 本来、「最花式」は、最花貝塚遺跡A地点出土器を標式資料としたものであり、第2章で述べたとおりそれは本書の最花貝塚遺跡A地点出土土器に近いものである可能性が高い。よって本書の最花貝塚遺跡A地点出土土器を標準として最花式を再設定することも可能であろう。しかし、現在「最花式」は、「中の平3式」と同義として複数の系統を含んだ広い概念で使われているため、混同を避けることから、最花貝塚遺跡A地点出土土器（ⅠA類、ⅠB類、ⅠC類、Ⅱ類）を標準とする型式を、ここでは仮に最花A式と呼んでおく。一方、中の平遺跡出土第Ⅲ群土器（A類、B類）を基準とする型式も、同様に「中の平3式」と区別するため、仮称中の平Ⅲ式とした。

第5章　縄紋土器の文様の構造と系統[1]

1　最花貝塚遺跡A地点出土土器の文様の構造的分析

　最花貝塚遺跡A地点出土ⅠA類土器のうち口縁部を含むもの12個体及沈線文様が把握可能な胴部破片7個体を対象に（第41図）、文様の構造的把握に有用と考えられた文様帯、単位文様、文様要素及びそれらの配置に着目して文様の構造的分析をおこなう。この他の胴部小破片も、これらと同様の文様が加えられていたものと考えられる。

　ⅰ）**文様帯の配置**　　ⅠA類土器は、口縁部に段、胴部に縄紋地の沈線文様をもつ。段は口縁部に外傾接合により粘土紐を付加し、その痕跡を外面のみ残したものである。製作工程は特徴的であり、器体全面に縄紋を加え[2]、口縁部に段を付加した後に胴部沈線文を加えている。縄紋の後に段が加えられていることにより、段部は明確に区別することができる。ⅠA類土器の文様は、口縁部の痕跡的なⅠ文様帯とその下の胴部のⅡ文様帯という構造をとる（第42図）。

　ⅱ）**Ⅱ文様帯の構造**　　ⅠA類土器の胴部の沈線文様全体は、いくつかの、縦位のひとまとまりの文様に分割できる。ⅠA類土器のⅡ文様帯は、縦位の単位文様が横位に並列した構造をもつといえる（第43図）。

　ⅲ）**単位文様の構造**　　単位文様には、単一の文様要素からなるものと、いくつかの文様要素が縦に組み合わさりひとつの単位文様になっているものとがある。文様要素は基本的に1本ずつ加えた並行沈線で描かれている。沈線の幅は2〜3mmである。並行沈線間は文様要素の端部まで開いたままのものが多い。以下とくに条数の記されていないⅠA類土器の文様要素は、並行沈線により描かれている。

　単位文様には(a)弧状文と垂下文が上下に配置され、両側に縦位の沈線が加えられたもの（第41図1）、(b)弧状文に沿った左右の沈線がその最下部手前から垂下し、全体でＹ字のような意匠となり、その両側に縦位の沈線が加えられたもの（同2、3、及び4、5か）、(c)1条のＵ字状文に沿った両側の1条の沈線がその最下部手前から垂下し全体で縦長のＹ字のような意匠になるもの（同8、及び11か）、(d)縦長のＹ字状文（同6、及び4か）、(e)円形文（弧状文の上端

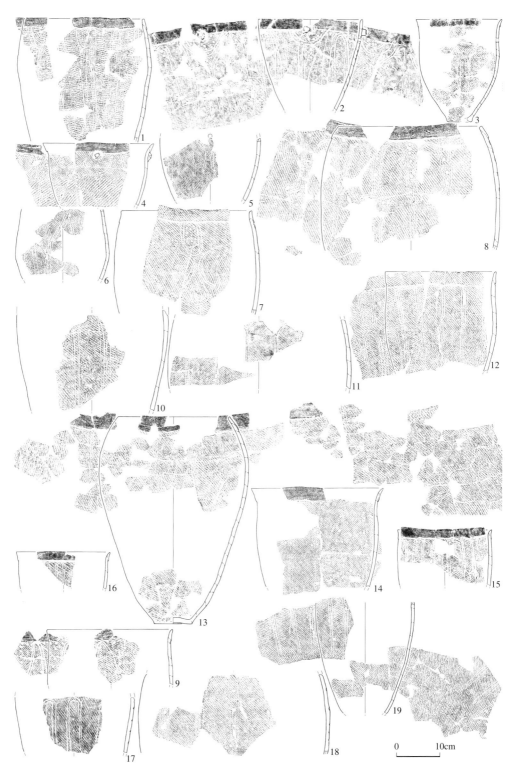

第41図　最花貝塚遺跡A地点出土ⅠA類土器

第5章 縄紋土器の文様の構造と系統

第42図 最花貝塚遺跡A地点出土ⅠA類土器の文様帯の配置

第43図 最花貝塚遺跡A地点出土ⅠA類土器の胴部沈線文様全体の構造

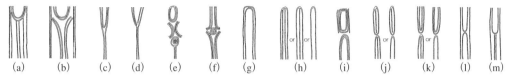

第44図 最花貝塚遺跡A地点出土ⅠA類土器の単位文様

を1条の沈線で塞いだもの）の下に左右対向弧状文、3条の円形文、垂下文が順に加えられたもの（同7）、(f)下端が左右に反る並行垂下文の下に円形文、上端が左右に反る並行垂下文が順に加えられたもの（同8）がある（第44図）。

　他に(g)縦長の逆U字状文（第41図2、10）や、(h)縦長の1条の逆U字状文（同13）、(i)楕円形文の下に逆U字状文が加えられたもの（同12）、(j)1条の楕円形文のなかに1条の沈線が加わり、その下に1条の逆U字状文が加わるもの（同12、13）、(k)U字状文の下に1条の逆U字状文が加わるもの（同18）、(l)上下の1条のU字状文・逆U字状文の両側に1条の縦位の沈線が加わるもの（同19）、(m)1条のU字状文の下に垂下文が加わり、その両側に1条の縦位の沈線が加わるもの（同15）がある。1条の逆U字状文のうち(h)のもの（同1、13）には2〜1条の沈線、(j)のもの（同12、13）と(k)のもの（同14）には1条の沈線がなかに加わる場合がある[3]（第44図）。単位文様間の折衷ととらえられる範囲で若干のヴァリエーションがみられるが、単位文様は(a)〜(m)を基本としている。

　iv）単位文様の配置　胴部文様は、基本的に以上の縦位の単位文様(a)〜(m)（第44図）のいくつかを組み合わせて器面に並列させたものである。単位文様の配置が判明するものには①(a)または(b)の両側に(g)がくるもの（第41図2）、あるいは(a)の両側に(h)がくるもの（同1）、②(c)と(f)が交互に並列するもの（同8）、③(h)や(j)がランダムに並列するもの（同13）、あ

第13表　最花貝塚遺跡A地点出土ⅠA類土器の単位文様の配置パターン

	①	②	③	④
単位文様	(a)/(b)・(g)或いは(a)・(h)	(c)・(f)	(h)・(j)或いは(i)・(j)	(k)～(m)単独
配置	前者の両側に後者	交互	ランダム	連続

るいは(i)と(j)がランダムに並列するもの（同12）、④(k)～(m)のいずれかが単独で連続するもの（同14、18、19、及び15か）がある（第13表）。

　単位文様が個別に配置される土器（第41図1～3、7、13）と口縁直下で逆U字状（同8、9、14、15、16、17、18）や直線状（同12）に連結する土器とがあり、そのような連結が部分的におこなわれる土器もある（同4）。具体的には(a)、(b)、(e)、(g)、(h)の上端は、隣接する単位文様と基本的に連結しない。一方(c)、(f)、(i)、(k)～(m)の上端は、隣接する単位文様の上端と逆U字状あるいは直線状につながることが多い。(d)の上端も、隣接する文様単位の上端と接している場合（同6）や直線状につながる場合（同4）があるようである。(j)は、連結する場合（同12）としない場合（同13）とがある。

　ここで縄紋土器に特有とされる「突起」（山内1964f）と胴部文様帯との関係（平山・安藤・中村1971）に着目したい。第41図2の土器は口縁部を含むひとつながりの大破片として復元できたものである。口縁部には、二つのボタン状突起が残存し、その下部にはいずれも単位文様(b)が加えられている。土器を真上からみると、口縁部の二つの突起間の角度は115°であり、円周のほぼ3分の1といえる。概ね等分に配置されたものとすれば、口縁部には3単位の突起がふされていたものと考えられ、もうひとつの突起は、大破片の右端にわずかにその左部分が残る単位文様の直上にくることになる。この単位文様も、(b)と考えられ、ボタン状突起の下にはいずれも(b)が加えられていることになる[4]。5の穿孔の下部や4の突起下の単位文様も同様の単位文様である可能性もある。このようにⅠA類土器の口縁部直下のボタン状突起と直下の弧状文はセット関係にあるといえる。

2　榎林式と他型式との文様構造の比較

　仮称最花A式は、上述した最花貝塚遺跡A地点出土土器を基準とする。ここでは、最花A式に先行すると考えられる、榎林式及び榎林式の成立に関連する東北地方北部・中南部のいくつかの型式について概観しておく。榎林式は、鈴木克彦により「渦文を持つ口縁部突起と沈線文による弧状文」を特徴とする榎林Ⅰ式と「懸垂状化」された「沈線文による曲線文、渦巻文」を特徴とする榎林Ⅱ式に細分されている（鈴木克1976）。近年の榎林式の細分案も、こうした鈴木による細分案（鈴木克1976、1994、1996、1998）をもとに再編成されているが（小保内2008）、東北地方北部出土の大木式と考えられる資料も含まれてきており、今後系統的な整理が可能である。本書では角田文衛の提示した榎林式の基準資料に立ち戻って（角田1939）（第

第 5 章　縄紋土器の文様の構造と系統

45 図 3、5)、分析をおこなう。各型式にはいくつかの文様のヴァラエティがあるが、榎林式の基準資料と直接関係する文様をもつ資料を取りあげる。

ⅰ）文様帯の配置　榎林式の基準資料には、第一に狭い口縁部に凹状文をもち、胴部上半に上から順に口縁直下を巡る 3 条沈線、波頂部下の弧状の 2 条沈線文、横位に連続する対向弧状の 3 条沈線文が加えられたものがある（第 45 図 3）。第二に波頂部の円文の両脇に付された渦文から延びる沈線が口縁部に巡り、波頂部下で 2 条沈線による弧状文と 1 条の円形文とが上下に接し、両者の外側に沿う沈線が円形文の最下部手前から胴部の下半まで垂下すると考えられる文様を胴部にもつ土器が認められる（同 5）。角田は後者を「標式的口縁装飾」をもつものととらえている（角田 1939）。両者はともに、沈線文様の加えられた幅の狭い口縁部と縄紋地の沈線文様の加えられた胴部とからなり、Ⅰ文様帯とⅡ文様帯とに明確に分かれる文様の構造をとる。ただし、前者はⅡ文様帯の幅が狭く、胴部上半に限られている。

東北地方中南部の大木 8a 式（新）（第 45 図 6）の口縁部のⅠ文様帯と胴部のⅡ文様帯とに分かれる構造は、大木 8b 式（古）（同 7）までつづく。大木 8b 式（新）（同 8）では、Ⅰ文様帯が上へ拡大したⅡ文様帯に取り込まれるかたちになり、ⅠとⅡとが接している。一方、東北地方北部の円筒上層各式土器の文様は基本的に、口縁部から胴部上半にかけてひとつながりの幅の

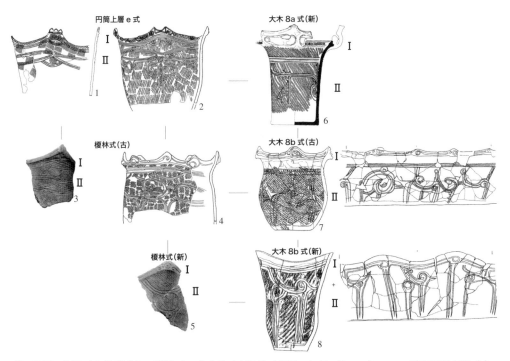

第 45 図　榎林式と他型式との関係（1: 青森県三内澤部（市川・古市・他 1978）、2、4: 青森県富ノ沢（2）（成田・他 1992）、3、5: 青森県榎林（角田 1939）、6: 宮城県青島貝塚（加藤・後藤 1975）、7、8: 宮城県桂島貝塚（後藤 2010）; 各文献より一部変更）

広い I 文様帯のみの構造を特徴とする。ただし、円筒上層 e 式（同 1）では、縄紋原体の押捺文、短沈線文、突起部を中心とする隆線文などの加えられた幅の狭い口縁部の I 文様帯と、沈線文様の加えられた胴部上半の II 文様帯とに分けることが可能であろう。これは、大木 8a 式（新）（同 6）の構造が入り込んで成立したものと考えられる。榎林式は、こうした円筒上層 e 式（同 1）の文様帯の配置が継続して成立したといえる（同 3、5）。

ii）I 文様帯・II 文様帯の構造　円筒上層 e 式は、胴部上半の横位に連結する沈線文様を特徴としており（第 45 図 1）、榎林式の基準資料の第一の土器（同 3）の胴部文様はこれと一致する。また大木 8b 式（古）の幅の狭い口縁部には、沈線が巡り（同 7）、榎林式の基準資料の第一の土器、第二の土器（同 5）の口縁部文様はこれに近い。一方、大木 8b 式（新）には、剣先をもつ大渦巻文の下部に接続した円文とその両側に沿った沈線が円文の最下部手前で垂下する胴部文様をもつものがあり（同 8）、第二の土器の胴部の弧状文下の文様はこれと一致している。したがって第一の土器は、II 文様帯に円筒上層 e 式の胴部文様が継続しながら、I 文様帯に大木 8b 式（古）の口縁部文様が入り込み成立したと考えられる。第二の土器は、I 文様帯に第一の土器の口縁部の文様が継続しながら、II 文様帯に大木 8b 式（新）の胴部文様が入り込み成立したととらえられる。ただし、波頂部下の弧状文は第一の土器から継続していると考えられる。第一の土器は榎林式（古）、第二の土器は榎林式（新）とすることができるだろう。

ひとまず円筒上層 e 式の II 文様帯の構造の残るものを榎林式（古）とし、その構造が崩れ、大木 8b 式（新）の胴部沈線文様がかなりの程度入り込んで成立したものを榎林式（新）としておく。「榎林 I 式」（鈴木克 1976）には前者と概ね一致する特徴をもつ土器が含まれ、「榎林 II 式」も後者を含むと考えられる。なお円筒上層 e 式の II 文様帯の沈線文様をベースに、大木 8a 式（新）（第 45 図 6）の胴部文様要素が付属的に入り込んでいるものがある（同 2）。同様に榎林式（古）の II 文様帯の沈線文様をベースに、大木 8b 式（古）（同 7）の胴部文様が付属的に入り込んでいるものがある（同 4）。榎林式（新）（同 5）の I 文様帯、II 文様帯は、大木式の胴部文様要素が一部入り込んだ円筒上層 e 式（同 2）、榎林式（古）（同 4）からより順調に変遷が辿れる。いずれにせよ、榎林式（古）、（新）では、大木 8a 式から円筒上層 e 式に入り込んだ I と II とに文様帯が分けられる構造が継続している。大木 8b 式（古）から榎林式（古）に入り込んだ I 文様帯の構造は、榎林式（新）につづいている。最後に、大木 8b 式（新）から II 文様帯の構造も大分入り込んで榎林式（新）が成立したと整理できる。

第 5 章　縄紋土器の文様の構造と系統

3　最花 A 式と他型式との文様構造の比較

(1) 仮称最花 A 式と榎林式、大木 9b 式との関係

仮称最花 A 式[5]の I A 類の、文様帯、単位文様、文様要素の各レベルで把握した文様の構造について、他型式との連関を明確にしたい。

ⅰ）文様帯の配置　榎林式の文様は、幅の狭い口縁部の I 文様帯と胴部の II 文様帯とに明確に分けられる構造であった。一方、大木 9b 式の文様は、前型式までみられた I 文様帯が消失して成立したもので、沈線文様が加えられた II 文様帯ひとつの構造を特徴とする。最花 A 式の口縁部には、榎林式のような沈線文はないものの段が加えられており、榎林式の I 文様帯の配置と一致するといえる。最花 A 式の文様は、榎林式の I 文様帯とその下の II 文様帯との構造が継続して成立したものと考えられる（第 46 図）。

ⅱ）II 文様帯の構造　榎林式（古）は、円筒上層 e 式の胴部にみられた横位の沈線文様連結・展開が継続して成立している。榎林式（新）にも、縦位に区切ることが可能になってはいるものの、横位に入り組んだ文様展開が認められる。これに対して、大木 9b 式では、明確に縦位に分けられる、短冊状の単位文様の並列配置が特徴である。最花 A 式の II 文様帯の構造は、大木 9b 式と一致しており、その構造が浸透して成立したことがわかる（第 47 図）。

ⅲ）単位文様の構造　榎林式（新）の胴部沈線文様からは、2、3 条の並行沈線による、縦位のひとまとまりの文様を抽出することができる。例えば弧状文の下に垂下文が配置されるものや、弧状文に沿った両側の沈線がその下部から垂下するもの、全体で Y 字状を呈するもの

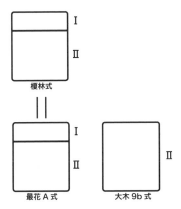

第 46 図　最花 A 式と関係諸型式との文様帯の配置の比較

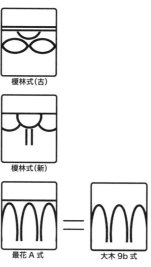

第 47 図 最花 A 式と関係諸型式との II 文様帯の構造の比較

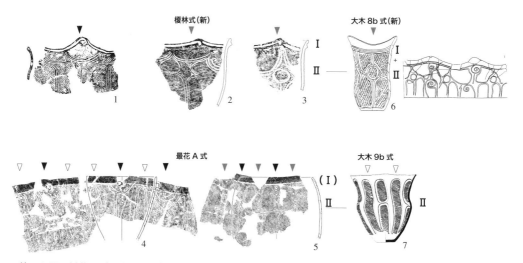

第 48 図 最花 A 式と榎林式（新）・大木 9b 式との関係（1: 青森県一王寺（角田 1939）、2、3: 青森県三内丸山（小笠原雅・他 2009、岡田・他 2007）、4、5: 青森県最花貝塚、6: 宮城県桂島貝塚（後藤 2010）、7: 宮城県青島貝塚（加藤・後藤 1975）；各文献より一部変更）

である（第 48 図 1）。これらは、最花 A 式の単位文様(a)や(b)の両側の沈線内（同 4）、(c)、(d)（同 5）のモチーフに一致あるいは近似している。また、弧状文の下に左右で対向する弧状文、円形文、上端が左右に反る並行垂下文が順に加えられたものや（同 2）、下端が左右に反る並行垂下文の下に円形文、上端が左右に反る並行垂下文が加えられたものが認められる（同 3）。これらは最花 A 式の単位文様(e)、(f)に近似している（同 5）。最花 A 式の単位文様(a)〜(f)（第 44 図）は榎林式（新）からつづいたものといえる。なお従来、円筒上層 e 式から「大木系土器への連続性は今後の課題」（小笠原雅 2008、347 頁）とされてきたが、最花 A 式の、榎林式（新）

第5章　縄紋土器の文様の構造と系統

からつづく単位文様のうち弧状文を含むものは、更に円筒上層e式の「弧状文及びその下の垂下文」あるいは「弧状文」まで遡ることが可能である[6]。

一方で、大木9b式は1条の沈線による文様が多く、縦長の逆U字状文や、楕円文と逆U字状文の上下の配置、H字状文の各単位文様を横位に組み合わせて器面に並列させている（第48図7）。これらは順に、最花A式の単位文様(g)と(h)、(i)～(k)、(l)と(m)のモチーフに近似しているが（同5）、榎林式には認められない。最花A式の単位文様(g)～(m)（第44図）は大木9b式に由来するものといえる。

iv）単位文様の配置　最花A式の単位文様(a)～(f)は榎林式（新）、(g)～(m)は大木9b式に由来するものなので、先にみた単位文様の配置①、②、③・④（第13表）は、順に榎林式（新）の系統の単位文様の組み合わせ、榎林式（新）と大木9b式との二つの系統の単位文様の組み合わせ、大木9b式の系統の単位文様の組み合わせということができる。

ただし単位文様には、隣接する単位文様と基本的に連結しないものと、隣接する単位文様の上端と逆U字状、直線状あるいは直につながることが多いものとが含まれていた。(d)などY字状文の連続あるいは他の単位文様との連結部分は（第41図4、6など）、(g)など逆U字状文の連続部分（同10）と類似した意匠となっており、区別しがたい場合もある。分割してみれば榎林式（新）の系統の単位文様であっても、連結することにより大木9b式の文様と類似した構図をとる。一方、榎林式（新）の系統の文様で連結しないものは、(a)や(b)のように両側に縦位の沈線が付加される、あるいは(e)のように弧状文の上端に1条の沈線が付加されるなどにより、大木9b式のH字状文、逆U字状文、上下の楕円形文と逆U字状文などを組み合わせて並列配置させた文様に近似しているのである。これらの現象からは榎林式（新）の系統とした単位文様も、大木9b式と近似の構図になるように単位文様同士の連結や、文様要素の追加・一部変更によりアレンジされていることがわかる。最花A式のいずれの単位文様も共通して、大木9b式に似た胴部沈線文様全体の構造にはめ込むことのできる形状になっているのである。

一方で、いずれの単位文様も共通して、縄紋地に、榎林式や大木9b式より細い沈線を1本ずつ加えた、主に並行沈線による文様となっている。縄紋地に2、3条の沈線からなる文様を加える手法は、円筒上層e式からつづく特徴であった。これに対して、大木9b式は、磨り消し縄紋手法を特徴としており、1本描きの沈線文様内部に縄紋が充填されているものが多い。最花A式では1本ずつ沈線を加える手法で並行沈線文が描かれるからこそ、単位文様(g)が連続して加えられた部分は、(c)や(d)が隣接文様と連結ものと類似するのであり、大木9b式の系統の文様としたものも、大木9b式の文様そのものではなく、在地の系統の文様に近似していることがわかる。最花A式の文様は、大木9b式のⅡ文様帯の構造を志向しながらも、榎林式（新）と大木9b式との二つの系統が交錯する単位文様が、在地で継続した特徴の認められる、独自の技法で加えられたものといえる。

なお、最花A式の口縁部直下の円形のボタン状突起とセット関係にあるといえた弧状文は、榎林式、さらに遡ると円筒上層e式においても波頂部直下に配置されることが多い。また、第41図2の土器がボタン状突起下に単位文様(b)を配置し、その脇に大木9b式の系統の単位文様(g)を並列させたものであったように、突起下に加えられるのは基本的に弧状文であり、大木9b式系統に確実に区分される単位文様ではない。

　この現象からは、第一に、突起から波状縁が生じる場合（山内1964f）とは逆に、波状縁が平縁にふされるボタン状突起に変化する場合があったことがわかる。なおかつ在地の波状縁(あるいは突起)と沈線文様との結びつきが、平縁になってもボタン状突起と在地の系統の文様との結びつきとして継続していることがわかる。第二に、最花A式の、在地と東北地方中南部との系統の単位文様を組み合わせて横位に並列させた文様の構図は、実は特定の傾向をもっていることがわかる。最花A式では、弧状文を含む在地の系統の単位文様とそれに類する文様が「文様の配置の中心とか出発点になっている」（山内1964f、156頁）と考えられるのである。例えば、胴部上半の波状にみえる文様について、概ねその谷の部分、つまり弧状あるいは逆U字状文の部分を1単位としてみると、全体の文様の構造を把握することができる。突起とⅡ文様帯との関係は、型式の文様構造さらには他地域の要素の浸透の方法を読み解く鍵となる。

(2) 榎林式と仮称最花A式とのあいだ

　まとめると、仮称最花A式の文様帯の配置は、榎林式から継続したものといえ、痕跡的ながらもⅠ文様帯とⅡ文様帯とに分かれる。そのⅠ文様帯の下に、Ⅱ文様帯のみの構造になった大木9b式の縦位の単位文様の横位並列という構造が入り込んでいる。その枠組みにあわせて、榎林式、大木9b式の二つの系統の単位文様が組み込まれているといえる。これらのことから、最花A式は、大木9b式に並行する東北地方北部の型式であるといってよい。

　榎林式は大木8b式並行であり、最花A式は大木9b式並行であると考えられることから、両者のあいだには、大木9a式（第49図5）並行の未命名型式が想定される。出土事例は多くないもののいくつかの資料がこの間隙型式であると考えられる（同1、2）。文様は、若干肥厚する口縁部に縄紋はなく浅い沈線が巡る場合のある痕跡的なⅠ文様帯と[7]その下のⅡ文様帯との構造である。Ⅱ文様帯は、縦位の単位文様の横位並列に近い構造である。単位文様は1、2条の沈線によるもので、最花A式の単位文様(a)や(b)の両側の沈線内や(c)～(f)と、その祖形の榎林式の単位文様とそれぞれ中間的なものが認められる。例えば、中心に円形文が加えられているが、弧字状文に沿った両側の沈線がその最下部手前から垂下するものがみられる（同1）。最花A式の単位文様(a)や(b)の両側の沈線内の文様（同3）や、(c)、(d)に一致あるいは近似している。また、下端が左右に反る並行垂下文の下に円形文、上端が左右に反る並行垂下文が認められる（同2）。最花A式の単位文様(e)、(f)（同4）に近似している。これらはいずれも、榎林式（新）から継続したものといえる。もちろん資料数増加を待ちつつ今後細かな分析を積み重ねていく必要があるが、この型式の文様帯の配置やⅡ文様帯の構造、単位文様とその配置

第5章　縄紋土器の文様の構造と系統

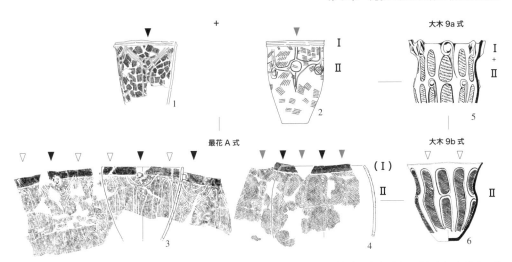

第49図　最花A式と榎林式後続の未命名型式・大木9b式との関係（1: 青森県富ノ沢（2）（成田・他 1992）、2: 青森県三内（鈴木克 1976）、3、4: 青森県最花貝塚、5: 宮城県梨木囲（芳賀 1968）、6 宮城県青島貝塚（加藤・後藤 1975）; 各文献より一部変更）

は、概ね榎林式（新）から継続して成立したと考えられ、東北地方中南部の型式から入り込んだ要素は少ないようである[8]。

この未命名型式を考慮すれば、最花A式の（ⅰ）文様帯の配置は榎林式（新）及びつづく型式から継続したもの、（ⅱ）Ⅱ文様帯全体の構造は大木9b式から入り込んだもの、（ⅲ）単位文様は榎林式（新）及びつづく型式並びに大木9b式の二つの系統の交錯したものとまとめられる。

4　縄紋時代中期後半の東北地方北部と中南部との型式間の関係

（1）最花A式

最花A式の代表的な出土遺跡として青森県六ヶ所村富ノ沢（2）遺跡、黒石市花巻遺跡、青森市三内丸山遺跡、階上町野場（5）遺跡、秋田県鹿角市天戸森遺跡などがあげられた。これらの遺跡出土土器も外面全体に縄紋原体が横位に回転押捺された後、口縁部に段が付加され、段部より下に基本的に(a)〜(m)といった縦位の単位文様が組み合わさり横位に並列する沈線文様が加えられている点に変わりはない。文様要素の形態あるいは単位文様の配置に若干の差異を含むもの、例えば富ノ沢（2）遺跡からは先述した単位文様の配置パターン①〜④のうち①（第50図1）[9]や④（同7）、花巻遺跡からは②（同3）、天戸森遺跡からは②（同4）や③（同8）、三内丸山遺跡からは③（同5）、野場（5）遺跡からは④（同6）の配置が認められる資料が出土している。

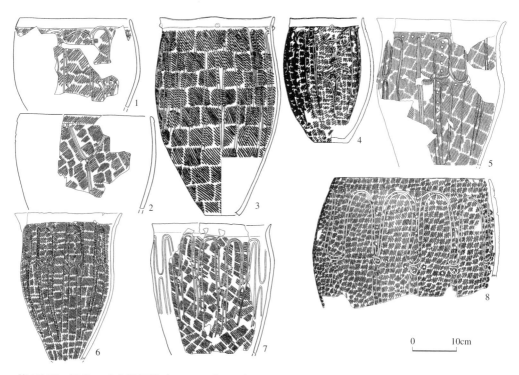

第 50 図 最花 A 式土器類例（1、2、7: 成田・他 1992、3: 鈴木徹 1998、4、8: 秋元 1990、5: 成田・他 1995、6: 畠山・他 1993 より一部変更）

　最花 A 式の文様帯の配置は、在地の特徴が継続したといえ、大木 9b 式とは異なっている。技法も、磨り消し縄紋手法をとらない在地の特徴が継続しつつも固有の特徴が確立されており、大木 9b 式とは異なっていた。一方で II 文様帯の構造は、大木 9b 式と近似するものになっており、単位文様も榎林式（新）及びつづく未命名型式並びに大木 9b 式の二つの系統が交錯したものといえるのである。最花 A 式は、榎林式（新）につづく型式が分布していた東北地方北部に、大木 9b 式についての視覚に訴えるイメージが入り込んだ結果成立したと考えるのが妥当である。最花 A 式は、榎林式（新）につづく型式の後、大木 9b 式並行とみてよい。

(2) 最花 A 式と仮称中の平 III 式

　仮称中の平 III 式[10]に関しては、今後も榎林式とともに分析を積み重ねていく必要があるが、ここで最花 A 式との関係について若干の展望を述べておく。

　中の平 III 式は、中の平遺跡出土第 III 群（鈴木克 1975a）の A 類土器（第 51 図）を基準資料とする。口縁部の弱い段部まで器体成形完了後に、段部より下に縄紋[11]、沈線文が順に加えられている。弱い段は、粘土紐の接合痕が外面のみわずかに残るものであるが、胴部の縄紋がはみ出す、あるいは口縁部直下を巡る楕円形の刺突文列が被さるなどして、明確でないことが多い。その製作工程と形態からは、最花 A 式のような明確な装飾としての段を作出する意図は読み

第 5 章　縄紋土器の文様の構造と系統

第 51 図　中の平遺跡出土第Ⅲ群 A 類土器（鈴木克 1975a より一部変更）

取れない。したがって、中の平Ⅲ式は、胴部のⅡ文様帯のみの文様の構造をもつといえるであろう（第 52 図「中の平Ⅲ式」）。Ⅱ文様帯は、細い短冊状の単位文様が間隔をあけて並列した構造をとる（第 53 図「中の平Ⅲ式」）。単位文様は、4〜5㎜の沈線による 2、3 条の垂下文のみである。

出土事例は少ないものの、榎林式（新）には、口縁部のⅠ文様帯に波頂部の円文と両側に延びる沈線が加えられ、胴部のⅡ文様帯に 3 条の垂下文のみが横位に間隔をあけて加えられたも

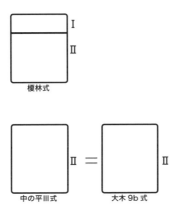

第 52 図　中の平Ⅲ式と関係諸型式との文様帯の配置の比較

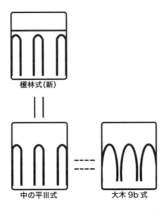

第 53 図　中の平Ⅲ式と関係諸型式とのⅡ文様帯の構造の比較

119

のが含まれる（第54図1）。大木8b式（新）には、口縁部に波頂部の渦巻文から延びる沈線文が巡り、胴部にやや角張った逆U字状文が連続し、文様間に垂下文が加えられているものがある（同4）。逆U字状文は波頂部下で接し、渦文が逆U字状文間に包み込まれるかたちでⅠとⅡと文様帯はひとつづきになっている。胴部文様は、榎林式（新）（同1）のように各波頂部下に垂下文が加えられたものに類似してみえる。ここで取りあげた榎林式（新）（同1）は、こうした大木8b式（新）（同4）の単純なⅡ文様帯の構造、文様単位とその配置が入り込み成立したものと考えられる。

　やはり数は少ないものの、東北地方北部からは、横位の楕円形刺突文列が巡る口縁部のⅠ文様帯、縄紋地に垂下状沈線文が間隔を開けて並列に加えられた胴部のⅡ文様帯という文様構造をもつ土器も出土する（第54図2）。波頂部直下の垂下文の上部には、円形浮文がふされている。文様帯の配置、Ⅱ文様帯の構造、単位文様とその配置は、先述の榎林式（新）（同1）と類似しており、榎林式（新）から継続したといえる。一方で、大木9a式には、波頂部に円文に近い渦状の浮文をもち、胴部に円文の直下を含めて逆U字状沈線文を横位に連続させたものがある（同5）。渦状文の一部は胴部に入り込み、ⅠとⅡとの文様帯の境界は明確ではなくなっている。先にあげた土器（同2）のⅡ文様帯の構造や単位文様とその配置は、こうした大木9a式の「Ⅰ＋Ⅱ」文様帯とも類似しており、榎林式（新）から継続したと同時に大木9a式からも浸透して成立したと考えられる。この土器は、榎林式につづく、大木9a式並行の未命名型式の一

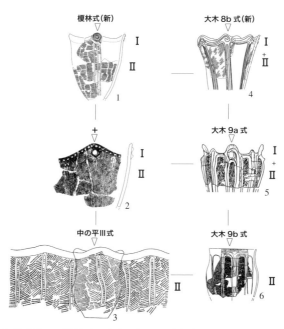

第54図　中の平Ⅲ式と他型式との関係（1: 青森県富ノ沢（2）（成田・他1992）、2: 青森県槻ノ木（1）（白鳥1995）、3: 青森県中の平（鈴木克1975a）、4: 宮城県高柳（佐藤・他1995）、5・6: 宮城県南境貝塚（後藤2004）; 各文献より一部変更）

第 5 章　縄紋土器の文様の構造と系統

部としておく。

　大木 9b 式は、Ⅱ文様帯のみの文様構造をとり、Ⅱ文様帯に逆 U 字状文のみが横位に連続して加えられているものを含む（第 54 図 6）。こうしてみると、中の平Ⅲ式（同 1）の文様帯の配置は、大木 9b 式と一致しており（第 52 図）、Ⅱ文様帯の構造や単位文様とその配置は、一部の榎林式（新）（第 54 図 1）及びつづく型式（同 2）と近似しており、また大木 9b 式（同 6）とも類似していることがわかる（第 53 図）。中の平Ⅲ式の文様帯の配置は、大木 9b 式から新たに入り込んだものである。それに対してⅡ文様帯の構造や単位文様とその配置は、中の平Ⅲ式のみならず榎林式（新）とつづく型式においても、それぞれ並行する大木式の一部と類似したものに偏っている。中の平Ⅲ式、榎林式（新）、その継続型式はそれぞれ順に大木 8b 式、9a 式、9b 式の一部との系統関係がうかがわれ、中の平Ⅲ式のⅡ文様帯の構造や単位文様とその配置は、榎林式（新）とそれにつづく型式から継続したとも大木 9b 式から入り込んだともいえるであろう。技法も、磨り消し縄紋手法をとらない在地の特徴が継続しながらも、東北地方中南部における中期後半の諸型式の胴部への縄紋原体の回転方向に偏る傾向がみられた。中の平Ⅲ式は、東北地方中南部の型式についての文様帯、単位文様とその配置のレベルの視覚的な情報のみならず製作時の運動的な情報までが一部浸透して成立したといえそうである。

　最花 A 式と中の平Ⅲ式とはともに榎林式（新）直後の型式[12]に後続する、大木 9b 式並行期のものといえ、Ⅱ文様帯の構造にいくらかの類似性が認められる一方で、文様帯の配置や単位文様とその配置[13]の特徴を異にしている。製作工程を含めた技法や器形の特徴も異にしていた。榎林式（新）やつづく未命名型式の内部における、最花 A 式へつづくものと中の平Ⅲ式へつづくものとの差異も、並行する東北地方中南部の型式の要素の入り込み方の違いが生じた結果と考えられるが、最花 A 式と中の平Ⅲ式との差異は、大木 9b 式との関係の違いから、榎林式（新）及びつづく型式の内部での差異が、さらに拡大したものと考えられる。最花 A 式と中の平Ⅲ式とは、それぞれ最花貝塚遺跡 A 地点、中の平遺跡から、まとまって出土したことからも、系統を分けてとらえることが妥当である。

5　結語

　本章では東北地方北部を中心とした縄紋時代中期後半の土器型式編年整備のために、青森県むつ市最花貝塚遺跡 A 地点出土土器の文様の構造及び系統に着目した分析をおこなった。文様は口縁部の段をもつ痕跡的な I 文様帯と胴部の沈線文様をもつⅡ文様帯とに分かれている。沈線文様はいくつかの縦位の単位文様を組み合わせて横位に並列させたものである。当資料を基準とする最花 A 式の、文様帯の配置は榎林式（新）からつづいたもの、Ⅱ文様帯の構造は大木 9b 式から入り込んだもの、単位文様は榎林式（新）・大木 9b 式二つの系統の交錯したものといえる。なお、榎林式（新）から最花 A 式への変遷を取り次ぐ未命名型式が、大木 9a 式並行に存在すると考えられる。最花 A 式は、榎林式（新）につづく型式の後、大木 9b 式並行と

みてよい。文様帯、単位文様、文様要素といった各レベルでの構造及び系統に着目した文様の比較研究で、型式間の関係の解明は一層進むのである。

註

1) 本章は、安達 2014 を加筆修正して成稿したものである。
2) 胴部の縄紋は RL 原体の横位回転のものが多く、下端まで加えられていた。
3) 第41図9、16、17 の下半の文様は不明であるが、9、16 についてはそれぞれ文様単位(c)、(k)を含む文様であった可能性が考えられる。
4) ただし、図中央の単位文様は(a)ととらえることもできる。また、一箇所のみ、突起下でない部分にも (b) の縦位文の内部あるいは(e)の 3 条の円形文を除いたものに類似する、弧状文の下部に左右対向弧状文が配置されその両端から垂下文が伸びる単位文様が認められる。このようにⅠA類土器の単位文様には、(a)〜(m)間の折衷ととらえられる範囲での若干のヴァリエーションがみられる。
5) 下北半島から小川原湖周辺、陸奥湾南岸、岩木川上流部周辺、さらに馬淵川・新井田川流域、米代川流域に分布する傾向をみてとることができた。
6) 円筒上層 e 式の口縁部直下を巡る 3 条沈線下の「弧状文及びその下の垂下文」から、榎林式（古)、（新)（第48図 1）を経て最花 A 式の単位文様(a)，(b)の両側の沈線内のモチーフや(c)、(d)へと変遷がたどれる。他方、円筒上層 e 式から継続したと考えられる弧状文の直下に、大木 8b 式（同 6）から入り込んだ文様が加わる榎林式（新）（同 2、3）の文様から、最花 A 式の(e)、(f)へ変遷をたどれる（安達 2012）。
7) 榎林式の外反する口縁部は断面外側が角状に肥厚している。肥厚部の上側面は無紋になっており、波頂部の渦巻文等から延びる 1 条の沈線文が加えられている。
8) 「中の平Ⅱ式」（鈴木克 1975 a、1976）のうちいくつかは、この型式に含まれる。
9) 同一住居址の覆土から、第50図の 1 と 2 が出土している。2 には文様単位(d)が加えられている。
10) 主に津軽半島北端部から陸奥湾南岸に分布する傾向をみてとることができた。
11) 縄紋は概ね縦位回転で加えられており、胴部下端までは加えられていない。
12) 榎林式（新）に後続する未命名型式土器のうち、最花 A 式へとつづくもの（第49図 1）は平縁か平縁に近い緩い波状縁をもつが、中の平Ⅲ式へとつづくもの（第54図 2）は波状縁をもつ。
13) 最花 A 式の単位文様のうち、垂下文である(h)は、長さが短く胴部中央付近までであり、また最花 A 式のⅡ文様帯は、(h)を含めひとつの単位文様のみを間隔をあけて並列させる配置はとらない。

第6章　東北地方北部中期後半の土器型式編年とその広範な比較・総合への見通し

1　東北地方北部・中南部・関東地方の中期中葉～後葉型式間の関係

　縄紋時代中期中葉、加曾利E1式──大木8a式、加曾利E2式──大木8b式（古）という関東地方と東北地方中南部との型式間で、ⅠとⅡとの文様帯の配置に一致が認められる状況がつづく（第55図15～18、7～10）。東北地方北部では円筒上層d式までⅠ文様帯のみの構造のあったところに（同1）、中南部型式のⅠ文様帯とⅡ文様帯との重複構造が入り込み成立した円筒上層e式からⅠとⅡとの独自の文様帯配置となる（同2、3）。

　その後、関東地方ではⅠとⅡとを区別できる配置が加曾利E3式までつづいたのち（第55図19、20、21）、Ⅱのみの文様帯配置をとるE4式が成立する（同22）。東北地方中南部ではⅠとⅡとの文様が縦位に入り組むように接続し境界が不明確になった大木8b式（新）、大木9a式の後に（同11、12、13）、Ⅱ文様帯のみの構成となる大木9b式が成立する（同14）。ここにおいて再び関東地方と東北地方中南部の文様帯の配置は一致するのである。

　Ⅱのみの文様帯の配置は加曾利E4式、大木9b式、さらには中の平Ⅲ式にも認められる。各単位文様が加曾利E4式においては胴部中央付近で横位につながるのに対し大木9b式では横位に間隔があくことが多いといったこまかな差異はあるものの、加曾利E4式と大木9b式とは単位文様の横位配列というⅡ文様帯の構造も近似している。これらは、最花A式や中の平Ⅲ式のⅡ文様帯の構造とも近似している。

　最花A式のⅠとⅡとの文様帯の配置は、在地榎林式につづく型式の特徴が継続したといえ（第55図6）、Ⅱ文様帯の構造は大木9b式から入り込んだもの、単位文様は榎林式につづく型式と東北地方中南部大木9b式との二つの系統が交錯したものと考えられた。一方で中の平Ⅲ式のⅠ文様帯は沈線がなくまた装飾として明確な段を付加していないことから消失しているといえ、Ⅱのみの文様帯の配置は大木9b式から入り込んだものと考えられる。Ⅱ文様帯の構造や単位文様とその配置は、榎林式につづく型式から継続したとも大木9b式から入り込んだともいえるのであった。最花A式、中の平Ⅲ式は、大木9b式、さらには加曾利E4式と時期的に並行するのである。

　文様帯の配置と密接に関係している器形をみると、東北地方北部における前期～中期前半の円筒下層式・上層式をとおして、その名が示すように底部から口縁部まで直線的であることが

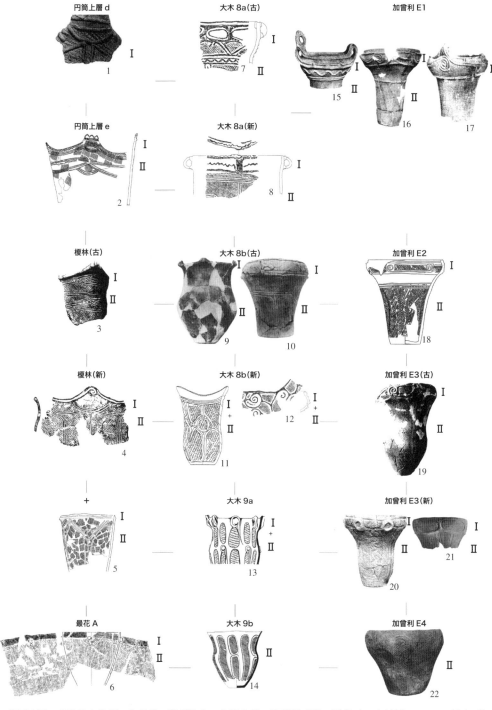

第 55 図 東北地方北部・中南部・関東地方の中期中葉〜後葉型式間の関係（1: 中村編 1996、2: 成田・他 1992、3: 角田 1939、4: 角田 1939、5: 成田・他 1992、7、8、12: 早瀬・菅野・須藤 2006、9、10、19、21: 山内 1979、11: 後藤 2010、13: 芳賀 1968、14: 加藤・後藤 1975、15 〜 17、20、22: 山内 1940e、18: 白石・他 1977 より一部変更）

第6章　東北地方北部中期後半の土器型式編年とその広範な比較・総合への見通し

特徴である（第6、55図）。ただしその後半からは次第に口縁部の外反が強まり、榎林式をピークにその後弱まり、最花A式では口縁部が緩やかに外反するものの他に緩やかに内弯する器形も生じるのである。こうした円筒下層・上層式から最花A式までの間隙のない変遷過程に、関東地方における並行期の型式のような、口頸部がふくらみ内弯する器形の土器が入り込む余地はない。東北地方北部の独自の型式変遷は、関東地方の型式序列と比較することでより明確に認識されるのである。

これらの中間の地域である東北地方中南部における、前期〜中期の型式の内容には内部で地域差があるが、基本的には宮城県の大木囲貝塚遺跡出土土器が模式標本とされる。大木8b式については器形の異なる2個体の土器が標準として提示された（山内1979、図版82）（第55図9、10）。現在ではともに大木8b式（古）とされる。そのうち口縁部が外反する器形には（山内1979、図版82-左）（第55図9）、東北地方北部の榎林式（古）との類似が認められる。他方の口頸部がふくらみ内弯する器形には（山内1979、図版82-右）（第55図10）、関東地方の加曾利E2式との一致が認められる。

大木8b式の前者と後者は、器形について、それぞれ東北地方北部、関東地方との関係があって成立したといえそうである。文様帯の配置については、ともに前代の大木8a式の特徴が引き継がれながらも、幅の狭いⅠとその下のⅡとからなる前者には榎林式（古）との類似が認められ、幅広のⅠとその下のⅡとからなる後者は加曾利E2式との一致が認められる。ただし、前者のⅠ文様帯とⅡ文様帯とは離れており、後者及び加曾利E2式との系統関係もあるはずである。体部の文様については、二者とも大木8a式（新）の系統である。

この大木8b式の二者[1]の各系統の土器の器形や文様帯配置の差異は（第55図11、12）、その後明確でなくなる（同13、14）。中期末葉、とくに大木9b式並行期に、各地域でそれまで継続した口縁部の外反あるいは口頸部のふくらみ・内弯の度合いが弱まるとともに、Ⅱ文様帯の構造も、最花A式を除いて文様帯構成も統一的になるという、東北地方北部から関東地方にかけての連動した動きを読み取ることができる（同6、14、22）。

器形や文様帯から、こうしたおおまかな系統関係は把握される。しかし、表面的な装飾で単純に区分するだけではみえないものもある。第4章において、最花A式、中の平Ⅲ式の模式標本である最花貝塚遺跡A地点出土土器、中の平遺跡出土第Ⅲ群土器から、各々の固有の製作システムを解明した。他の型式土器の製作工程にも、同様に一定の傾向が認められる可能性がある。まずは最も系統をよく反映した代表的な文様帯配置をもつ器形の土器を対象に、縄紋装飾を含めた加飾の工程の分析に取り組むのがよいだろう。以下は、広域編年研究に製作工程の分析を導入するための展望と課題の一端を記すものである。

ⅰ）**関東地方**　今後の詳細な分析の積み重ねの必要性を承知のうえで、最花A式、中の平Ⅲ式の標式資料の観察や、大木式標式・準標式資料の写真や解説（山内1979、興野1996）、詳細な報告（早瀬・菅野・須藤2006）及び筆者自身の観察、加曾利E式、円筒上層式標式・准標

式資料の写真や解説（山内1940e、1979、中村編1996）にもとづき、製作工程の観点から東北地方北部・中南部・関東地方の中期中葉〜後葉型式間の関係を概観する。山内清男の撮影した写真は、土器の細部の特徴もわかる鮮明なものである（興野1996、付図、中村編1996、付図、山内1940e、付図、1979、付図）。

　個々の型式における製作工程のモデル化としては、最花A式や中の平Ⅲ式の製作工程模式図のように（第30、34図）、各工程の仕上がり状況を図にして順に並べるのがよい。ただこれは場所をとるため、地域的・時期的に広範な比較総合のためには、最も系統をよくあらわした文様帯構成をもつ器形の土器に加えられた、各装飾の種類・範囲・順がひとつにまとめて表現された図があるとよいと考える[2]。装飾は概ね帯状にとらえられることが多いことから、その縦の範囲が示せればよい。

　こうした点をふまえて、第56図に東北地方北部・中南部・関東地方の中期後半の各型式の模式標本に認められた諸装飾の範囲と順とを、模式的に一覧にして仮に示した。第55図には中の平Ⅲ式を掲載しきれなかったが、それ以外の型式は第55図と第56図とで対応している。第56図では、各装飾の縦の範囲を示す矩形を、加えられた順に各模式図内で左からずらして並べてある。その範囲に加えられた装飾要素が多いほど矩形は細くなる。なかには、重複部分がなく先後関係が定かでない装飾もあり、それらは各模式図内で横にずれていない。今後も細かな検討の積み重ねにより追加修正できるはずである。なお成形技法に関しては、最近、小林正史らにより広範の型式の粘土紐の接合方法（外傾あるいは内傾の差）について体系化する試みがなされている（小林・高木・岡本・永嶋2012）。各模式図内のまずは左端に、成形内容と範囲を示す矩形を挿入することも可能であろう。

　関東地方の加曾利E1式として、山内が提示した資料から、三つの標本をここでは取りあげる（第55図15〜17、第56図「加曾利E1」1〜3）。先後関係が不明な部分は／として、順に、器体成形後〈1〉口縁部に隆（→）沈線文様作出／「縄紋原体のほぼ器面全体への縦位回転押捺→頸部の隆線文様・体部の浅い沈線文様描出」の工程のもの（第55図15、第56図「加曾利E1」1）（山内1940e、図版80-2）、〈2〉「口縁部隆線文様→縦位の条線充填」／「体部下半縄紋原体（単軸絡条体（山内1979、47-48頁））の縦位回転押捺→体部下半隆線文様描出」の工程のもの（第55図16、第56図「加曾利E1」2）（山内1940e、26頁−図版81-1）、〈3〉縄紋原体（単軸絡条体）を口頸部に横（斜）・体部に縦位回転押捺→口頸部隆線描出の工程のもの（第55図17、第56図「加曾利E1」3）[3]（山内1940e、26頁−図版80-2）である。これらの縄紋原体の種類や回転方向、範囲などの違いは、系統の違いが表れたものと考えられる。

　第一の土器は、加曾利E式の前代にあたる阿玉台式の分布が認められた関東地方東部・北部に特徴的とされる。重要なのは、縄紋が加えられた後に、頸部に横位の波状・並行隆線が加えられているということである。縄紋の範囲は、阿玉台式後半部分と一致している。しかし阿玉台式の縄紋は隆線の後に加えられるというから（大村1998）、縄紋と隆線の先後関係は逆である。後述する大木8a式（古）の頸部文様の工程との関連が注目される。

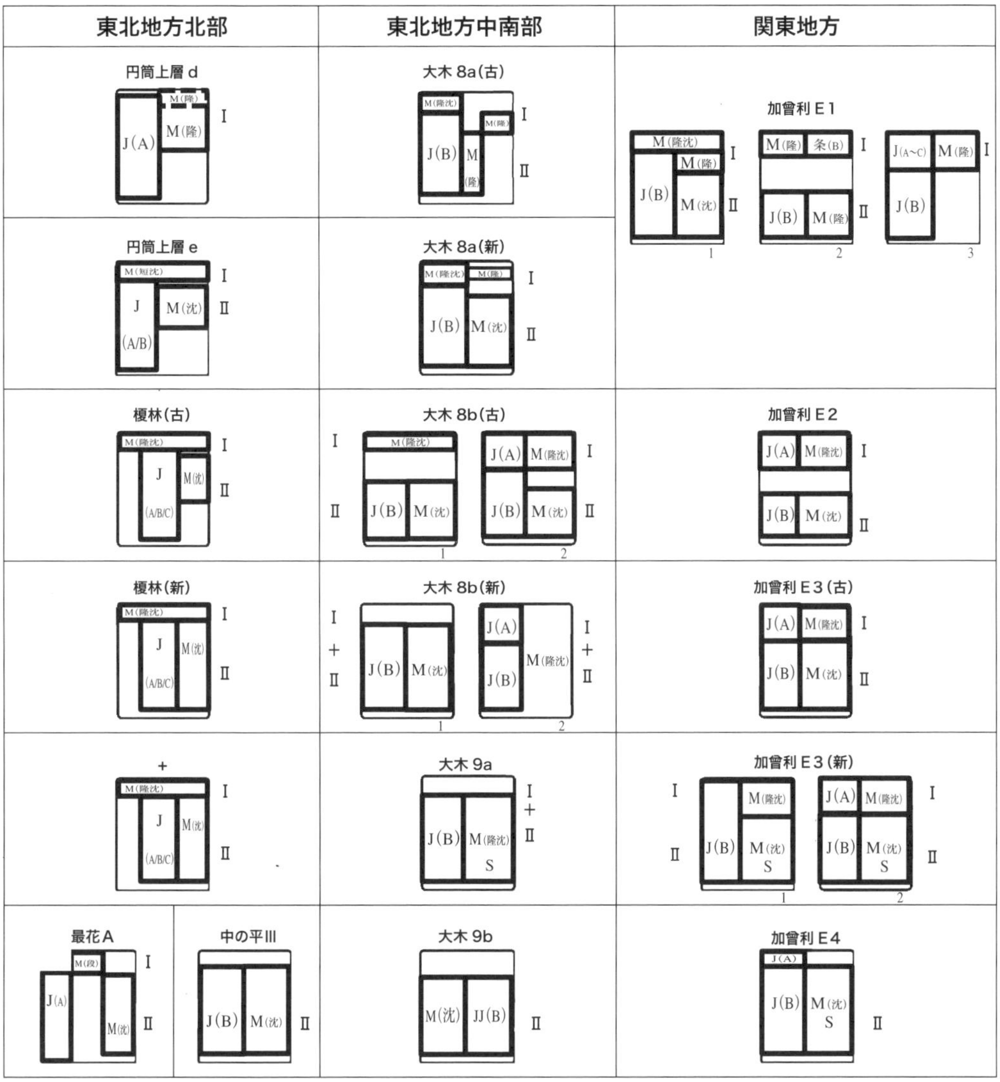

第 6 章　東北地方北部中期後半の土器型式編年とその広範な比較・総合への見通し

東北地方北部	東北地方中南部	関東地方
円筒上層 d	大木 8a(古)	加曾利 E1
円筒上層 e	大木 8a(新)	
榎林(古)	大木 8b(古)	加曾利 E2
榎林(新)	大木 8b(新)	加曾利 E3(古)
+	大木 9a	加曾利 E3(新)
最花A／中の平III	大木 9b	加曾利 E4

【凡例】　J＝縄紋、S＝磨消、JJ＝縄紋充填、条＝条線（A＝横位回転、B＝縦位回転、C＝斜位回転、D＝異方向）、M＝文様（隆線、沈線、隆沈線、短沈線、段など）

第 56 図　東北地方北部・中南部・関東地方の中期中葉～後葉型式の加飾順比較模式図（仮）

　第二の土器は、加曾利 E 式のもうひとつの前代型式である勝坂式の分布が認められた西部域出土土器を指標とするものであり、「口縁部隆線文様→縦位の条線充填」の手順は、勝坂式の系統と考えられる。

　第三の土器は口縁部・胴部の縄紋の条の向きに、加曾利 E 式の並行型式にあたる中部高地の曽利式の所謂「斜行文」（櫛原 2008）土器の地の条線との一致が認められる。もちろん、今後細かな技法の比較分析が必要であるが、条の口縁部斜位、体部縦位の向きの組み合わせ、あるいは器具を口縁部では斜位に体部では縦位に動かす動作は、勝坂式や阿玉台式には認められ

ないことからも、曽利式「斜行文」の系統の可能性があるのではないかと考えている[3]。

　以上の加曾利 E1 式は、上方に盛り上がる突起をもつものが多い（第 55 図 15、17、第 56 図「加曾利 E1」1、3）。また、沈線が加えられることにより中央が凹む隆線（あるいは 2 条の隆線）による渦巻文様を主要な文様単位とする（第 55 図 15～17、第 56 図「加曾利 E1」1～3）。勝坂式・阿玉台式ともに、平縁のほか上方に盛り上がる突起のある口縁も認められる一方で、後述する大木 8a 式（古）は、平縁が標準的である。また、勝坂式の口縁部の単位文様のひとつに渦巻隆線文様があげられるが、主に 1 条の隆線によるものである。阿玉台式には口縁部に渦巻文様は認められない。一方で、大木 8a 式（古）は口縁部に中央が凹む隆線による渦巻文様が加えられ、第一の土器とは I 文様帯の構造も一致する。加曾利 E1 式は、前代の型式があったところに大木 8a 式（古）の I 文様帯の要素が入り込んで成立したといえそうである。

　さて、つづく加曾利 E2 式にあたる型式の標式資料を山内は提示しなかったものの、彼の記述から、それは口縁部に加えられた隆線の両側に沈線なぞりが生じ（山内 1979、53 頁）、比較的立体的な渦巻文が描出されたものと推測することができる（第 55 図 18）（白石・他 1977、132 頁 - 第 105 図 9）。口縁部の渦巻文様を構成する隆線は、縄紋地にあっても沈線で丁寧にふちどられることにより立体感が増して、加曾利 E1 式の第一の土器における口縁部の前面につきでる隆帯のように（第 55 図 15）、めだつのである。また並行する大木 8b 式（古）の一部の（同 9）、幅の狭い口縁部肥厚部の渦巻文様とも類似する。

　加曾利 E1 式は、比較的統一的な内容となる加曾利 E2～4 式の準備段階として、種々の形質の系統が色々な組み合わさり方をして成立している。先の三つの標本間にも時期差・地域差があると考えられ、今後製作工程も含めた諸形質についてひとつひとつ慎重に検討することで、E2 式土器との関係など土器の年代的・地域的体系のなかでの縦・横の連続・連鎖構造を解き明かすことができよう。

　その後、加曾利 E3 式では（山内 1979、図版 83）、縄紋原体の口縁部横位回転／胴部下半縦位回転→口縁部隆（→）沈線文／胴部下半沈線文の工程をとる（第 55 図 19、第 56 図「加曾利 E3（古）」）。口縁部では、渦巻沈線文様の幅は広くなり、隆線が 1 本のみ沿うようなかたちになり、それと地の縄紋が内部に認められる楕円形沈線文が組み合わさる。体部下半の装飾の範囲は上半に及ぶ。

　新しい部分では（山内 1979、図版 91-2）、胴部沈線文間磨り消しの工程が加わる（第 55 図 21、第 56 図「加曾利 E3（新）」2）。一部には（山内 1940e、26-27 頁 - 図版 86-2）、器体全面に縄紋原体を縦位に回転押捺してから口縁部と胴部との沈線文様を加え、胴部の文様間の縄紋を磨り消すものも認められる（第 55 図 20、第 56 図「加曾利 E3（新）」1）。

　加曾利 E4 式では（山内 1940e、27 頁 - 図版 87）、口縁部と胴部と分けて把握できる文様はなくなり、器形も口頸部の内弯、ふくらみは緩まる（第 55 図 22）。口縁部縄紋横位回転押捺／胴部縦位回転押捺→胴部沈線文様→沈線文間磨り消しの工程となる（第 56 図「加曾利 E4」）。これは現在では、加曾利 E4 式のなかでも古い部分とされるものである。

中期後半の関東地方では、口頸部の内弯、拡大する器形とともに、加飾のはじめに縄紋原体の口縁部横位回転押捺及び体部縦位回転押捺をおこなう工程が概ねつづいたとみてよい。I 文様帯がいったん消滅したかのようにみえる加曾利 E4 式にあっても、体部への縦位の他に口縁部への横位の縄紋原体回転押捺がなされている。

以上、東北地方北部の中期後半の型式編年の広範な比較・総合のために、ごく簡潔に関東地方の型式序列について製作工程の観点を中心に概観を試みたが、さらに西の曽利式の型式序列との関係も見逃せない。現状では曽利 II 式に位置づけられることが多いものの、「斜行文」土器は、器体成形→口縁部条線加飾→胴部縦位条線加飾→胴部隆線文描出・頸部・胴部波状粘土紐貼り付けという工程をとるという（山形 1996、今福 2011）。「斜行文」土器と「長胴」土器との加飾工程の違いが指摘されているほか（同）、曽利式の隆線文様の断面的な形状の変遷が明らかにされているのも（今福 2011）、重要である[4]。隆線の脇をなぞる技法は、曽利 III 式以降にみられるという（櫛原 2008）。

加曾利 E 式の体部沈線文様に注目すると、E1 式において 2 本沈線による垂下文と縦位波状文、E2 式、E3 式（古）において 3 本沈線による垂下文と 2 本沈線による縦位波状文、E3 式（新）において間隔のあいた 2 本の比較的太い沈線による垂下文（内部縄紋磨り消し）、縄紋地に 1 本の比較的太い沈線による縦位波状文、E4 式において 2 本沈線による逆 U 字や U 字状文の上下組み合わせ（外部縄紋を磨り消し）、縄紋地に 1 本沈線による縦位波状文が認められる（第 55 図）。垂下波状文は、縄紋の上に加えられつづけることが重要で、曽利式の胴部の 1 本の隆線による垂下波状文と視覚的に類似するのみならず、地の装飾の後に加えられることでも一致している。一方で、E2 式の 3 本沈線は後述する大木 8b 式と一致し、E3 式の幅広い沈線も大木 9a 式と一致している。

製作工程を含めた技法の分析は、広域の系統関係の考察にも有用である。以下でみる東北地方の諸型式と、加曾利 E 諸型式との比較・総合は可能であり[5]、東北地方北部の前期から中期の型式の器形・文様帯の特性が、関東地方と比較して闡明されたように（第 6 図）、今後曽利式ほかさらに西域の型式序列との製作工程についての比較も重要である。

ii）東北地方中南部 　東北地方中南部の大木 8a 式（古）は、I 文様帯の上半部（口縁部）に、前面につきでる楕円形の突起状隆帯の連続がみられるものであり、その接続部分は縦位の把手状を呈する（第 55 図 7）（早瀬・菅野・須藤 2006、26 頁 -36、興野 1996、図版 102- 下 - 上段左）。隆帯の中心は凹んでおり、沈線が加えられたものと考えられる。他の個体では、この凹状文の端部が小渦巻状となる（興野 1996、図版 102- 上 - 上段右）。連続楕円形文の直下（頸部）には 2 条の隆線による鋸歯状文様が加えられ、それがはがれた部分にも縄紋が認められることから、縄紋の後に加えられたことがよくわかる。体部文様は、頸部とひとつづきの縄紋地に 2 条の隆線に沈線が沿ったものであると考えられるが、3 条隆線文の可能性もある。また口頸部と体部との境界に横位並行隆線間に小波状隆線が加えられている。小波状隆線文様は、横位並行隆線

に被っており、それより後に加えられたことがわかる。

　大木 8a 式（新）では、（古）と同様に口縁部より下全体に縄紋が縦位に回転押捺されている一方で、頸部は狭く縄紋のみで文様が認められない（第 55 図 8）（早瀬・菅野・須藤 2006、26 頁-40、興野 1996、図版 102-下-下段右）。口縁部において、橋状把手の数は減り、楕円形隆帯の連続というよりも、ひと巡りする上端と下端の隆帯のところどころに橋状把手が付属するかたちである。口縁部隆帯で囲われた内部に、横位の波状隆線文が加えられる。体部には、横位 3 本沈線下に、主に 3 条の沈線によるおそらく渦巻状文様が加えられている。これは前代の文様モチーフが引き継がれたものと考えられる。

　大木 8a 式（古）は、加曾利 E1 式の先述の〈1〉の土器と、頸部の文様が近似するだけでなく、頸部の体部とひとつづきの縄紋のうえに隆線文様という手順も一致する（第 56 図）。また、大木 8a 式（古）の頸部にクランク状の隆帯文が認められる場合があり、加曾利 E1 式の〈1〉と同様の I 文様帯の構造をもつ土器にも共通する要素が認められる（山内 1940e、図版 82-1）[6]。したがって〈1〉は大木 8a 式（古）並行の加曾利 E1 式の古い部分と考えられるが、加曾利 E1 式の系統関係の整備は今後の課題であり、ここではひとまず口縁部と頸部の文様とあわせた部分を I 文様帯として、大木 8a 式（古）土器と加曾利 E1 式の〈1〉の土器との I 文様帯は構造や要素が一致していることを指摘するにとどめておく。

　その後大木 8a 式（新）、大木 8b 式（古）において頸部が無文となり、I 文様帯は口縁部に限られ、II 文様帯との間隔があくのである（第 55、56 図）。これは一部の加曾利 E1 式、加曾利 E2 式と一致している。また、大木 8a 式（新）において、山内が指摘した加曾利 E1 式並行型式と同じく（山内 1958b、289 頁）、I と II との手法の内容に差がつくといえる（第 3 図、第 56 図）。

　大木 8b 式（古）の模式標本のうち（第 55 図 9、10）、ひとつは波状縁で幅が狭い口縁肥厚部に波頂部の渦文からつづく沈線文が巡り、頸部より下には縄紋原体の縦位回転押捺の後に沈線文様が加えられたものである（第 56 図「大木 8b（古）」1）。もうひとつは平縁で幅広の口縁部に縄紋原体の横位回転押捺後に隆沈線文様が加えられ、その直下から底部まで縄紋原体の縦位回転押捺の後に、頸部より下に沈線文様が加えられている（同 2）[7]。この標本では不明瞭であるが口縁部に側面が沈線でなぞられる渦巻隆線文をもつものや、頸部に縄紋が加えられないものも多い（興野 1996、図版 103-上-下段右など）。両者とも（第 55 図 9、10）、胴部文様は 3 本ときに 2 本の沈線による渦巻状を中心とする。

　大木 8b 式（古）の模式標本の二者ともに、胴部沈線文様は大木 8a 式（新）の系統と考えることができた。前者の器形には東北地方北部榎林式（古）との系統関係、文様帯の配置には榎林式と、後者・加曾利 E2 式との系統関係が推測された一方で、縄紋の範囲には加曾利 E2 式との系統関係があると考えられる（第 56 図「大木 8b（古）」1）。後者の器形、文様帯配置のみならず I と II との縄紋原体の回転方向の区別、縄紋と隆沈線との加飾手順には、加曾利 E2 式との系統関係があると考えられる（同 2）。

　大木 8b 式（新）の一部の土器の波状縁の器形は、前代から引き継がれたものである（第 55

図11、第56図「大木8b（新）」1）。前代にみられた、口縁部の渦巻文は下降、胴部沈線文様は上昇するかたちで、口縁部と胴部との文様は一体化する。一方の土器の器形も、屈曲が弱まりつつ前代から引き継がれ、やはり口縁部と胴部との文様は一体化する（早瀬・菅野・須藤2006、28頁-53、興野1996、図版104-上-下段）（第55図12、第56図「大木8b（新）」2）。結果としてとくにこの土器で口縁部のみならず胴部にも隆線の側面に沈線なぞりが加えられるが、前代（第56図「大木8b（古）」2）と変わらず、文様より先に、口縁部は横位に胴部は縦位に縄紋原体が回転押捺され、磨り消し縄紋手法が認められないことは重要である（同「大木8b（新）」2）。大木9式の標式・準標式資料といわれる資料のうち（興野1996、付図）、山内が正式に標本資料として提示した現在の大木9a式、9b式（第3図「大木9a」、「大木9b」）（山内1979）と一致した内容の土器以外には、諸要素の系統関係からみて大木8b式（新）に比定できる資料も含まれている（第55図12）（早瀬・菅野・須藤2006、28頁-53）。

　大木9a式では、器形や文様が比較的統一的になる（第55図13）。2本隆線間の渦巻沈線文様は、円形文になり、また磨り消し縄紋手法が認められる。2本隆線の間に幅の広い沈線が加えられた結果、隆線部分は細く、中央の幅広の沈線文様がめだつことや縄紋の手法は、加曾利E3式（新）と一致している（第56図）。縄紋原体の押捺回転方向は概ね縦に統一されているが、縄紋の充塡がなされる場合は、沈線文様モチーフによって方向に変化がみられる場合もある。

　大木9b式ではⅡ文様帯のみの配置となり、加曾利E式や中の平Ⅲ式と近似する文様帯構成に収斂する（第55図14）。原体の主に縦位回転押捺による縄紋が充塡された、主に1本の沈線による文様が胴部に展開する（第56図「大木9b式」）。

　以上、大木8b式（古）の一部は（第55図10、第56図「大木8b（古）」2）、加曾利E2式の器形や文様帯配置、加飾手順が入り込むことにより成立したといえる。大木8b式（新）まで（第55図11、第56図「大木8b（新）」2）、関東地方型式と胴部文様の構造には差異が認められるものの、器形、文様帯の配置、沈線の本数、沈線の相対的な太さ、胴部の縄紋原体の回転方向などに一致や近似が認められる。一方で大木8b式（古）、（新）の一部には（第55図9、11、第56図「大木8b（古）」1、「大木8b（新）」1）、大木8a式（新）のⅠ文様帯を引き継いで成立した、関東地方とは異なる器形のものが連続する。この二つの系統の土器は次第に似通い、大木9b式では結局関東地方などとも近似する文様構成をもつ概ね一致した内容になる。関東から東北にわたり、諸形質（ただし主に視覚的な要素）が比較的画一化される。最花A式や中の平Ⅲ式は広域の交流があった時期の型式といえそうである。

ⅲ）東北地方北部　東北地方北部において円筒上層式（a、b）は、器体成形→口頸部隆線文→体部横位回転縄紋→隆線文上・間に縄紋原体側面圧痕付加の工程をとるという（山内1979）。なお、円筒上層式は比較的大きな筒型の器形であり、成形の中断の有無については縄紋部分を詳細に観察し今後明らかにしていく必要がある。

　円筒上層d式は（中村編1996、図版79）、焼成後に部分的にはがれた隆線の下地から縄紋が

あらわれていることから、器体成形→器面全体への縄紋原体横位回転→口頸部への隆線文描出の工程となることがわかる（第56図「円筒上層d」)[8]。この後隆帯の上に縄紋が加えられることもあるが、地の縄紋の範囲と隆線との先後関係とが前代から変わったことがわかる。円筒上層d式の多くは、口唇部に装飾は加えられないか短隆線が連続して加えられるかである。口唇部より下の隆線は、2本一組となり文様が描出されている点と縄紋の後に隆線文様が描出されているという点とで（第55図1）、大木8a式（古）の頸部文様と一致する（第55図7、第56図「大木8a（古）」)。

現在円筒上層e式とされる土器は（中村編1996、図版83-上図-上段左、下図-86、87、88、90)、器体成形→口縁部の隆起部分に短沈線あるいは縄紋原体側面押捺痕付加／体部縄紋横位回転押捺→体部上半への沈線文描出という工程をとる（第55図2、第56図「円筒上層e」)。縄紋は、原体横位回転のものが多いが縦位、時に斜位も認められ、大木8a式（新）の特徴が若干入り込んだようである。また、3本（時に2本）沈線が口縁直下を巡り、その下の頸部に、3条沈線により円筒上層d式とほぼ同様のモチーフが描出されることが多い。

縄紋面に密な3条沈線が並行すると、沈線間は、縄紋がめだたなくなり、隆線が2本並行して描かれたのと同様の効果を生み出す。つまり、時期的変化、地域的変化にともない、モチーフは近似しても、縄紋面に2本沈線と1本隆線と、または3本沈線と2本隆線というような技法上の違いとして表れやすいと考えられる。円筒上層d式からe式の2本隆線から3本沈線への時期的変化の他にも、例えば先述の加曾利E1式の2本沈線による胴部文様は、曽利式の一部の土器に認められた1本隆線による文様の技法までは入り込まずともモチーフが入り込み成立したとみることが可能である。

円筒上層e式は、大木8a式（新）の3本沈線文様や沈線という文様描出技法と連動して（第55図8)、3本沈線文様の下に在地の文様モチーフが、隆線でなく沈線により加えられて成立したといえる。3本沈線下の文様部分は、II文様帯に相当するとみることができる。その上部には波頂部に2条の隆線による弧状文などの装飾をふすものも少なくなく、大木8a式（新）のI文様帯の構造に相当すると考えられる[9]。

榎林式（古）のIとIIとの文様帯の配置は前代と一致する（第55図3、第56図「榎林（古）」)。I文様帯の構造と内容は大木8b式（古）の一部（第55図9、第56図「大木8b（古）」1）と近似する。器体成形→口縁部肥厚部沈線文（＝隆沈線文）描出→縄紋原体縦（斜・横）位回転押捺→頸部沈線文様の工程となり、II文様帯には前代の文様モチーフが引き継がれている。榎林式（新）とつづく型式は、器体成形→口縁肥厚部沈線文（＝隆沈線文）描出／縄紋原体縦（斜・横）位回転押捺→体部沈線文描出という工程である（第55図4、5、第56図「榎林（新）」、「(+)」)。

榎林式（古）、（新）ともに、2、3条の並行沈線が特徴的である。体部文様は、榎林式の古い部分では上半に、新しい部分とつづく型式では体部全体に加えられる。なお大木8b式（古）の一部（第55図9、第56図「大木8b（古）」1）と榎林式（古）とは器形に共通性が認められるが、大木8b式（古）には関東の型式と同様に、頸部無文が一般的である。榎林式（古）の体部上半

の文様は、もとはⅠ文様帯に存在したモチーフであり、これをベースに、大木 8b 式（古）のⅡ文様帯類似の文様が付属的に加えられている例外的なものも見受けられた（第 45 図 4）。榎林式（新）は、大木 8b 式（新）（第 55 図 11、第 56 図「大木 8b（新）」1）のⅡ文様帯の構造とある程度の文様要素とが入り込んで成立する。

　榎林式（新）及びつづく未命名型式は、主に文様によって最花 A 式につづくものと中の平Ⅲ式につづくものとに分けられるが、文様帯の配置などでは分けられない（第 56 図「榎林（新）」、「(+)」）。榎林式（新）、つづく未命名型式の順に口縁部の外反、波状の度合いが弱まる。

　最花 A 式は、器体成形→器面全体への縄紋原体横位回転→口縁に段部追加（追加成形）→胴部への沈線文描出の工程、2 条の並行沈線が特徴的であった（第 56 図「最花 A」）。そして、胴部沈線文様に円筒上層 d 式からつづく弧状文が認められることもひとつの特徴であった。口縁部が外反する器形は前代からつづくものであるが、内弯する器形は、後述する北海道との関係も見逃せないが、おそらく大木 9b 式から入り込んだものと考えられる。中の平Ⅲ式は、器体成形→胴部への縄紋原体縦位回転→胴部への沈線文描出の工程、3 条の垂下並行沈線が特徴である（第 56 図「中の平Ⅲ」）。外反・波状の度合いはかなり弱まっているが、前代からつづく器形である。東北地方北部における中期後半の諸型式には、磨り消し手法をともなわず、円筒上層 e 式の系統としての並行沈線文を縄紋の上に加える技法が継続して認められるのである。

　最花 A 式の製作工程で重要なのは、胴部の下端まで全面に縄紋を加えた後に、口縁部の段（粘土紐）が加えられることである。しかも縄紋は原体の横位回転による。榎林式とつづく型式は口縁部の肥厚部を作出後に、縄紋原体を多くは縦位に回転していたわけであり、中の平Ⅲ式も口縁部の肥厚はほとんどなくなっているものの、その手順を引き継いでいる。こうしてみると、中の平Ⅲ式の工程は、明らかに大木 8b 式以降各型式において系統関係のあった、榎林式とつづく型式の一部の系統の工程であることがよくわかる（第 54 図）。一方で、最花 A 式の製作工程はそれらとは明らかに異なっており、最花 A 式と中の平Ⅲ式とは非相同の関係にあるといえるのであった。中の平Ⅲ式の口縁部は、榎林式と、口縁部の装飾をもたない大木 9b 式との関係から成立したものである。最花 A 式の口縁部は、もちろん大木 9b 式の系統のものではなく、榎林式と一致した位置ではあるが、工程からみれば新たに発生したものか他の系統のものである。

2　広範な比較・総合への見通し

　最花 A 式の縄紋後の段装飾という技法の形質は、榎林式にはみられないものの、遡れば円筒上層 d 式に認められた縄紋後の粘土紐貼り付けの技法と一致している。筆者は、ある地域で系統的に連続していない「先祖返り」形質とは、他地域に取り込まれてつづき、いったんなくなった元の地域に逆輸入されたか、そうでなければ、全く新たな形質として発生したかのどちらかであると考えている。前者は相同性の連続でおきる。しかし後者の場合新たな形質が前に

あったものに類似していただけのことであり、もちろん以前の形質と新たな形質とは相同ではない。前代や隣接地域ともつながらない「復活」ということは厳密にはありえないのである。

　土器の年代的・地域的体系における系統関係の決定は、各形質について年代・地域間の鎖をひとつひとつ着実に確認していくしかない。最花A式の縄紋原体回転方向や口縁部段装飾と胴部縄紋との先後関係の特徴をもつものが、直前代にも、南方の隣接地域にもないとなると、北方の隣接地域、北海道南部にも目を向ける必要が生じる。

　山内清男は、北海道の縄紋時代後半期の文様帯などについて具体的に論究しなかった。このことも一因となり、北海道南部における中期後葉から後期初頭にかけての型式編年は、研究者間で一致をみていない部分が多い。ただ、この時期の土器には主に縄紋と隆帯とをもつものが多く、編年整備に本書でおこなった技法の分析はとくに有用である。

　現在大方の一致をみている見解からすれば、道北・道央においては、「円筒上層各式」の後、中期後葉に「榎林式」の分布が認められず、北筒式が分布する。道北において円筒上層各式の系統である、原体の横位回転押捺による羽状縄紋といった要素が引き継がれて北筒式が成立し、中期後葉に道東・道央までその分布が及ぶという指摘があるように（熊谷2008、134-135頁）、北筒式の縄紋の手法は、「円筒上層各式」に系譜をたどることができる。最花A式に認められる横位回転という縄紋の手法は、大木9式、または大木8b、9式とのかかわりの中で成立した榎林式やそれにつづく型式、中の平Ⅲ式に認められない一方で、道北・道央の北筒式には認められるのである。関東地方と東北地方北部との中間の東北地方中南部の型式にみられたように、二つの地域の中間地域の型式は双方の並行する型式をつなぐ形質状態をもつことが多い。最花A式と北筒式をつなぐ北海道南部の型式は、平縁であり、胴部下端を含めて外面全体に縄紋が横位回転押捺されており、口縁部に段（あるいは隆帯）をもつものと想定できる[10]。

　最花A式は、北海道南部に器形Bの土器のわずかな出土事例が認められるほか、北海道に分布は認められない。北海道南部の円筒上層式の多くの特徴が引き継がれた独自の型式は、前代の縮小傾向と異なり、中期後葉に明らかに分布範囲を南に拡大する傾向をみせているのである。その後、後期初頭まで、北海道に主に隆帯による文様をもつ型式がつづく。

　「Ⅰ．文様帯」は、関東地方・東北地方中南部を中心にみると、後期初頭に「復活」したようにみえるが、少なくとも中期後葉まで、関東地方にも原体横位回転押捺の縄紋として痕跡が残っていた。東北地方北部において段の装飾として最花A式に存在しており、さらに北海道を含めてみれば、それ以降も継続していたと考えられるのである。

　展望として、円筒上層d式と一致した特徴をもつ土器が広く分布した北海道において（高橋正1994）、中期後葉の型式まで、Ⅰ文様帯や、胴部下端までの縄紋原体の横位回転などの「円筒式上層式」系統の特徴は残ったのであろう。筆者は、いったんは東北地方北部の型式にみられなくなった「円筒式上層式」系統の要素が、北海道南部の型式から逆に入り込んで、最花A式は成立したのではないかと考えている。

　したがって、最花A式の口縁部の文様帯は、大木8a式に盛んにみられ、大木8a式（新）か

ら一部円筒上層e式に、大木8b式（古）から全面的に榎林式（古）に入り込んだ大木式系統のものというよりは、円筒上層式の系統のものであろう。今後、中期最末から後期の初頭における型式間の相同関係の綿密な調査が必要になるが、北海道において中─後期とⅠ文様帯が連続して継承されていたとすれば、縄紋土器全体の「Ⅰ．文様帯」の相同性は保証されると考える（第4図）。

　今後、とくに器体全面に縄紋原体を横位回転押捺した後に、粘土紐を貼り付けて文様を描出する、円筒上層d式の手順が、北海道の型式にどのように入り込み、変遷したかといった点をはじめ、技法、形態、装飾などの具体的な比較分析・検討を積み重ね、中期後葉の道南の諸型式と北筒式、東北地方北部の諸型式の関係について解明する必要がある。これまで本書で整備してきた東北地方北部の序列をもとにした、当該地域時期の編年の再検討が可能であり、広範で、より確固とした体系となるはずである。

　製作工程からみて、最花A式と中の平Ⅲ式との口縁の「無文」部分は、質の異なるものであり、相同ではないといえた。最花A式の、運動的情報としての形質が北海道型式の系統のものと想定され、また外見的、視覚的形質は前代型式の系統と南方型式の系統の組み合わさったものと考えられる。広域にみると、最花A式の製作工程は、北海道でつづいた、いく型式か遡った東北地方北部の型式の特徴が、逆輸入されて成立した可能性があるが、いずれにせよ、最花A式は複数系統の形質が入り込んで成立した型式といえる。その分布は、下北半島を中心として秋田県北部まで分布が認められる。一方で、中の平Ⅲ式は、南方とのかかわりの強い前代型式の形質が継続し、南方型式の系統の主に視覚的形質が若干入り込み成立した型式といえる。そうした前代型式の比較的単純な技法や文様から変化があまり認められない中の平Ⅲ式の分布は、むしろ津軽地域とその周辺の狭い範囲に限定されるのである。

3　広域における土器型式編年研究の重要性

　固有性の認められる資料群がまとまって出土した最花貝塚遺跡A地点出土土器は模式標本に最適の例であった。分類の標準にもとづく地域・年代的体系の構築は、地域・時期の代表、つまり模式標本となる、なるべくひとつの遺跡／地点／遺物層から出土した、ひとつの資料あるいはひとつの資料群を選別し、重視するところからはじまる[11]。

　そして土器の年代的・地域的体系において、九つの型式間の縦横の系統関係の中央にひとつの型式があるように（第5図）、前代の他、少なくとも他の2地域の型式との系統関係が決定されて、新型式の設立に至る。横の連鎖があることで地域差が時期差として認識されることは抑制されるし、縦の連鎖があることで、時期差が地域差と判断されることはない。型式の系統関係の決定とは、その型式のもつある形質が前型式の系統なのか、隣接型式の系統なのか、独自に発生したものなのかの判断を、諸形質で積み重ねることである。

　型式は、前代と隣接地域の型式との関係のなかで成立するが、それらもまた前と隣との関係

から成り立っている（第5図）。さらに広範な型式間の関係からみても、相同形質の道筋に無理がみられないか検討することが欠かせない。ある一定の「枠」を切り取って比較検討すると、前からの各地域固有の垂直方向の系統がみえなくなり水平方向の連続性・相同性を強調しがちになったり、反対に水平方向の系統がみえなくなり垂直方向の連続性・相同性を強調したりして、結果として、地域、時期系統の異なるものを組み込んでしまったりするおそれがあるからである。

　今後も、自然科学的分析などの成果もあいまって（安達2013a）、形態のみならず様々なレベルの形質が見出されるであろう。そうであっても、無生物かつ有形物の人工物としての、縄紋土器の史的変遷体系の基底となるのは、やはり文様帯の系統関係であることは変わらないはずである。何故ならば、土器型式編年研究では、地域的・時期的変化によって生じた系統にもとづく分類体系をつくりたいのであるから、両系統を反映した形質をいかに設定するかが重要な課題なのある。

　系統を反映した形質を選択するにあたって重要なのが相同の考え方であった。形質の比較には、相同性の確認が前提となるのである。文様帯は、個体（器形）の形態を分解したときのマクロな構造レベルといえる。どの形質に準拠するかで、多様な系統関係を見出すことができるが、文様帯によることで、分類の標準間の対立ではなく連続性に注意を向けることができるのである。つまり文様帯は、相同性にもとづく地域・時期の系統を最も反映した形質なのである。

　そして人工物の類似する形質があるとき、相同なのか非相同なのかの区別には、形態や装飾のみならず製作工程を含めた技法が、重要な情報となるということを、本書によって、具体的に示せたはずである。製作工程を含めた技法に着目することで、文様帯の系統関係を基底とする型式の編年研究をいま一歩進展させることができるのである。

　製作工程を含めた技法も組み込んで、近接時期・地域の他型式との系統関係を確かめて設立した、分類の標準をもとに、さらに鎖を徐々に縦横に拡げて把握することで、文化の動態解明のための基盤としての縄紋土器の相同性の時・空間的ネットワークはより確実性を増したものになる。さらに土器そのものからも、マクロな範囲の文化的交流の細かな変化の一端がより鮮明にとらえられる。

　関東地方の型式序列と比較することで東北地方北部の独自の型式変遷が明確化されたように、技法、形態、装飾の変遷を広域からとらえることで各型式の各形質の固有性と時間的及び空間的連続（相同性）とはより明確になる。はじめから終わりまでの変遷過程が合理的に説明できてはじめてひとつの確固とした体系となるため、型式の縦横連鎖の構造の一部を把握するためには、各形質の広範な、理想的には全体の変遷史、縦横の連鎖構造を把握することが重要なのである。

　縄紋土器型式編年研究のさらなる進展のためには、分類指標に製作工程を加味した技法も組み込み、時空間とも広域を対象として、文様帯を基底とする諸形質の系統的分類に今後も継続

第 6 章　東北地方北部中期後半の土器型式編年とその広範な比較・総合への見通し

して取り組むことが肝要である。

註
1)　もちろん、ひとつの遺跡、地点、層位からまとまって出土するかなどの点からの慎重な検討の積み重ねのうえで、型式細分される可能性もあるだろう。
2)　型式分類の標準となる資料の、観察事実の比較結果にもとづいてモデル化して「規則性」は見出される。系統学においても、規則性に関する言明はテストされるべき作業仮説であるとされる（三中1997）。得られる規則性とは、具体的対象についておこなう観察から直接的にあたえられた情報のもつ何ものかを捨象することなしに認識されることはない。
3)　加曾利 E1 式標式資料〈2〉の胴部の隆線文様が、地となる装飾の後に加えられていることにも「斜行文」土器との一致が認められる。実際に、口縁部・胴部にそれぞれ「斜行文」土器に近似した条の向きとなる縄紋（単軸絡条体回転圧痕紋）をもち、体部にも縄紋上に類似の隆線文様をもつ加曽利 E1 式土器がある（安達 2011a）。共同研究における分担部分で、剣先文をもつ渦巻文は大木 8b 式の特徴との共同の前提にしたがい、口縁部の渦巻文に剣先状部分が認められることから、この土器を大木 8b 式系統のものと記した。しかし、現在筆者は製作工程を含めた諸要素の曽利式、加曾利 E 式、大木式の関係から、その文様はむしろ、口縁部に「渦巻文と三角状文／三叉文との組み合わせ」をもつ勝坂式（山内 1940d、図版 79）の系統として加曾利 E1 式の口縁部に引き継がれていてもおかしくないと考えている。
4)　今福は、「長胴」土器の器体成形→口頸部条線加飾→胴部隆線文描出→胴部縦位条線充填→頸部・胴部波状粘土紐貼り付けの胴部隆線文描出の工程が省略されたのみであるとして「斜行文」土器と「大差ない」としている。ただし、一定のかたちをもつ文様を描いてからそれを避けてその周辺に地の装飾を加えるのと、地の装飾を何にもとらわれずに器面全体に加えた後にその上に文様を加えるのとでは、明らかな差異が認められる。
5)　曽利式と、大木式・加曾利 E 式との横の系統的つながりの再検討が必要である。現状の曽利 II 式の内容が大木 8a 式、加曾利 E1 式に並行と考えられ、III 式に 8b、IV に 9a 式、V に 9b 式と類似する文様をもつものが多く含まれている。曽利式を加曾利 E 式と並行するものとするならば、I、II 式は縦のびに、II から IV 式まで含められる「斜行文」土器は新しい方に縦のびになっているようである。
6)　大木 8a 式（古）のなかには、頸部に縄紋がなく、クランク状文様の外部に短沈線等が加えられたものもある。関東地方東域の加曾利 E1 式の一部にも同様の文様が認められる（細田 2008）。
7)　山内は標式として提示しなかったが、東北地方中南部の地域によって大木 8a 式の口縁部の文様が縮小しないものや突起として残った、加曾利 E2 式以降の静的な平縁に対して動的な口縁をもつものも一部あるようである。こうした細かな系統関係も、今後製作工程を含めた比較検討でより明らかになるだろう。
8)　また、山内による一王寺貝塚遺跡出土「円筒上層 c 式土器」には、現在の円筒上層 c 式に近い、隆線文間の刺突文が認められるものが含まれている（中村編 1996、図版 78 下）。体部に近い隆線文の剥がれた部分に、縄紋原体の横位回転押捺の痕跡が残っていることから、円筒上層 b 式と d 式とをつなぐ c 式は、器体成形→体部縄紋→口頸部隆線文の工程を特徴とする可能性がある。
9)　なお、山内により I^0、II の記号がふされた「円筒直後型式」（山内 1979、図版 85）資料は、縦位の短沈線が連続して加えられた口縁部に沈線が巡るようにもみえるが、器面剥離が多く不明である。しかも明確な縦位縄紋回転である。たとえば口縁半分は縄紋原体圧痕、半分は凹文をもつ資料（同、図版 86 上図左下）と同じく、現在の円筒上層 e 式のなかでも新しい部分と考えたほうがよい。
10)　道南における中期後葉の型式については、「榎林式」以降後期にかけて編年が一定しない「余市式」か、あるいは「大安在 B 式」かをあてる主に二つの説がある。底部までの縄紋原体横位回転押捺、口縁部段（隆帯）の特徴を備えるのは、前者である。
11)　東北地方太平洋沿岸域に、型式研究に有利な複数時期に跨る地層堆積の貝塚遺跡が多く存在することも幸いして、山内清男は、大木囲、大洞といった各貝塚遺跡から出土した標本資料によって当該

地域の型式変遷を積極的に検討した。間隙ある部分も、他地域の型式序列と比較することである程度内容を推定することが可能であり、近隣の他遺跡の出土資料や同じ遺跡の新出資料により補う姿勢をとった。とくにそのようにして提示された大洞式の変遷過程は、文様帯によりすぐれてモデル化されたものであった。

結

　最花A式の特徴は、焼成前の器体成形後の1「器面全体への縄紋原体横位回転」、2「口縁に段部追加（追加成形）」、3「胴部への2条の並行沈線文描出」という固有の製作工程にある（第30図）。最花A式ⅠA類はこの1、2、3の工程で、ⅠB類は1、2の工程で、ⅠC類は1の工程で装飾が加えられ焼成されたものといえる。これら胴部に屈曲をもたない深鉢形Ⅰ類3種と胴部に屈曲をもつ深鉢形Ⅱ類との、4とおりの土器を作る製作システムが、最花A式の分類指標となる重要な形質といえるのである。

　文様帯を第一の形質とする山内清男の先史土器型式編年研究からすれば、最花A式は口縁部の痕跡的なⅠ文様帯と胴部のⅡ文様帯とからなる土器として把握される。本書ではさらに製作工程を含めた技法を重要な形質として組み込むことで、最花A式と他とを明確に区別する特徴を明示することができたのである。もちろん他に附随する特徴（形質）も多く存在する。たとえばⅠA類、ⅠB類、ⅠC類の順にサイズや縄紋原体の種類にヴァリエーションがでてくることもそのひとつである。

　生物学の一分科である系統分類学は、生物が形態と作用と歴史をもつことに着目して、生物の系統発生にもとづき分類体系の構築をめざす学問分野である。そこでは種が基本単位となる。山内清男により基礎づけられた縄紋土器型式研究も、型式を年代的かつ地域的分類の単位として土器を体系化する（systematize）ことをめざすものである。

　ただし人工物には、生物「進化」のような一方向の時間的な変化のみならず常に同時期の地域的な変化がある。土器型式の形成（土器変化）は、時間の経過（在地の伝統・変遷）と地域間交渉（他地方からの影響）との結果なのであり、そこには、時間的な系統（lineage/line）のみならず地域的な系統があるといえる。系統は、生物においては上がひとつで下へと枝分かれするいわゆる系統樹として可視化されるのに対し、縄紋土器においては各地域における前代との対応関係の垂直方向の連続と各時期における他地域との対応関係の水平方向の連続とが絡み合う縦横連鎖構造で表される。これが「型式網」としての編年表なのである。

　型式研究では、土器個体の諸形質（character）を比較分析しそれにもとづいて土器の類縁関係（relationship）を明らかにする独自の系統分類をおこなう。動的な構造的関連のもとにあるひとつの弁証法的な統合体として縄紋土器全体をとらえ、それを様々なレベルから操作的・認識論的に切断してみることによって、諸型式が関連しあう体系を明示するのである。

　多くの形質のうち、土器編年研究で主に分析対象とされてきた文様には階層性がある。縄紋

土器個体の外面に帯状に認められる「文様帯」は単位文様の集まりであり、単位文様は文様要素の集まったものであり、相同の関係を各レベルに設定できる。縄紋土器個体の文様は、上位の形態レベルの文様帯の状態からとらえられるのである。文様帯は、時と場によって内容に変化をともないながらも概ねすべての縄紋土器型式に系統的に間断なく保持されつづけている。文様帯は、器形や縄紋の範囲といった他の多くの形質と様々な相関関係をもっていることが重要であり、そこに他の形質の特徴が種々の程度に反映されているということもできる。文様帯を基底とする文様の構造的・系統的分析は、縄紋土器全体の系統関係の論理的決定を可能にする。

　山内清男は、生物学で扱われたように土器の形態的特徴を巧みにとりあげ、日本先史土器編年体系の基礎を固めたのである。爾後半世紀以上にわたる縄紋土器編年研究では、さらに数多くの特徴が細かく取りあげられ分析・検討されてきた。それらをいま一度相同性にもとづく系統の概念を確認のうえで形質として認識しなおし、型式編年としての編年を構築していく必要がある。

　ただし完成後の表面的なかたちの類似性に準拠するのみでは、系統の判断がつきかねる場合がある。本書では、人工物である土器からは、綿密な観察により各形態・装飾の重複関係（切り合い関係）を把握し、成形・加飾の先後関係を復元することができることを重視した。製作工程（process）を含めた技法の分析により、次元を増やして文様を立体的にとらえることで、より着実な相同の識別が可能になるのである。

　東北地方北部中期後葉に位置づけられることの多い「最花式」は、設定当初から型式学的分析を経ておらず、年代的・地域的分類の単位として扱うことはできない。模式標本である最花貝塚遺跡A地点出土土器は現在まで未提示かつ所在不明でありつづけているため、本書では、東北地方北部中期後半の編年の整備のために、同一地点の後年発掘調査出土資料を整備、分析した。その結果、それは、技法・形態・装飾に明確な特徴があるひとつの製作システムでつくられた土器がまとまって出土したものであり、分類の標準として最適な一群であることを明らかにした。一方で、従来「最花式」に含められることの多かった中の平遺跡出土第Ⅲ群土器は、最花貝塚遺跡A地点出土土器とは明確に区別できる諸特徴をもち、別の製作システムでつくられた土器がまとまって出土したものといえることから、いまひとつの分類の標準として適した一群であることを示した。前者を基準にした型式を最花A式、後者を標準にした型式を中の平Ⅲ式と呼ぶことにした。

　最花A式と中の平Ⅲ式との関係を考察するうえで肝要なのが、製作工程を含めた技法の特徴である。最花A式においては、磨り消し縄紋手法をとらない在地の特徴が継続しているものの、原体の「横位」回転により縄紋を「胴部下端も含めて器体外面全体に」加えた「後に」、口縁部に「段を付加」する、前代型式にも中の平Ⅲ式にも東北地方中南部にも認められない固有の特徴が確立されていた。一方で、中の平Ⅲ式は、磨り消し縄紋手法をとらないことの他に、口縁部作出後にその部分より下に縄紋を後から加えるという点でも在地の特徴が継続したとみ

てよい。榎林式のような口縁部の沈線もなく、最花A式のような明確な段もないことや胴部への縄紋原体の回転方向からは、東北地方中南部の型式との地域的な系統関係があると考えられる。両者の口縁部は「無文」であることから同一視されがちであるが、製作工程を含めた技法の観点からみれば、質の異なるものであり、相似（非相同）であるといえる。

最花A式と中の平Ⅲ式とは、Ⅱ文様帯の構造にいくらかの類似性が認められ、ともに榎林式（新）直後の型式の後、大木9b式と並行すると考えられるが、文様帯の配置や単位文様とその配置は系統を異にしている。具体的には、最花A式のⅠとⅡとの文様帯の配置は在地型式の特徴が継続したもの、Ⅱ文様帯の構造は東北地方中南部型式から入り込んだもの、単位文様は在地型式並びに東北地方中南部型式の二つの系統が交錯したものと考えられる。一方で、中の平Ⅲ式にみられるⅠ文様帯の消失は、Ⅱのみの文様帯の配置をもつ東北地方中南部の型式との地域的関係によるものであり、Ⅱ文様帯の構造や単位文様とその配置は在地の前代型式から継続したとも、東北地方中南部型式から入り込んだとも考えられる。

最花A式と中の平Ⅲ式とは、形態、装飾のみならず製作工程を加味した技法の特徴、それらの系統も異なり、地域の異なる二つの遺跡からそれぞれまとまって出土したことから、二つの異なる土器型式として整理できる。さらに、中期中葉から後葉の東北地方北部、東北地方中南部、関東地方の諸型式の製作工程を含めた技法、形態、装飾の特徴を概観し、広域の型式間の関係を考察しても、本書で整備した東北地方北部中期後半の土器型式編年は、分類の標準の縦横連鎖構造のなかで、論理的に説明がついた。

従来の「最花式」には、最花A式、中の平Ⅲ式の範疇で理解できない土器も含まれている。今後、これらの土器を含めた東北地方北部における中期後半の土器の技法、形態・装飾などについて、本書で提示した方法を基として地域的・時期的により広範な枠組みのなかで、細かな系統的分析を積み重ねていく必要がある。

以上、本書では、未報告であった基準資料を分析し、東北地方北部中期後半の土器型式編年研究を整備した。また、山内清男によって基礎づけられた縄紋土器型式編年研究とは文様帯を基底とする土器の諸形質の系統的分析をおこなうものであり、研究のさらなる進展のためには製作工程を含めた技法を形質に積極的に組み込むことが有効であることを示した。

引用・参考文献

秋元信夫 1984『天戸森遺跡』鹿角市文化財調査資料第 26 集　鹿角市教育委員会

秋元信夫 1990『天戸森の土器―天戸森遺跡出土縄文土器図録―』鹿角市文化財調査資料第 41 集　鹿角市教育委員会

安達香織 2009「最花貝塚遺跡 A 地点出土土器の分析」『東日本先史時代土器編年における標式資料・基準資料の基礎的研究』平成 18〜20 年度科学研究費補助金（基盤研究（c））研究成果報告書　慶應義塾大学文学部民族学考古学研究室　10-29 頁

安達香織 2011a「房総半島周辺地域における大木諸型式（7b 式〜8b 式）およびこれに影響を受けたと思われる土器群の諸様相―東京都（区部）域の様相―」『下総考古学』第 21 号　下総考古学研究会　93-95 頁（分担執筆部分）

安達香織 2011b「東北地方北部縄紋時代中期後半土器型式編年の再検討―最花 A 式と中の平Ⅲ式との関係について―」『日本考古学協会第 77 回総会　研究発表要旨』　日本考古学協会　34-35 頁

安達香織 2012「東北地方北部を中心とした縄紋時代中期後半の土器型式間の関係について」『日本考古学協会第 78 回総会　研究発表要旨』　日本考古学協会　178-179 頁

安達香織 2013a「二〇一二年度の回顧と展望　日本（考古）　二縄文時代」『史学雑誌』第 122 巻第 5 号　史学会　16-22 頁

安達香織 2013b「縄紋土器の技法と型式―最花貝塚遺跡 A 地点出土土器の製作工程―」『古代文化』第 65 巻第 2 号　古代学協会　14-34 頁

安達香織 2014「文様の構造と系統からみた東北地方北部縄紋時代中期後半の土器型式編年」『古代』第 132 号　早稲田大学考古学会　1-25 頁

安達香織 2015「青森県最花貝塚遺跡 B 地点出土の縄紋土器――一九六四年調査出土標本の整備と分析―」『史学』第 84 巻第 1-4 号　三田史学会　569-599 頁

安達香織・安藤広道 2009「最花貝塚遺跡の調査と最花式土器」『東日本先史時代土器編年における標式資料・基準資料の基礎的研究』平成 18〜20 年度科学研究費補助金（基盤研究（c））研究成果報告書 慶應義塾大学文学部民族学考古学研究室　101-111 頁

安藤広道 1999「シリーズ　日本陶磁の源流ⅩⅧ　作られた対立―縄文土器と弥生土器の境界線」『季刊　陶磁郎』第 18 号　双葉社　107-110 頁

安藤広道 2001「東京都羽ヶ田遺跡出土の線刻をもつ土器について」『MUSEUM 東京国立博物館研究誌』第 573 号　東京国立博物館　31-57 頁

安藤広道 2009a「最花貝塚遺跡 1964 年発掘調査の概要」『東日本先史時代土器編年における標式資料・基準資料の基礎的研究』平成 18～20 年度科学研究費補助金（基盤研究（c））研究成果報告書　慶應義塾大学文学部民族学考古学研究室　5-9 頁

安藤広道 2009b「東京湾西岸から相模川流域の後期弥生式土器の検討」『南関東の弥生土器 2』考古学リーダー第 16 巻　六一書房　114-137 頁

安斎正人 2012『気候変動の考古学』　同成社

飯塚博和 1989「「亀ヶ岡式精製土器の文様帯を示す模型図」覚書」『土曜考古』第 13 号　土曜考古研究会 85-93 頁

石川日出志 2010『農耕社会の成立』　岩波書店

市川金丸・古市豊司・他 1978『三内澤部遺跡』青森県埋蔵文化財調査報告書第 41 集　青森県教育委員会

今福利恵 2011『縄文土器の文様生成構造の研究』　アム・プロモーション

今村啓爾 1981「施文順序からみた諸磯式土器の変遷」『考古学研究』第 27 巻第 4 号　考古学研究会 86-93 頁

今村啓爾 2002「人工と自然　縄文土器の変化と生きものの変化」『生命誌』第 9 巻第 3 号（第 32 号）生命誌研究館　18-19 頁

今村啓爾 2010『土器からみる縄文人の生態』　同成社

巌佐庸・倉谷滋・斎藤成也・塚谷裕一編 2013「器官」、「系統」、「系統学」、「相同性」、「分類」、「分類学」、「類縁関係」『生物学辞典　第 5 版』　岩波書店　280、392、392、830、1254-1255、1255、1480 頁

江上波夫 1985「八幡一郎先生略年譜」『日本史の黎明―八幡一郎先生頌寿記念考古学論集』　八幡一郎先生頌寿記念考古学論集編集委員会　767-773 頁

江坂輝彌 1950「縄文式文化について（その一）日本各地に於ける縄文式文化の変遷（編年比較表）」『歴史評論』第 4 巻第 5 号　民主主義科学者協会　別表 2

江坂輝彌 1956「東北」『縄文文化』日本考古学講座第 3 巻　河出書房　91-124 頁

江坂輝弥 1957「日本各地における縄文文化の変遷」『先史時代Ⅱ』考古学ノート第 2 巻　日本評論新社　付表

江坂輝彌 1958「余白録古いノートから―青森県下北半島最花貝塚の調査日誌より―」『石器時代』第 5 号　石器時代文化研究会　68 頁

江坂輝弥 1964「中期の土器」『縄文式土器』日本原始美術第 1 巻　講談社　164-167 頁

江坂輝弥 1965「下北地方の考古学的調査回顧」『人類科学』第 17 号　九学会連合　32-48 頁

江坂輝弥 1967「下北半島の先史・原始時代遺跡」『下北―自然・文化・社会―』　平凡社　112-116 頁

江坂輝弥 1969「青森県むつ市最花貝塚」『日本考古学年報』第 17 号　誠文堂新光社　76 頁

江坂輝彌 1970「Ⅴ遺物　(1) 土器」『石神遺跡』　ニュー・サイエンス社　15-28 頁

江坂輝彌 1982「縄文式土器編年表」『縄文土器文化研究序説』六興出版　付表

江坂輝弥・他 1959「日本各地の縄文式土器形式編年と推定文化圏」『日本Ⅰ』世界考古学大系第 1 巻

平凡社　付表

江坂輝弥・磯崎正彦 1964「縄文土器型式の編年比較表」『縄文式土器』日本原始美術第 1 巻　講談社　付表 3

大塚達朗 2000『縄紋土器研究の新展開』　同成社

大塚達朗 2007「型式学の射程―縄紋土器型式を例に―」『現代社会の考古学』現代の考古学第 1 巻　朝倉書店　184-201 頁

大塚達朗 2010「短期編年の縄紋文化」『縄文時代』第 21 号　縄文時代文化研究会　1-24 頁

大塚彌之助 1936「青森縣下北郡最花の貝塚」『地質學雑誌』第 43 巻（第 511 号）　日本地質學會　252-253 頁

大貫静夫 2006「東アジアの中の縄文文化」『東アジア世界における日本基層文化の考古学的解明』　國學院大學 21 世紀 COE プログラム第 I グループ考古学班　25-38 頁

大貫静夫 2010「縄文文化と東北アジア」『縄文文化の輪郭』縄文時代の考古学第 1 巻　同成社　141-153 頁

大貫静夫 2013「朝鮮半島」『縄文時代　上』日本の考古学講座第 3 巻　青木書店　648-669 頁

大村裕 1998「勝坂V式・阿玉台IV式から加曾利 E 式への転換期の諸問題」『下総考古学』第 15 号　下総考古学研究会　63-90 頁

大村裕 2007「山内清男の大木諸型式（7b～8b 式）について―関東地方の土器編年との関わりから―」『下総考古学』第 20 号　下総考古学研究会　1-19 頁

大村裕 2008『日本先史考古学史の基礎研究』　六一書房

小笠原雅行 2002「『最花式土器』雑感」『研究紀要』第 7 号　青森県埋蔵文化財調査センター　55-60 頁

小笠原雅行 2008「円筒上層式土器」『総覧　縄文土器』　アム・プロモーション　344-351 頁

小笠原雅行・他 2009『三内丸山遺跡 35』青森県埋蔵文化財調査報告書第 478 集　青森県教育委員会

小笠原幸範 1982「第IV群土器」『山崎遺跡』青森県文化財調査報告書第 68 集　青森県教育委員会　400-403 頁

岡田康博・他 2007『三内丸山遺跡 31』青森県埋蔵文化財調査報告書第 443 集　青森県教育委員会

小保内裕之 2004「八戸市松ヶ崎遺跡出土の縄文時代中期後半の土器について」『第 2 回　東北・北海道の縄文時代中期後葉の諸問題』　海峡土器編年研究会　161-196 頁

小保内裕之 2008「陸奥大木系土器（榎林式・最花式・大木 10 式併行土器）」『総覧縄文土器』　アム・プロモーション　368-375 頁

加藤孝 1956「陸前國大松澤貝殼塚の研究（その二）―東北地方縄文式文化の編年學的研究（5）―」『研究論文集』第 10 号　宮城學院女子大學　139-156 頁

加藤孝・後藤勝彦 1975「登米郡南方町青島貝塚発掘調査報告」『南方町史　資料編』　宮城県登米郡南方町　3-61 頁

金子浩昌 1967「下北半島における縄文時代の漁業活動」『下北 - 自然・文化・社会-』　平凡社　117-128 頁

金子浩昌・牛沢百合子・橘善光・奈良正義 1978「最花貝塚第 1 次調査報告」『むつ市文化財調査報告』第 4 集　むつ市教育委員会　1-52 頁

金子浩昌・橘善光・奈良正義 1983「最花貝塚第 3 次調査報告」『むつ市文化財調査報告書』第 9 集　むつ市教育委員会　36-168 頁

興野義一 1996「山内清男先生供与の大木式写真セットについて」、「宮城県大木囲貝塚出土　大木式土器」『画龍点睛』　山内清男先生没後 25 年記念論集刊行会　215-224 頁、付図

櫛原功一 2008「曽利式土器」『総覧　縄文土器』　アム・プロモーション、426-435 頁

熊谷仁志 2008「北海道地方」『歴史のものさし』縄文時代の考古学第 2 巻　同成社　123-144 頁

倉谷滋 2012「比較解剖学」『進化学事典』　共立出版　736-740 頁

小岩末治 1961「第二章　新石器時代文化の諸相　第三節　中期縄文式文化と住居址　二　大木式土器について」『岩手県史』第 1 巻　岩手県　91-95 頁

後藤勝彦 2004「南境貝塚調査の層位的成果Ⅰ　7 トレンチの場合―陸前地方縄文時代中期から後期の編年学的研究―」『宮城考古学』第 6 号　宮城考古学会　63-110 頁

後藤勝彦 2010『桂島貝塚』塩竃市文化財調査報告書第 8 集　塩竃市教育委員会

小林謙一 1995「南関東地方の五領ヶ台式土器群」『第 8 回縄文セミナー　中期初頭の土器様相』　縄文セミナーの会　1-94 頁

小林達雄 1988「縄文土器の文様」『中期 1』縄文土器大観第 2 巻　小学館　300-307 頁

小林達雄 1989「縄文土器の様式と型式・形式」『後期　晩期　続縄文』縄文土器大観第 4 巻　小学館　248-257 頁

小林達雄編 2008『総覧　縄紋土器』　アム・プロモーション

小林達雄編 2012『縄文土器を読む』　アム・プロモーション

小林正史・高木晃・岡本洋・永嶋豊 2012「縄文土器の紐積み成形における『外傾接合が内傾接合か』の選択理由」『特別史跡三内丸山遺跡年報』第 15 号　青森県教育委員会　26-51 頁

小林行雄 1971「解説」『考古学』論集日本文化の起源第 1 巻　平凡社　3-86 頁

酒詰仲男 1959「東北地方最花」『日本貝塚地名表』　土曜会　17 頁

酒詰仲男 1961「第 2 章　貝塚遺跡別に観た食品資料　1　東北地方　1　最花」『日本繩文石器時代食料総説』　土曜会　3-4 頁

佐々木雅裕 2012「『文化』要素の時間的変化と相関性―青森県における縄文時代中期から後期の動態―」『完新世の気候変動と縄紋文化の変化』公開シンポジウム予稿集』　公開シンポジウム「東北地方における中期／後期変動期：4・3ka イベントに関する考古学現象①」実行委員会　17-29 頁

佐々木守 1951「下北半島先史文化總合出掘調査」『みちのく』第 3 号　県立大湊高等学校考古学部

笹澤魯羊 1934『下北郡地方誌』増補第四版　下北新報社

佐藤好一・他 1995『高柳遺跡』仙台市文化財調査報告書第 190 集　仙台市教育委員会

佐原真 1959「彌生式土器製作技術に関する二三の考察―櫛描文と回転台をめぐって―」『私たちの考古学』第 5 巻 4 号　考古学研究会　2-11 頁

佐原真 1984「山内清男論」『縄文文化の研究』第 10 巻　雄山閣　232-240 頁
佐原真 1987「弥生土器の製作技術　1．粘土から焼き上げまで」『弥生土器Ⅰ』弥生文化の研究第 3 巻　雄山閣　27-41 頁
設楽博己 2000「縄文系弥生文化の構想」『考古学研究』第 47 巻第 1 号　考古学研究会　88-100 頁
白石浩之・他 1977『当麻遺跡、上依知遺跡』神奈川県埋蔵文化財発掘調査報告書第 12 集　神奈川県教育委員会社会教育部文化財保護課
白鳥文雄 1995『槻ノ木（1）遺跡』青森県埋蔵文化財調査報告書第 169 集　青森県教育委員会
鈴木克彦 1975a「縄文時代中期前半の土器」「縄文時代中期後半の土器」「中の平遺跡における円筒土器以後の編年的考察」『中の平遺跡発掘調査報告書』青森県埋蔵文化財調査報告書第 25 集　青森県教育委員会　56-95、96-120、178-189 頁
鈴木克彦 1975b「東北北部に於ける中期後半から後期前半に至る土器文化の推移」『日本考古学協会昭和 50 年度大会研究発表要旨』　日本考古学協会　10 頁
鈴木克彦 1976「東北北部に於ける大木系土器文化の編年的考察」『北奥古代文化』第 8 号　北奥古代文化研究会　1-24 頁
鈴木克彦 1989「最花式（中の平Ⅲ式）土器」『草創期・早期・前期』縄文土器大観第 1 巻　小学館　246 頁
鈴木克彦 1994「榎林式土器」「最花式土器」「中の平式土器」『縄文時代研究事典』　東京堂　224-225、284、345 頁
鈴木克彦 1996「榎林式土器」「中の平 3 式土器」『日本土器事典』　雄山閣　336、338 頁
鈴木克彦 1998「東北地方北部の縄文中期後半の土器―大木系土器層位的共伴関係土器集成―」『研究紀要』第 3 号　青森県埋蔵文化財調査センター　1-56 頁
鈴木公雄 1969「安行系粗製土器における文様施文の順位と工程数」『信濃』第 21 巻第 4 号　信濃史学会　261-276 頁
鈴木公雄 1983「日本先史土器の分類学的研究―山内清男と日本考古学―」『総合研究資料館展示解説』東京大学総合研究資料館　7-9 頁
鈴木公雄 1988『考古学入門』　東京大学出版会
鈴木邦雄 1989「動物系統学の諸問題」『進化学―新しい総合』現代動物学の課題第 7 巻　日本動物学会　403-470 頁
鈴木誉保 2012「形態形質の類似性（相同）」、「ホモロジー（相同）」『進化学事典』　共立出版　710-712、712-714 頁
鈴木徹 1988『花巻遺跡』黒石市埋蔵文化財調査報告書第 7 集　黒石市教育委員会
鈴木正博 1985「「荒海式」生成論序説」『古代探叢Ⅱ―早稲田大学考古学会創立 35 周年記念考古学論集―』　早稲田大学出版部　83-135 頁
鈴木正博 1991「古文様帯論」『古代探叢Ⅲ―早稲田大学考古学会創立 40 周年記念考古学論集―』　早稲田大学出版部　1-51 頁
鈴木正博 2008「文様は続くよ～どこまでも！―「橿原式文様帯」以西における「深鉢副文様帯」の

展開―」『利根川』第 30 号　利根川同人　83-95 頁

鈴木正博 2009「「久ヶ原 2 式」への接近」『南関東の弥生土器 2』考古学リーダー第 16 巻　六一書房　229-239 頁

高橋潤 1988「北部東北地方の縄文中期終末に於ける土器編年試案（1）」『撚糸文』青森県山田高等学校考古学研究部　22-27 頁

高橋正勝 1994「サイベ沢式土器（中期）」『縄文時代研究辞典』　東京堂　285-286 頁

橘善光 1970「青森県最花貝塚発見の土偶」『考古学ジャーナル』第 49 号　ニュー・サイエンス社　25 頁

橘善光 1979「田名部平野の三つの貝塚」『考古学ジャーナル』第 170 号　ニュー・サイエンス社　54-56 頁

橘善光 1994「原始最後の氷河時代」「古大湊湾の貝類」「縄文時代中期最花貝塚の時代」『むつ市史原始・古代・中世編』　むつ市　3-9、44-54、156-281 頁

橘善光編 1986『最花貝塚第 4 次調査報告』　むつ市教育委員会

橘善光・奈良正義 1980「最花貝塚第 2 次調査報告」『むつ市文化財調査報告書』第 6 集　むつ市教育委員会　1-72 頁

武井則道 2012「第Ⅲ章 -1　縄紋土器研究のあゆみ」『アルケオメトリア』　東京大学総合研究博物館　98-117 頁

千葉豊 2008「型式学的方法①」『歴史のものさし』縄文時代の考古学第 2 巻　同成社　43-54 頁

角田文衞 1939「陸奥榎林遺跡の研究」『考古學論叢』第 10 号　考古學研究會　153-175 頁

角田文衞・三森定男　1939「先史時代の東部日本　二　東北地方」『人類學・先史學講座』第 12 巻　雄山閣　62-87 頁

勅使河原彰 2012「縄文の話　第 2 回」『明日への文化財』第 66 号　文化財保存全国協議会　57-67 頁

寺田和夫 1975『日本の人類学』　思索社

東京国立博物館 1953『日本考古図録』　朝日新聞社　32、48 頁

東京国立博物館 1999「テーマ展示装身具・まつりの道具」『日本の考古ガイドブック』　東京国立博物館　46-47 頁

中島全二 1934「田名部町附近の先住民族遺跡遺物の分布」『國史研究』　青森縣師範學校附属小学校内初等教育研究會　207-223 頁

中島全二 1950「下北半島新石器文化の編年的研究」『考古學雑誌』第 36 巻第 4 号　日本考古學會　30-38 頁

中野幸大 2008「大木 7a～8b 式土器」『総覧　縄文土器』　アム・プロモーション　352-359 頁

中村五郎 1996「第 2 章　山内清男先生伝記資料　1　年譜」『画龍点睛』　山内清男先生没後 25 年記念論集刊行会　18-51 頁

中村五郎編 1996「青森県是川一王寺貝塚出土　円筒上層式土器」『画龍点睛』　山内清男先生没後 25 年記念論集刊行会　付図

成田滋彦 1984「東北北部の大木 10 式土器の周辺―青森県の事例を中心に―」『奥南』第 3 号　奥南

考古学会　19-32 頁

成田滋彦 2003「最花式土器―在地式土器群の様相―」『研究紀要』第 8 号　青森県埋蔵文化財調査センター　1-20 頁

成田滋彦 2004「富ノ沢（2）遺跡の再検討」『第 2 回東北・北海道の縄文中期後葉の諸問題』　海峡土器編年研究会　32-62 頁

成田滋彦・他 1992『富ノ沢（2）遺跡Ⅴ』青森県埋蔵文化財調査報告書第 143 集　青森県教育委員会

成田滋彦・他 1995『三内丸山（2）遺跡Ⅳ』青森県埋蔵文化財調査報告書第 185 集　青森県教育委員会

西成甫 1929『比較解剖學』　岡書院

西村正衛　1969「東北・関東」『先史文化』新版考古学講座第 3 巻　雄山閣　121-140 頁

芳賀良光 1968「宮城県宮戸島貝塚梨木囲遺跡の研究」『仙台湾周辺の考古学的研究』　宝文堂　45-53 頁

畠山昇・他 1993『野場（5）遺跡』青森県埋蔵文化財調査報告書第 150 集　青森県教育委員会

林謙作 1965「縄文文化の発展と地域性　2　東北」『縄文時代』日本の考古学第 2 巻　河出書房　64-96 頁

林謙作・他 1965「繩紋式土器編年表」『縄文時代』日本の考古学第 2 巻　河出書房　付表

早瀬亮介・菅野智則・須藤隆 2006「東北大学文学研究科考古学陳列館所蔵大木囲貝塚出土基準資料 - 山内清男編年基準資料 -」『Bulletin of the Tohoku University Museum』第 5 号　東北大学総合学術博物館　1-40 頁

平山久夫・安藤幸吉・中村五郎 1971「山内清男先生と語る」『北奥古代文化』第 3 号　北奥古代文化研究会　59-80 頁

藤田敏彦 2010『動物の系統分類と進化』　裳華房

藤田亮策 1951「第一部　研究の趨勢　考古学一般」『日本考古学年報』第 1 号　誠文堂新光社　3-17 頁

古市豊司 1978「縄文時代中期後葉の土器」『三内沢部遺跡』青森県埋蔵文化財調査報告書第 41 集　青森県教育委員会　406-416 頁

細田勝 2008「加曽利 E 式土器」『総覧　縄文土器』アム・プロモーション　410-417 頁

松島義章・奈良正義 1988「下北半島田名部平野沖積層から産出した貝殻の C14 年代とそれに関する問題」『神奈川県立博物館研究報告』第 17 号　神奈川県立博物館　57-72 頁

松原彰子 2006『自然地理学』　慶應義塾大学出版会

松本彦七郎 1919a「日本先史人類論」『歴史と地理』第 3 巻第 2 号　史學地理學同攷會　19-31 頁

松本彦七郎 1919b「宮戸嶋里濱及氣仙郡獺澤介塚の土器　附特に土器紋樣論（一）、（二）」『現代之科學』第 7 巻第 5、6 号　現代之科學社　1-42、21-48 頁

松本彦七郎 1919c「日本石器時代土器（一）、（二）」『理學界』第 17 巻第 3、4 号　理學界社　1-4、5-8 頁

松本秀明 1984「海岸地形にみられる浜堤列と完新世後期の海水準微変動」『地理学評論. Ser. A』第

149

57巻第10号　日本地理学会　720-738頁

松山力・市川金丸 1975「第Ⅵ章　考察　第4節　中の平遺跡の文化層、層序の形成」『中の平遺跡発掘調査報告書』青森県埋蔵文化財調査報告書第25集　青森県教育委員会、199-207頁

水ノ江和同 2012『九州縄文文化の研究』　雄山閣

三中信宏 1997『生物系統学』　東京大学出版会

向坂鋼二 1962「土器型式論史への覚書（1）、（2）」『考古学手帖』第15、16号　塚田光　7-8、7-8頁

村越潔 1974「第四章　円筒土器の型式と編年　第三節 円筒上層式土器、第四節 円筒上層式直後の土器」『円筒土器文化』　雄山閣　93-123頁

モンテリウス（濱田耕作訳）1927『考古學研究法』　岡書院

八杉貞雄 2011『動物の形態―進化と発生』　裳華房

柳澤清一 1988「東北縄文中・後期篇年の諸問題　その1　中期末葉の編年（中）」『古代』第85号　早稲田大学考古学会　78-117頁

柳澤清一 1991「『榎林式』から『最花式』（中の平Ⅲ式へ）―陸奥中期後半編年の再検討―」『古代』第91号　早稲田大学考古学会　1-46頁

柳澤清一 2006『縄紋時代中・後期の編年学研究―列島における小細別編年網の構築をめざして―』千葉大学考古学研究叢書第3巻　平電子印刷所

家根祥多 1984「縄文土器から弥生土器へ」『縄文から弥生へ』　帝塚山考古学研究所　49-78頁

家根祥多 1987「弥生土器のはじまり」『季刊考古学』第19号　雄山閣　18-23頁

山形眞理子 1996「曽利式土器の研究―内的展開と外的交渉の歴史―（上）、（下）」『東京大学考古学研究室研究紀要』第14、15号　東京大学大学院人文社会系研究科・文学部考古学研究室　75-129、81-135頁

山田仁和 1994「山内の夢もしくは種の考古学」『唐澤考古』第13号　唐沢考古会　23-31頁

山田仁和 1995「『山内の体系』とは何か」『利根川』第16号　利根川同人　38-48頁

山内清男 1925「石器時代にも稲あり」『人類學雑誌』第40巻第5号　東京人類學會　181-184頁

山内清男 1928「下總上本郷貝塚」『人類學雑誌』第43巻第10号　東京人類學會　463-464頁

山内清男 1929a「關東北に於ける繊維土器」『史前學雑誌』第1巻第2号　史前學會　1-30頁

山内清男 1929b「繊維土器に就て追加一」『史前學雑誌』第1巻第3号　史前學會　85-86頁

山内清男 1929c「文獻　J.Nakaya: A Study of the Stone Age Remains of Japan. Ⅰ.Classification and Distribution of Vases with Spouts」『史前學雑誌』第1巻第3号　史前學會　90-91頁

山内清男 1930a「繊維土器に就て　追加第二」『史前學雑誌』第2巻第1号　史前學會　73-75頁

山内清男 1930b「斜行繩紋に關する二三の觀察」『史前學雑誌』第2巻第3号　史前學會　13-25頁

山内清男 1930c「繊維土器に就て　追加第三」『史前學雑誌』第2巻第3号　史前學會　45-50頁

山内清男 1930d「所謂龜ヶ岡式土器の分布と繩紋式土器の終末」『考古學』第1巻第3号　東京考古學會　1-19頁

山内清男 1930e「『所謂龜ヶ岡式土器の分布』云々に關する追加」『考古學』第1巻第4号　東京考古學會　273-277頁

山内清男 1932a「下野河内郡國本村野澤の土器」『史前學雜誌』第 4 巻第 1 号　史前學會　11-16 頁
山内清男 1932b「日本遠古之文化―一　繩紋土器文化の眞相―」『ドルメン』第 1 巻第 4 号　岡書院　40-43 頁
山内清男 1932c「日本遠古之文化―二　繩紋土器の起原―」『ドルメン』第 1 巻第 5 号　岡書院　85-90 頁
山内清男 1932d「日本遠古之文化―三　繩紋土器の終末―」『ドルメン』第 1 巻第 6 号　岡書院　46-50 頁
山内清男 1932e「日本遠古之文化　四―繩紋土器の終末　二―」『ドルメン』第 1 巻第 7 号　岡書院　49-53 頁
山内清男 1932f「日本遠古之文化　五―四　繩紋式以後（前）―」『ドルメン』第 1 巻第 8 号　岡書院　60-63 頁
山内清男 1932g「日本遠古之文化　六―四　繩紋式以後（中）―」『ドルメン』第 1 巻第 9 号　岡書院　48-51 頁
山内清男 1933「日本遠古之文化　七―四　繩紋式以後（完）―」『ドルメン』第 2 巻第 2 号　岡書院　49-53 頁
山内清男 1934a「土器型式の細別」『石冠』第 2 巻第 4 号　飛彈考古土俗學會　1-4 頁
山内清男 1934b「眞福寺貝塚の再吟味」『ドルメン』第 3 第 12 号　岡書院　34-41 頁
山内清男 1935a「新著　八幡一郎　北佐久郡の考古學的調査」『人類學雜誌』第 50 巻第 2 号　東京人類學會　28-30 頁
山内清男 1935b「古式繩紋土器研究最近の情勢」『ドルメン』第 3 第 12 号　岡書院　36-44 頁
山内清男 1935c「繩紋式文化」『ドルメン』第 4 巻第 6 号　岡書院　82-85 頁
山内清男 1936a「日本考古學の秩序」『ミネルヴァ』第 1 巻第 4 号　甲野勇・東條英治　1-10 頁
山内清男 1936b「考古學の正道」『ミネルヴァ』第 1 巻第 6・7 号　甲野勇・東條英治　37-43 頁
山内清男 1937a「日本に於ける農業の起源」『歴史公論』第 6 号第 1 巻　雄山閣　266-278 頁
山内清男 1937b「繩紋土器型式の細別と大別」『先史考古學』第 1 巻第 1 号　先史考古學會　29-32 頁
山内清男 1939a『日本先史土器圖譜』第 1 号（十王台式・野澤式）　先史考古學會
山内清男 1939b『日本先史土器圖譜』第 2 号（関山式・諸磯式）　先史考古學會
山内清男 1939c『日本先史土器圖譜』第 3 号（加曾利 B 式）　先史考古學會
山内清男 1939d『日本先史土器圖譜』第 4 号（加曾利 B 式（續））　先史考古學會
山内清男 1939e「補註」『日本遠古之文化：補註附』　先史考古學會　41-48 頁
山内清男 1940a『日本先史土器圖譜』第 5 号（彌生式）　先史考古學會
山内清男 1940b『日本先史土器圖譜』第 6 号（堀之内式）　先史考古學會
山内清男 1940c『日本先史土器圖譜』第 7 号（安行式土器（前半））　先史考古學會
山内清男 1940d『日本先史土器圖譜』第 8 号（勝坂式）　先史考古學會
山内清男 1940e『日本先史土器圖譜』第 9 号（加曾利 E 式）　先史考古學會
山内清男 1941a『日本先史土器圖譜』第 10 号（安行式土器（後半））　先史考古學會

山内清男 1941b『日本先史土器圖譜』第 11 号（安行式（後半）） 先史考古學會

山内清男 1941c『日本先史土器圖譜』第 12 号（茅山式・子母口式） 先史考古學會

山内清男 1947「米作と日本の祖先たち」『新農藝』第 2 巻第 6 号　河出書房　45-48 頁

山内清男 1952「第三章　各班調査報告　第三節　第二トレンチ」『吉胡貝塚』　吉川弘文舘　93-124 頁

山内清男 1953「鳥居博士と日本石器時代研究」『學鐙』第 50 巻第 2 号　丸善　22-24 頁

山内清男 1958a「縄文土器の技法」『世界陶磁全集』第 1 巻　河出書房新社　277-281 頁

山内清男 1958b「圖版解説　1、21、23、30、33 上、34、35 上、35 下、37 上、37 下、40 上、40 下、44 下、45、47 上」『世界陶磁全集』第 1 巻　河出書房新社　284、288-292 頁

山内清男 1960「縄紋土器文化のはじまる頃」『上代文化』第 30 号　国学院大学考古学会　1-2 頁

山内清男 1964a「日本先史時代概説　Ⅲ縄文式文化」『縄文式土器』日本原始美術第 1 巻　講談社　140-144 頁

山内清男 1964b「日本先史時代概説　Ⅳ縄文式以後の文化」『縄文式土器』日本原始美術第 1 巻　講談社　144-147 頁

山内清男 1964c「縄文式土器・総論　Ⅰ縄文土器の年代別と地方別」『縄文式土器』日本原始美術第 1 巻　講談社　148-150 頁

山内清男 1964d「縄文式土器・総論　Ⅱ縄文土器の製作と用途」『縄文式土器』日本原始美術第 1 巻　講談社　150-153 頁

山内清男 1964e「縄文式土器・総論　Ⅲ縄文」『縄文式土器』日本原始美術第 1 巻　講談社　153-155 頁

山内清男 1964f「縄文式土器・総論　Ⅳ口縁の突起および把手」『縄文式土器』日本原始美術第 1 巻　講談社　156-157 頁

山内清男 1964g「縄文式土器・総論　Ⅴ文様帯系統論」『縄文式土器』日本原始美術第 1 巻　講談社　157-158 頁

山内清男 1964h「図版解説 28、29、40、41、43、67、71、72、73、87、ⅩⅡ、153、162、173、183、186、ⅩⅤ、198、220、248」『縄文式土器』日本原始美術第 1 巻　講談社　175-178、182-186、188 頁

山内清男 1964i「19　小川貝塚」『資料編一』福島県史第 6 巻　福島県　31-32 頁

山内清男 1965「福岡構内石器時代遺跡発掘調査報告　序言・遺跡の自然地理的所見・遺跡の年代」『郷土資料』第 2 集　埼玉県福岡町教育委員会　1-3 頁（1937 年）

山内清男 1966「縄紋式研究史における茨城県遺跡の役割」『茨城県史研究』第 4 号　茨城県史編集委員会　1-12 頁

山内清男 1967a「第 2 部　日本の洞穴遺跡の研究　4　洞穴遺跡の年代」『日本の洞穴遺跡』　平凡社　374-381 頁

山内清男 1967b「縄紋土器の改定年代と海進の時期について」『古代』第 48 号　早稲田大学考古学会　1-16 頁

山内清男 1967c『日本先史土器図譜　再版』　先史考古学会

山内清男 1969a「縄文文化の社会」『古代』日本と世界の歴史第 1 巻　学習研究社　86-97 頁

山内清男 1969b「縄紋草創期の諸問題」『MUSEUM』第 224 号　東京国立博物館　4-22 頁

山内清男 1979「後篇　縄紋の綜合的研究　3　紋様と縄紋　2　紋様帯」、「Index and Summary」『日本先史土器の縄紋』　先史考古学会　51-52 頁、付録、付図

山内清男・佐藤達夫 1962「繩紋土器の古さ」『科学読売』第 14 巻第 12 号　読売新聞社　21-26、84-88 頁

山内清男・江坂輝弥・甲野勇 1964「諸言」『縄文式土器』日本原始美術第 1 巻　講談社

あとがき

　本書は、2014年に慶應義塾大学大学院文学研究科に提出した博士論文をもとにしたものです。博士論文の審査をしてくださった主査　杉本智俊先生（慶應義塾大学）、副査　安藤広道先生（慶應義塾大学）、小林謙一先生（中央大学）、高橋龍三郎先生（早稲田大学）に、篤くお礼申し上げます。また長年ご指導を賜りました慶應義塾大学民族学考古学研究室　故阿部祥人先生、佐藤孝雄先生、山口徹先生に、深くお礼申し上げます。

　本書作成にあたり、多くの方々・諸機関に、ご教示、ご協力を賜りました。以下にご芳名を記して深謝いたします。

　　赤澤威、阿子島香、安齋正人、石神裕之、稲野裕介、稲葉佳代子、上野司、江坂輝弥、大内千年、小笠原雅行、菅野智則、河野礼子、児玉大成、小鳥孝之、小林正史、小林克、小宮孟、櫻井準也、佐宗亜衣子、佐野忠史、設楽博己、嶋影壮憲、白鳥文雄、鈴木克彦、鈴木徹、杉野森淳子、諏訪元、関根達人、高瀬克範、高橋総司、高山博、茅野嘉雄、辻誠一郎、奈良貴史、成田滋彦、羽生淳子、福田友之、藤井安正、藤山龍造、北條芳隆、松原彰子、三浦圭介、緑川弥生、三中信宏、山崎和夫、山田央、渡辺丈彦（個人、敬称略・五十音順）

　　青森県教育庁文化財保護課三内丸山遺跡保存活用推進室、青森県埋蔵文化財調査センター、青森市教育委員会、秋田県埋蔵文化財センター、大館市教育委員会、鹿角市教育委員会、北上市教育委員会、塩竈市教育委員会、七戸町（旧天間林村）教育委員会、つがる市教育委員会、東京大学総合研究博物館、東北大学考古学研究室、七飯町教育委員会、能代市教育委員会、むつ市教育委員会、六ヶ所村教育委員会（機関、五十音順）

　なお本書には、平成21年度財団法人髙梨学術奨励基金、平成21年度慶應義塾大学博士課程学生研究支援プログラム（全塾選抜枠）、平成22・23年度文部科学省科学研究費補助金（特別研究員奨励費）、平成24年度財団法人日本科学協会笹川科学研究助成金による成果が含まれます。

　本書は、平成27年度慶應義塾学術出版基金の助成を受けて刊行されるものです。出版に際して、お世話になりました慶應義塾大学出版会の飯田建氏に深謝いたします。筆者に研究の機会を与え、またお力添え下さいましたすべての方々に深謝いたします。

索引

あ行

浅鉢［形］　29，48
アサリ　43，44
網代痕　68，85
アトラス　19，30
RL　30，79，80-86，91，92，94-96

石囲い炉　41，45
石神遺跡　42，48-52，55
Ⅰ文様帯　107，109，111-113，116，120，121，123，125，128-135，139，141
Ⅰ．文様帯（＝Ⅰ．口頸部の文様帯）　16，17，21，23，24，38，134
イヌ　43，
イノシシ　43
遺物層　7，135
今村啓爾　3，32

馬高3式　22

AMS法による炭素14年代測定法　11，29
越後　21
江坂輝弥　1，6，8，30，39-41，44-53，55
榎林遺跡　39，42，50
榎林式　38，39，42，46-52，54，55，59，68，87，97，102-104，110-113，115-120，123，125，130，132-134，141
　榎林式（古）　111-114
　榎林式（新）　111-115，117-121
LR　79-86，91，92，94-96
円筒式　38
　円筒下層式　87，55，123，
　　円筒下層a式　37，38
　　円筒下層b式　18，37
　　円筒下層c式　16，18，37，38，59，64，68
　　円筒下層d式　21，37，59，64，68
　円筒上層式　21，37，47-49，97，125，131，134，135

円筒上層a式　37，49，59，63，65，104，131
円筒上層b式　37，38，47-49，59，131
円筒上層c式　42，47，49，
円筒上層d式　21，42，47，48，123-125，127，132-134
　円筒上層d1式　63
　円筒上層d2式　63
円筒上層e式　16，37，42，48-51，104，111-116，123，124，127，132，133，135

横位回転　91，92，97，99，100，104，127-132，134，135，139
小笠原雅行　54，102，103，114
小笠原幸範　54
大塚弥之助　41
大洞貝塚遺跡　22
「大曲式」　60
押型紋の土器　19，21
阿玉台式　126，127，128
大貫静夫　10
小保内裕之　39，54，55，110

か行

外傾接合　32，96，97，107，126
貝層　42，45，46，59，61，62，64，79-87
回転縄紋のみの土器　21，131
外反　65，89，97，125，133
カキ　43，44，83
学際的研究　3
加飾　30-33，96，104，105，125，127，129，130，140
加曾利E式　15
　加曾利E（最古）式　14，15
　加曾利E（古）式　14
　加曾利E（新）式　14
　加曾利E1式　16，22，38，47，123，124，126，128-130，132
　加曾利E2式　16，22，47，48，123-125，128

　　　　　　　−131
　　加曾利E3式　　16, 38, 48, 49, 123, 128, 129
　　　加曾利E3式（古）　　124, 127-129
　　　加曾利E3式（新）　　124, 127-129, 131
　　加曾利E4式　　16, 38, 123, 124, 128, 129
勝坂式　　14-16, 38, 127, 128
加藤孝　　46, 47, 111, 114, 117
下部文様帯（＝Ⅱ．文様帯）　　16, 17, 21-24, 38, 107, 109, 111-121, 123, 125, 130, 132, 133, 139, 141
金子浩昌　　42, 45, 46, 53, 55, 60, 63
亀ヶ岡式　　22
　　大洞B式　　22
　　大洞BC式　　22
　　大洞C式　　22
　　大洞C2式　　22
　　大洞A式　　22
　　大洞A´式　　22
樺太　　5, 8
関西　　21
関東　　2, 3, 7, 14, 16-22, 26, 38, 41, 47-49, 55, 123
　　関東地方西部　　127
　　関東地方東部［・北部］　　21, 126

器官（organ）　　13, 15, 17, 18, 23
記載（description）　　12, 22, 24, 25, 28, 43, 51, 63
基準標本　　13
汽水域　　59
器体　　91-94, 96, 98-101, 104, 107, 118, 126, 128, 129, 131-133, 135, 139, 140
畿内　　17
技法　　1, 2, 11, 25, 27, 29-32, 87, 89-91, 93, 96-105, 115, 118, 121, 126, 127, 129, 132, 133-136, 139-141
器面の調整　　27,
九州　　8, 10, 19, 21
共通先祖　　21
玉製品　　45
魚類　　45
興野義一　　47, 125, 126, 129-131
切り合い関係　　30, 32, 140
近畿　　21, 37

倉谷滋　　11-13, 15, 17, 18

型式　　1-10, 12-14, 16-29, 31

型式学　　2, 8, 9, 20, 23, 25, 26, 30, 32, 33, 37-53, 55, 56, 104, 105, 140
形質（character）　　1, 9, 11-14, 18, 23, 24, 25, 26, 28-31, 33, 49, 55, 59, 128, 131, 133-136, 139-141
形質状態（character state）　　9, 12-14, 16, 18, 25, 26, 28, 134
形態学　　13-15, 17, 20, 25, 29
系統（lineage／line）　　1-3, 7-15, 17, 18, 20-32, 37, 38, 47-49, 51-55, 59, 102, 104, 105, 107, 110, 115-118, 121-123, 125-131, 133, 135, 136, 139-141
系統学（phylogeny）　　8, 11, 18
系統関係　　11, 13, 14, 17-20, 24-27, 29-31, 37, 47, 49, 53, 55, 121, 125, 129-131, 133-136, 140, 141
系統関係の合理的決定　　14, 17, 24
系統樹　　9, 10, 139
系統図　　10
系統発生（phylogeny）　　11, 13, 139
系統分類（phylogenetic classification）　　1, 11, 14, 15, 24, 26, 139
系統分類学／系統学（syatematics）　　1, 8, 10, 11, 30
系統論　　8, 13, 14, 18, 20, 25, 30, 37, 47
頸部　　21, 126, 129, 130, 132
原始［的］　　14, 15
原体（＝縄紋原体）　　7, 27, 30, 31, 68, 80, 83, 84, 86, 91, 92, 94-100, 104, 112, 117, 121, 126, 128-131, 134, 135, 139, 140
肩部　　22, 42, 51, 52

小岩末治　　46, 47
広域編年　　3, 26, 55, 125
口縁部　　14, 48, 52, 55, 65-67, 69, 79-86, 89-93, 95-98, 100, 104, 107, 110-113, 116-121, 125-134, 139-141
後期　　16, 21-23, 26, 30, 31
　　後期初頭　　15, 45, 47, 48-50, 54, 60, 63, 68, 87, 134
口頸部　　14-19, 21, 27, 38, 42, 125, 126, 129, 131, 132
口頸部文様帯（＝Ⅰ．文様帯）　　17, 19, 21, 23, 24, 38, 134,
甲信　　21
口唇［部］　　25, 79, 80-82, 97, 132
構成要素　　27
構造論　　17, 25, 27

口端［部］　19, 21
工程数　96
甲野勇　6-8, 30
香炉［形］　22, 29
骨角器　41, 44, 45, 63
弧状文　51, 65-67, 89, 107, 109-112, 114-116, 133
古生物学　5
小林謙一　4
小林達雄　4
小林正史　126
古文様帯　21
混成（contamination）　9
痕跡的（rudimentary）　107, 116, 121, 138
混和物　12, 29, 81, 83, 84

さ行

細隆線　21
最花貝塚遺跡　1, 32, 39, 41, 42, 44-46, 49, 51-53, 55, 56, 59-64, 68-97, 99, 100-102, 105, 107, 109, 110, 121, 125, 135, 140
「最花式」　1, 38, 39, 41-43, 45-55, 59-61, 63, 68, 69, 97, 103, 105, 140, 141
最花A式　1, 2, 100, 102-105, 110, 113-118, 121, 123, 125, 126, 131, 133-135, 139-141
細胞（cell）　15, 17
酒詰仲男　41-44
佐々木守　43, 44
砂州　59
雑種　9
里木2式　17, 37
佐原真　8, 32, 104
皿［形］　29, 82
サルボウ　43, 44
三内丸山遺跡　100, 102

シカ　43
時期差　30, 54, 128, 135
色調　69, 79-86, 93
識別形質　13, 14
シジミ　43-45, 61
自然分類　24
刺突　51, 52, 55, 65-67, 79, 80, 85, 90, 92, 97-99, 101, 118, 120
史的変遷体系　136
指標形質　24

下北半島　42, 43, 45, 59, 103, 135
斜位回転　42, 43, 45, 59, 103, 135
種　11, 12, 14, 15, 29, 30, 65, 79, 80-86, 139
縦位回転　98, 99, 104, 126-131, 133
縦横連鎖　50
縦横連鎖構造　10, 12, 26, 53, 139
充填　66, 115, 126, 127, 131
集落　45, 59
種形成　12
条線　84, 126, 127, 129
縄紋原体の［回転］押捺　30, 96, 98, 99, 104, 117, 126, 128-130, 132, 133, 135, 139
縄紋原体の［回転］押捺方向　7, 91, 92, 94-96, 104, 121, 130, 131, 134
縄紋原体の［側面］押捺文（＝原体圧痕／縄の押捺文）　112, 131, 132
縄紋時代　3, 5, 7, 8, 10, 21, 23, 26, 32, 37, 39, 41, 43, 59, 117, 121, 123, 124
縄紋式土器　5, 6, 12, 19, 28
縄紋充填　127
縄紋文化　5
人為分類　24
進化　10-15, 17, 18, 139
進化系統　15
進化系統学　18,
進化学　11
進化論　8, 9
［新］型式の設立　78, 135
人工物　1, 9-14, 24, 25, 29-31, 136, 139, 140
人骨　44, 45
新石器時代　10
心理学的属性　29
人類学　8, 41, 43

鈴木克彦　42, 51-55, 97, 97, 110, 117-120
鈴木公雄　3, 8, 33
鈴木尚　41
鈴木正博　3, 11
ステイト（＝形質状態）　9, 12-14, 16, 18, 25, 26, 28, 134
磨り消し縄紋／磨消縄紋　14, 16, 21, 22, 53, 54, 68, 104, 115, 118, 121, 127, 131, 140,

成形　27, 30-33, 91-101, 104, 105, 118, 126, 129, 131-133, 139, 140,
製作工程　1, 2, 29, 30, 31, 33, 87, 92-94,

96-100, 102-105, 107, 118, 121, 125, 126, 128, 129, 131-133, 139, 140
製作システム　1, 31, 97-99, 105, 125, 140
精［製］　22, 29, 28, 32
製土　32
生物学　1, 8-12, 14, 15, 18, 139, 140
生物進化　12,
青竜刀石器　41
赤彩　68, 84
石製品　63
セクション図　60-62, 87
関山式　15
世代変化　10
石器　39, 41, 43-45, 63
石器時代　5, 8, 10
接合痕　86, 90, 91, 96, 118
セット関係　110, 116
セット文　66
瀬戸内　21
施文具　27
繊維土器　18, 19
穿孔　66, 67, 79, 80, 84, 110
前期　10, 15, 16, 21, 22, 32, 37, 38, 44, 59, 123, 125, 129
先史時代　1, 9, 20
先史土器　3, 11, 12, 28, 38, 139, 140
先祖返り　21, 133
尖底　13

層位学　5, 29
早期　3, 10, 19, 21, 22, 26
相似　20, 31, 32, 104, 141
装飾の［種類］・範囲・順　126
草創期　20, 21
相対編年［研究］　3, 6
相同［性］（homology）　1, 13-20, 22-25, 27-32, 104, 133, 134, 135, 136, 140, 141
相同性の決定　14, 17, 24, 28
相同性のネットワーク　24
宗谷海峡　10
統縄紋時代　21
属性　12, 54
組織（tissue）　15, 17
粗［製］　22, 29, 32, 79
曽利式　127-129, 132
　曽利Ⅱ式　129
　曽利Ⅲ式　129

た行

大木囲貝塚遺跡　22
大木式　37, 47, 54, 55, 104, 110, 112, 121, 125, 135
大木1式　18
大木2式　18
大木4式　16
大木6式　37, 47
大木7a式　37, 104
大木7b式　16, 37, 47
大木8式　47
　大木8a式　14, 16, 37, 42, 47, 48, 52, 55, 123, 125, 134
　大木8a式（古）　111, 112, 124, 126-130, 132
　大木8a式（新）　111, 112, 123, 127, 130, 132, 134
　大木8b式　15, 16, 22, 37, 42, 46-48, 52, 104, 116, 121, 125, 129, 134
　大木8b式（古）　111, 112, 123-125, 127, 130-133, 135
　大木8b式（新）　111, 112, 114, 120, 123, 124, 127, 130, 131, 133
　大木9式　14, 37, 38, 42, 46-49, 51, 54, 102, 104, 134
　大木9a式　16, 37, 47, 53, 112, 116, 120, 121, 123, 127, 129, 131
　大木9b式　16, 37, 47, 52, 113-118, 120, 121, 123, 127, 129, 131
　大木10式　14, 37, 38, 42, 46, 47, 49, 53, 55, 63
体制　15, 18
胎土　12, 13, 27, 29, 63, 66
体部　14-17, 19-22, 125-132
体部文様帯　18, 21, 22, 25
タイプ標本（type specimen）　13
大陸　5, 6
高橋潤　54, 134
タクソン　12
橘善光　43, 45, 46, 53, 55, 60-62
竪穴［住居］　39, 41, 45, 59
単位文様　2, 17, 22, 25, 27, 29, 89, 90, 96, 97, 101, 107, 109, 110, 113-123, 128, 140, 141
短沈線　112, 127, 132

短隆線　132

地域差　27, 30, 32, 52, 54, 125, 128, 135
竹管　68
地質学　5
千島　5
中期　15, 16, 20, 21, 23
　中期前半　21, 123,
　中期後半　1, 2, 4, 21, 37-39, 46-48, 51, 55, 59, 69, 104, 105, 117, 121, 125, 126, 129, 133, 140, 141
　中期前葉　21, 59
　中期中葉　2, 26, 123, 124, 126, 127, 141
　中期後葉　22, 37, 53, 55, 60, 102, 104, 134, 135, 142
　中期末　1, 41, 42, 45, 48, 54, 68, 87, 125
　中期最末　42, 61, 60, 135
注口付　22
中部高地　127
鳥類　44
朝鮮　8, 32
朝鮮海峡　10
朝鮮無文土器　32
沈線［文］　16, 27, 29, 42, 48, 51, 65-68, 79, 80, 84-86, 89-92, 94, 96, 97, 100, 102-104, 107, 109-121, 123, 126-133, 141

津軽半島　103,
槻ノ木（1）遺跡　101, 103, 120,
角鹿扇三　41
角田文衞　38, 39, 47, 49, 110, 111, 114, 124
壺［形］　22, 29, 42, 48, 51, 52
爪型文　21

天戸森遺跡　42, 52, 100, 103, 117
底［部］　27, 29, 51, 63, 68, 69, 79, 85, 86, 92, 97, 123, 130, 133
底部径　65, 79-86

東海　21
同形　31
同定（identification）　13, 18, 24, 25, 28, 30
胴［部］　48, 51, 55, 65-69, 79, 80, 83, 85, 86, 89-104, 107, 109-113, 116, 118-121, 123, 127-134
動物進化形態学　15
東北　8, 19, 21, 22, 37, 38, 45, 131
　東北地方中南部　2, 17, 16, 21, 25, 37, 38, 47, 49, 54, 104, 111, 116, 117, 121, 123, 125, 127, 134, 140, 141
　東北地方北部　1, 2, 4, 7, 16, 17, 20, 21, 37, 38, 39, 44-49, 51-53, 55, 59, 69, 102, 104, 105, 110, 111, 116-118, 120, 121, 123-126, 130-136, 141
［土器］型式編年［研究］　1-5, 8, 9, 10, 13, 26, 28, 31-33, 39, 46, 49, 50, 59, 104, 121, 129, 134-136, 139-141
土偶　63
十腰内Ⅰ式　97
土製品　63
突起　27, 29, 66, 68, 90, 92, 101, 110, 112, 116, 128, 129
把手　68, 84, 129, 130
富ノ沢（2）遺跡　52, 53, 100, 102, 111, 117, 120

な行

内傾　32, 33, 89, 126
内傾接合　32
内彎　15, 38, 42, 55, 65, 89, 125, 128, 129, 133
中島全二　39, 41, 42
中島寿雄　41, 42
中の平遺跡　1, 31, 42, 53, 55, 97-102, 105, 119, 121, 125, 140
中の平Ⅲ式　1, 2, 100, 102-105, 118-121, 123, 125-127, 131, 134, 135, 140, 141
「中の平3式」　42, 52-55, 97, 103
「中の平Ⅲ式」　42, 51-55, 97
成田滋彦　34, 100, 101, 103, 111, 117, 118, 120, 124

西日本　26, 32
日本先史時代　1
日本先史土器　11, 28,
日本先史土器型式編年研究 3
Ⅱ文様帯　22, 107, 109, 111-113, 117, 118, 120, 121, 123, 125, 130-135, 139, 141
Ⅱ．文様帯（＝Ⅱ．体部の文様帯）　16, 17, 21, 23-25, 38
Ⅱa．文様帯　21
Ⅱc．文様帯　22
認識論　26, 29, 13

粘土　6，80
粘土帯　93
粘土紐　30，32，33，82，86，90，91，93，96-98，107，118，126，129，133，135

農業　5
野場（5）遺跡　100，103，117
野家遺跡　42，52

は行

波状縁　89，97-99，116，130
派生［的］　14，15，23
パターン　17，18，22，25，35，110，117
発掘調査　7，39，41，45，46，51，60，63，140
花巻遺跡　100，103，117
埴原和朗　41，42
ハマグリ　43，44，61
貼り付け　129，132，115
晩期　3，10，19，21，22，23，25，26，32
半粗［製］　29

比較解剖学　15，17，18，20，25，29
比較形態学　13
東アジア　10
東日本　2，3
非相同　29-31，133，136，141
標本　1，13，24，26，28，31，34，35，39，59，63，68，125，126，128，130，131，135，140，
平底　13，42，51，89，91，96，97，100
平縁　42，67，68，87，91，95-97，99，100，116，128，130，134
浜堤　59
深鉢［形］　29，42，48，51，52，65，67，68，79-82，84-86，91，95-98，139
浮線［文］　25，29
古市豊司　54，111
分化（differentiation）　12，15，23
分岐　12，14
分類群　12，13，28
分類学（taxonomy）　11，13，53

変化の方向性の決定　14，18，24，28
弁証法　1，24，29，139
編年（162件）
編年表　1，4，8，38-42，44-47，49-51，53，55，139
方法論　1，3-5，26，31
北筒式　134，135
北陸　8，16，21
ボタン状突起（＝円形突起）　65-68，79，84，85，90，92，101，110，116
北海道　8，21，22，41，104，133，138，134
ボディプラン→体制　18
哺乳類　45
堀之内式　38，43，44
本州　8

ま行

松ヶ崎（西長根）遺跡　42，52，54
松本彦七郎　5，6，8，9，19，25，59
丸底　13
三森定男　38
未命名　7，11，13，37，38，55，116-118，120，121，123
無生物　11，136
村越潔　42，45，50-54，60，61
模式標本　13，26，28，39，55，63，125，126，130，135，140
諸磯b式　14-16，32，38，55
モンテリウス　9
文様帯系統論　8，14，18，20，25，37，47
文様要素　2，17，29，51，89，90，92，102，103，112，113，115，117，122，133，140

や行

柳澤清一　3，55
家根祥多　33，32
山内清男　1，3-32，37，38，46，47，49，50，55，104，110，116，124-126，128，130，131，134，139-141
八幡一郎　7，41-45
弥生式　5，22
弥生時代　21，32
弥生土器　11

ヨーロッパ先史時代　　9

<h2 style="text-align:center">ら・わ行</h2>

琉球　　5
隆帯　　128-130, 132, 134
隆沈線　　127, 130, 132

類縁関係（relationship）　　11, 13, 14, 24, 139
類似［性］　　8, 9, 29-31, 37, 52, 53, 55, 66, 67, 115, 120, 121, 125, 128, 129, 133, 134, 136, 140, 141

輪積み　　33, 82, 91, 96, 98, 99

著者紹介
安達香織（あだち かおり）
1983 年 横浜生。2006 年 慶應義塾大学文学部人文社会学科卒。2014 年 慶應義塾大学大学院文学研究科後期博士課程単位取得退学。博士（史学）。現在 大学共同利用機関法人人間文化研究機構総合地球環境学研究所プロジェクト研究員。

縄紋土器の系統学
── 型式編年研究の方法論的検討と実践

2016 年 4 月 25 日　初版第 1 刷発行

著　者─────安達香織
発行者─────古屋正博
発行所─────慶應義塾大学出版会株式会社
　　　　　　　〒108-8346　東京都港区三田 2-19-30
　　　　　　　TEL〔編集部〕03-3451-0931
　　　　　　　　〔営業部〕03-3451-3584〈ご注文〉
　　　　　　　　〔　〃　〕03-3451-6926
　　　　　　　FAX〔営業部〕03-3451-3122
　　　　　　　振替　00190-8-155497
　　　　　　　http://www.keio-up.co.jp/
装　丁─────鈴木 衛（東京図鑑）
印刷・製本──株式会社加藤文明社
カバー印刷──株式会社太平印刷社

　　　　　©2016 Kaori Adachi
　　　　　Printed in Japan　ISBN 978-4-7664-2325-9